スバラシク実力がつくと評判の

マクロ経済学
キャンパス・ゼミ

経済学がこんなに分かる！単位なんて楽に取れる！

馬場敬之

マセマ出版社

◆ はじめに ◆

みなさん、こんにちは。マセマの馬場敬之（ばばけいし）です。**大学数学・物理学「キャンパス・ゼミ」**シリーズは多くの大学生・大学院生の方々にご愛読頂き、理系の大学教育の**新たなスタンダード**として定着してきているようです。

そして、これまでマセマには、**経済学**を必要とされる読者の皆様から、**経済学の『キャンパス・ゼミ』**も是非出版して欲しいとのご要望が寄せられて参りました。この読者の皆様のご要望にお応えするために、この度『**経済学キャンパス・ゼミ』**シリーズの第1弾として、『**マクロ経済学キャンパス・ゼミ**』を上梓することになりました。

マクロ経済学とは、不況の克服や失業問題の解決など…、**1国の経済全体を大きく（マクロに）とらえて分析していく経済学**のことで、個性派のイギリスの経済学者ケインズによって創始されました。

1929年に始まった大恐慌以降長引く不況と大量に発生した失業者の問題に対して、新古典派と呼ばれるその当時の主流の経済学では有効な解決策を見い出せなかったため、ケインズが新たな**有効需要の原理に基づく経済理論**を作り上げたのです。

このように書くと、マクロ経済学は、難解な数学が多用されて難しいものだと思われるかもしれません。しかし、**マクロ経済学で使われる数学**は**無限等比級数、連立1次方程式、分数関数**など、ごくシンプルなものに過ぎず、これらについても本書でその基本をしっかり解説しているので、**ご心配は無用**です。

むしろ、**マクロ経済学の面白さ**は、数学的には易しいのだけれど、経済の本質をとらえていくその**考え方の独創性**にあるのです。本書では、新古典派の考え方と対比させながら、**ケインズが苦心して作り上げたマクロ経済学の考え方**を、解説文や数式だけでなく、**グラフや表もふんだんに使って**分かりやすく親切に解説しています。

もちろん、ケインズによるマクロ経済学は、数学的には**第1次近似モデル**に相当するので、現代の経済事象をこれですべて説明することは難しいと思います。しかし、**経済学の基本として、**このマクロ経済学をシッカリ勉強しておけば、これに適宜応用を加えることにより、**現代の経済現象もかなり正確にとらえることができる**ようになるはずです。つまり、**ケインズの経済学は今でも有効な活きた経済学**と言えるのです。

この『マクロ経済学 キャンパス・ゼミ』は，全体が5章から構成されており，各章をさらにそれぞれ10～20ページ程度のテーマに分けているので，非常に読みやすいはずです。マクロ経済学は難しいものだと思っていらっしゃる方も，**まず1回この本を流し読み**されることを勧めます。初めは熟読でなくても構いません。**フローとストック**，**非自発的失業**，**賃金の下方硬直性**，**有効需要の原理**，**限界消費性向**，**限界貯蓄性向**，**国内総生産（GDP）**，**固定資本減耗**，**三面等価の原則**，**GDPデフレーター**，**消費者物価指数CPI**，**パーシェ指数**，**ラスパイレス指数**，**インフレ率**，**フィッシャーの方程式**，**45°線分析**，**均衡所得水準**，**乗数効果**，**インフレ・ギャップ**，**デフレ・ギャップ**，**完全雇用所得**，**投資の限界効率**，**投資曲線**，**貯蓄曲線**，**貯蓄のパラドクス**，**流動性選好説**，**流動性の罠**，**貨幣の取引需要**，**貨幣の投機的需要**，**マネー・サプライ**，**ハイパワード・マネー**，**貨幣乗数**，**支払準備率**，**現金・預金比率**，**IS曲線**，**LM曲線**，**IS-LM図表による分析**，**クラウディング・アウト**などなど…，次々と専門的な内容が目に飛び込んできますが，不思議と違和感なく読みこなしていけるはずです。この**通し読み**だけなら，おそらく**2週間**もあれば十分のはずです。これでマクロ経済学の全体像をつかむ事が大切なのです。

　1回通し読みが終わったら，後は各テーマの詳しい解説文を**精読**して，例題を**実際に自分で解きながら**，勉強を進めていって下さい。

　この精読が終わったならば，後は自分で納得がいくまで何度でも**繰り返し練習**することです。この反復練習により本物の実践力が身に付き，「**マクロ経済学も自分自身の言葉で自在に語れる**」ようになるのです。こうなれば，「**マクロ経済学の試験も，院試も，共に楽勝のはずです！**」

　この『マクロ経済学 キャンパス・ゼミ』により，皆様が奥深くて面白い本格的なマクロ経済学の世界を堪能されることを願ってやみません。

　この『マクロ経済学 キャンパス・ゼミ』の制作において，マセマのメンバーの高杉豊先生，久池井茂先生，栄瑠璃子氏，真下久志君，下野俊英君，河野達也君が大いに活躍をして下さいました。ここに心より謝意を表します。

マセマ代表　馬場 敬之（けいし）

携帯電話でマセマのHPにアクセスできます。
（対応できない機種の方は，http://www.mathema.jp からどうぞ）

◆ 目 次 ◆

講義1 マクロ経済学のプロローグ

§1. マクロ経済学のプロローグ ……………………8
§2. ケインズ革命 ……………………20
§3. 数学の基礎知識と限界消費性向 ……………………30
● マクロ経済学のプロローグ 公式エッセンス ……………………42

講義2 国内総生産（GDP）と物価

§1. 国内総生産と三面等価の原則 ……………………44
§2. 物価の測定 ……………………64
● 国内総生産（GDP）と物価 公式エッセンス ……………………82

講義3 生産物市場

§1. 生産物市場（I） ……………………84
§2. 生産物市場（II） ……………………108
● 生産物市場 公式エッセンス ……………………126

講義4 貨幣市場

§1. 貨幣市場 (I) ……………………………… 128

§2. 貨幣市場 (II) ……………………………… 148

● 貨幣市場 公式エッセンス ……………………………… 166

講義5 IS-LM 図表による分析

§1. IS 曲線と LM 曲線 ……………………………… 168

§2. IS-LM 図表による分析 ……………………………… 184

● IS-LM 図表による分析 公式エッセンス ……………………………… 196

◆ *Term・Index*（索引）……………………………… 197

講義 1 Lecture

マクロ経済学のプロローグ

―――――――◆ テーマ ◆―――――――

▶ マクロ経済学のプロローグ
（経済主体と市場，セーの法則，ストックとフロー）

▶ ケインズ革命
（賃金率の下方硬直性，有効需要の原理）

▶ 数学の基礎知識

$$\left(\begin{array}{l}\text{無限等比級数}：-1<r<1 \text{ のとき,} \\ \sum_{k=1}^{\infty} ar^{k-1} = a + ar + ar^2 + \cdots\cdots = \dfrac{a}{1-r}\end{array}\right)$$

§1. マクロ経済学のプロローグ

サァ，これから，"マクロ経済学"(macroeconomics)の講義を始めよう。マクロ経済学とは，"ミクロ経済学"(microeconomics)に対する用語で，一般に経済学は，このマクロ経済学とミクロ経済学の2つに大別されるんだね。

ミクロ経済学では，家計の消費行動や企業の生産計画など……を個別に細かく（ミクロに）分析するのに対して，マクロ経済学では，日本やイギリスなど，1国の経済全体を大きく（マクロに）とらえて，「どうすれば不況を克服できるのか？」や「どうすれば失業問題を解決できるのか？」など…を考察する。このように，マクロ経済学とは国家経済全体を論ずる非常に重要な学問分野だと言えるんだね。エッ興味が湧いてきたので，マクロ経済学を早くマスターしたいって!?

いいね！でも逸る気持ちを少し抑えて，ここではまず，マクロ経済学のプロローグとして，5つの"経済主体"(economic unit)と3つの"市場"(market)について紹介しよう。また，需要曲線と供給曲線を使った価格などの決定メカニズムと"セーの法則"についても解説する。

さらに，マクロ経済学を学ぶ上で重要な，"ストック"(stock)と"フロー"(flow)の変数について，さらに"利子率"(rate of interest)についても，その基本を教えるつもりだ。

それでは早速講義を始めよう！ 皆さん，準備はいい？

● まず，5つの経済主体と3つの市場を押さえよう！

経済学とは，単純に言えば，ヒト（労働），モノ（生産物），カネ（貨幣）の動きを調べる学問であると考えて構わない。そして，これらを動かす主体を文字通り"経済主体"と呼ぶんだね。本書では，(ⅰ)"家計"(household)，(ⅱ)"企業"(firm, corporation)，(ⅲ)"政府"(government)，(ⅳ)"中央銀行"(central bank)，および(ⅴ)"外国"（または，"海外"）(foreign countries)の5つを，経済主体と考えることにする。それでは，これらの経済主体を1つずつ分かりやすく解説しよう。

(ⅰ) まず，家計とは，たとえばお父さんが会社に勤めて給料をもらい，それを家族が生活費として消費するような経済主体と考えてくれたらいい。つまり，佐藤家や鈴木家など…の集合体が家計のイメージと言える。
(ⅱ) 次に，企業とは，工場（または事務所または設備）と社員を使ってモノ（生産物やサービス）を生産し，また社員には給料を支払う経済主体のこ

　　　これを"財"ともいう

　　とで，具体的には，トヨタや任天堂など…会社の集合体のイメージをもって頂けたらいい。
(ⅲ) また，政府としては，たとえば日本の場合，地方自治体も含めた日本政府のことだと考えてくれたらいい。消費税や所得税などの税を徴収し，公共事業などの政府支出を行う経済主体のことなんだね。
(ⅳ) そして，中央銀行としては，日本では日本銀行（日銀）がこれに相当し，紙幣の発行や国債の売買などを行うことにより貨幣の量を調整する役割

　　　これを，"公開市場操作"（買いオペ，売りオペ）という

　　を担う経済主体のことなんだ。
(ⅴ) 最後に，たとえば日本が外国と貿易を行うとき，相手方の主体を1まとめにして外国（または，海外）と呼ぶことにしよう。したがって，ここで言う外国とは，日本と取引のあるアメリカ合衆国や中国など…の海外の国すべての企業や家計や政府を含む非常に大きな集合体であることに気を付けよう。

実際のヒト・モノ・カネの動きである経済は複雑で多岐に渡っているんだけれど，これを単純化して，5つの経済主体にまとめ，これらの間のやり取りを調べることにより，大きく（マクロに）1国の経済の動きをとらえることが出来るようになるんだね。それでは，もう1度，5つの経済主体をまとめて下に示そう。

5の経済主体

(ⅰ) 家計：労働（力）を供給し，財やサービスを消費する主体
(ⅱ) 企業：財やサービスを供給し，労働（力）を需要する主体
(ⅲ) 政府：租税を徴収し，政府支出を行う主体
(ⅳ) 中央銀行：公開市場操作などにより貨幣量を調整する主体
(ⅴ) 外国（海外）：輸出と輸入を行う主体

言葉は少し抽象化されてはいるけれど，意味はもうよくお分かり頂けると思う。

そして，マクロ経済学では，これらの経済主体のヒト，モノ，カネの需要(demand)と供給(supply)が交わる場として，"市場"(market)を想定する。従って，このヒト，モノ，カネに対応する3つの市場として，(ⅰ)"労働市場"(labor market)，(ⅱ)"生産物市場"(product market)，(ⅲ)"貨幣市場"

(これを"財市場"ともいう)

(money market)について調べることになる。

図1(ⅰ), (ⅱ), (ⅲ)にそれぞれ，労働市場，生産物市場，そして貨幣市場の模式図を示す。

図1　3つの市場

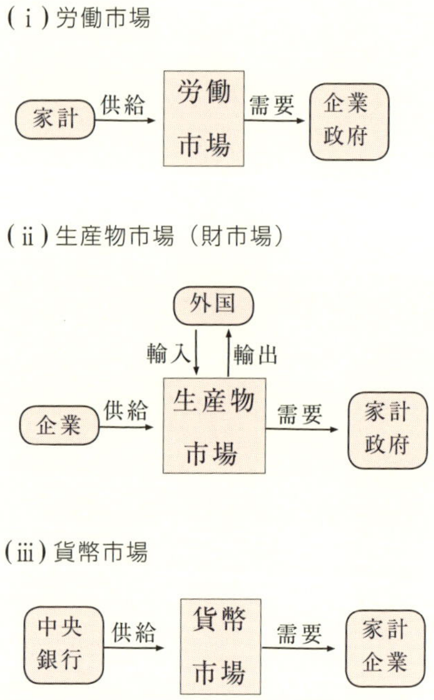

(ⅰ)労働市場について，いったん会社との雇用契約が結ばれれば，佐藤家のお父さんは毎日出社して仕事に励むわけで，このお父さんの労働が毎日，労働市場でどこかの企業に売りに出される訳では当然ない。けれど，図1(ⅰ)に示すように，家計の労働力が仮想的な労働市場を介して企業(公務員の場合は，政府)に供給されると考えられるんだね。

(ⅱ)生産物市場においては，企業が生み出した生産物やサービスはこの市場

(たとえば，自動車やゲーム機など) (たとえば，音楽，映像，旅行など)

を通して，家計(または政府)により購入・消費されるものと考えるんだね。さらに，国内だけでなく，外国との貿易まで考える場合も，この生産物市場を通して，海外へ生産物(財)やサービスが輸出され

10

たり，また逆に外国企業の生産物（財）やサービスが輸入されたりするものとするんだね。

(ⅲ) 貨幣市場になじみのある方は少ないと思うけれど，日銀などの中央銀行から，この貨幣市場を通して，家計や企業に貨幣が供給されるんだね。これについては，**P128**でまた詳しく解説しよう。さらに，貨幣市場と並んで債権市場も，マクロ経済学では分析の対象となるんだけれど，この貨幣市場と債権市場は，ちょうどコインの表と裏の関係になるので，本書では貨幣市場については詳述するけれど，債権市場については特に扱わないことにする。以上，**5**つの経済主体と**3**つの市場をまずシッカリ頭に入れておこう。これは，マクロ経済学を演劇に譬えるならば，**3**つの市場がその**3**つの舞台に対応し，その中に登場する**5**人の役者が**5**つの経済主体ということになるんだね。そして，これらの舞台で役者が織りなす物語が，マクロ経済学そのものということになるんだね。

● まず生産物市場を調べよう！

それでは，まず初めに，ある**1**種類の財について，その生産物市場の需要と供給の関係を調べてみよう。この財の市場価格を P とおき，また市場における

（"$price$"（価格）の頭文字をとった。）

この財の需要量（または，供給量）を Q とおく。このとき，

（"$quantity$"（数量）の頭文字をとった。）

(ⅰ) 需要量を D とおくと，価格 P が大きい（高い）とき需要 D は小さく，P が小さく（低く）なれば，それにつれて需要は当然増加するはずなので，横軸に Q，縦軸に P をとったグラフ上で，需要曲線 D は右下がりの減少関数として表される。もっとくだけた表現で言うと，「消費者は，モノの値段が高ければ，あまり買わないけれど，安くなればたく山購入するようになる」ということであり，これをグラフで表現したものが減少関数の需要曲線 D ということになるんだね。

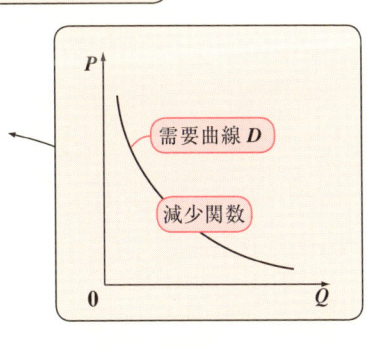

(ⅱ) 次に，供給量を S とおくと，価格 P が小さい（低い）ときには小さく，P が大きく（高く）なるにつれて，企業はその供給量を増加させる。よって，供給曲線 S は右上がりの増加関数になる。これもくだけて言うと，「モノの値段が安ければ，企業は儲からないのでそれをあまり作ろうとしないが，高くなれば儲かるので生産量を増やす」ということであり，これをグラフ化したものが単調増加関数の供給曲線 S ということになるんだね。

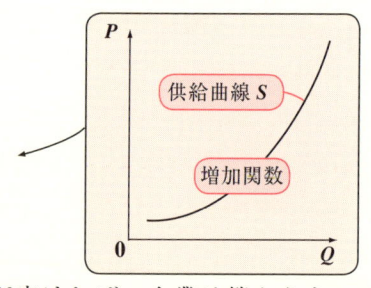

生産物市場における需要曲線 D と供給曲線 S を1つのグラフに表示して，図2に示そう。すると財の家計による需要曲線 D と企業による供給曲線 S との交点が求まり，そのときの市場価格と数量をそれぞれ P_e，Q_e とおくと，この財の

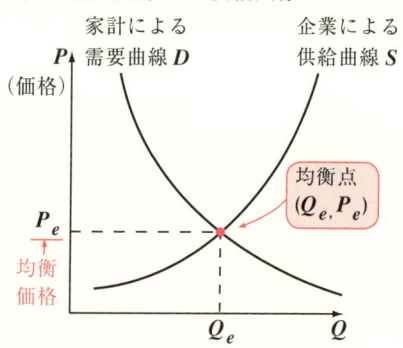

添字の e は "$equilibrium$"（均衡）の頭文字をとった。

図2　需要曲線 D と供給曲線 S

生産物市場における価格と数量が P_e と Q_e に決まることになるんだね。何故なら，

これを "均衡価格" という

(ⅰ) 右図のように，市場価格が均衡価格 P_e より大きい $P_0 (P_0 > P_e)$ であったとすとすると，このとき需要量 Q_D よりも供給量 Q_s の方が大きくなり，$Q_S - Q_D$ の "**超過供給**(*excess supply*)，つまり売れ残りが生じてしまう。よって，企業は自由競争により生産量を減らし，その結果価格が下落して，需要が増え，やがて均衡点 (Q_e, P_e) に落ち着くことになるからだ。また，逆に

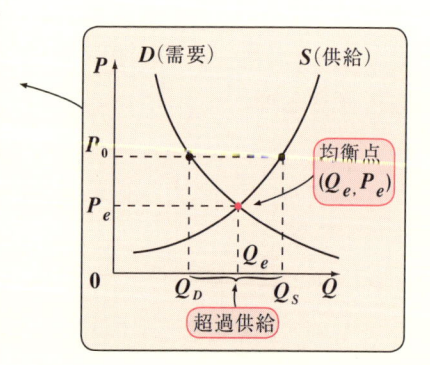

(ⅱ) 右図のように，市場価格が P_e より小さい $P_u (P_e > P_u)$ であったとすると，このとき需要量 Q_D よりも供給量 Q_S の方が小さくなり，$Q_D - Q_S$ の "**超過需要**"(*excess demand*) つまり，品物不足が生じてしまうため，価格が上昇して，企業は増産するが，需要は減少するので，この場合においてもやがて均衡点 (Q_e, P_e) に落ち着くことになる。

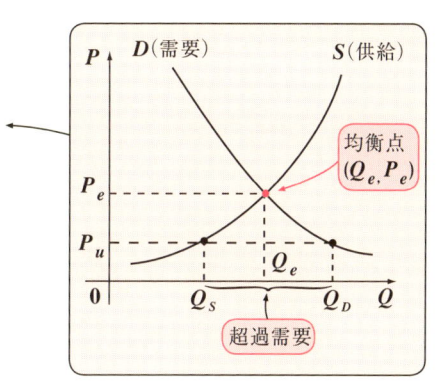

このように，市場の自由競争に任せておけば，やがて価格は適切な均衡点に導かれるので，政府は企業の活動に干渉すべきでないという考え方が生まれた。これを "**自由放任主義**"(レッセフェール)といい，これが，"**ケインズ**"

> ケインズ革命を起こしたイギリスの著名な経済学者

(*J.M.Keynes*) が登場するまでの "**新古典派**"(正統派経済学) の主要な考え方

> ケインズは，これを "**古典派**" と呼んだが，本書では "**新古典派**" と呼ぶことにする。

であり，これから「自由競争」や「個人主義」および「小さな政府」など…の自由主義的な思想も生み出されていったんだね。

さらに，これから，「供給は，それ自ら需要を生み出す。」という "**セーの法則**" も導き出される。産業革命前の個々の企業がまだ大きな生産能力を持たなかった状況であれば，**1** 企業がある財を q 個生産したとしても，図 2 の供

> 図 2 のすべての企業が生産したある財の生産量 Q に対して，この q は十分に小さい。

給曲線を変化させることはない。よって，この企業が生産した q 個の財は，生産物市場で決定された均衡市場価格 P_e ですべて売り尽くせることになる。つまり，"**生産したものはすべて需要される**" という，セーの法則が成り立つことになるんだね。でも，何か変な感じがするって！？そうだね。この問題は **1929** 年の大恐慌時に大量の失業者が発生したとき，再び大きく注目されることになり，そこでケインズが経済学の革命的な大活躍をすることになる。

● **ストックとフローの2つの数値（変数）を区別しよう！**

　経済学で現れる数値や，数式の中の変数は，一般に"**ストック**"と"**フロー**"の2種類に分類される。

　これは，図3に示すように，流入 f と流出 g がある状態で，タンクに溜まっている水量 S の水をイメージして頂けるといいと思う。この水量 S が"**ストック**"を表し，このタンクに流入または流出する水量 f や g が"**フロー**"を表しているんだね。

図3　ストックとフローのイメージ

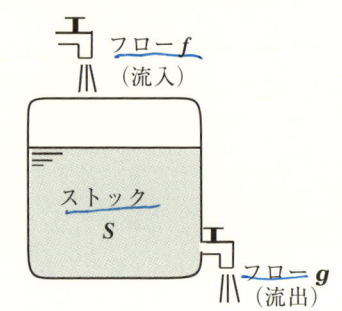

　このフロー f と g，およびストック S は，共に時々刻々変化する量ではあるんだけれど，経済学では，ストックをある時点で，またフローをある期間で区切って，表現することにしているんだね。したがって，例えば，ストックは，n 年の1月1日の時点における量として

　　　　　　　　　（これは，2010年でも2020年でも，何でも構わない。）

S_n と表すと，その1年後の $n+1$ 年の1月1日の時点におけるストックは S_{n+1} と表すことができるのはいいね。

　これに対して，流入または流出するフローは，例えば，n 年1月1日から n 年12月31日までの1年間のような期間に流入するフローを f_n で，また同じ期間に流出するフローを g_n で表すと，次の式が成り立つことが分かって頂けると思う。

$$S_{n+1} = S_n + f_n - g_n \quad \cdots\cdots ①$$

　（ストック）（ストック）（フロー）（フロー）

具体例で説明しよう。例えば，佐藤家の2020年1月1日における貯蓄残高が2000万円（$=S_n$）であったとしよう。そして，佐藤家のお父さんの2020年1月1日から同年12月31日までの1年間に得られる総所得が500万（$=f_n$）年であり，同じ期間に佐藤家の家族全員が420万円（$=g_n$）を生活費として消費に使ったものとしよう。すると，2021年1月1日における貯蓄残高は当然2080万円（$=S_{n+1}$）となる。これを式で表すと，①と

14

同様に次のように表されるのは大丈夫だね。

$$\underbrace{2080\text{万円}}_{\substack{S_{n+1} \\ (\text{ストック})}} = \underbrace{2000\text{万円}}_{\substack{S_n \\ (\text{ストック})}} + \underbrace{500\text{万円}}_{\substack{f_n \\ (\text{フロー：流入})}} - \underbrace{420\text{万円}}_{\substack{g_n \\ (\text{フロー：流出})}} \quad \cdots\cdots ②$$

①や②を見ていると，高校の数学で習った数列の"漸化式"のようだって！？その通りだね。しかし，経済学を学ぶ場合，式の中に出てくる S_n と S_{n+1} がストック変数で，f_n と g_n がフロー変数であることを見抜く目も必要となることに注意しよう。

それでは，ニュース等でよく耳にするいくつかの経済上の数値がストックなのか？フローなのか？ここで簡単に確認しておこう。

- 「日本国民（家計）の金融資産が 1450 兆円」と言われた場合，これはストックなので，当然どの時点で 1450 兆円であるのかが，示されるはずだ。
- 「日本の完全失業者数が 300 万人」と言われた場合，これもある時点におけるストックを表しているんだね。
- 「日本の 2010 年の書籍の売り上げが 8000 億円」と言われた場合，これはフローなので，たとえば 2020 年 1 月 1 日から同年 12 月 31 日までの 1 年間の書籍の売り上げ高を表していると考えられる．
- 「日本の 2020 年の GDP（国内総生産）が約 600 兆円」と言われた場合，

  この国内総生産 GDP については，P45 で詳しく解説する。

  これは後述（P52）するように，国内総所得（GDI）と等しい。つまり，前述した佐藤家のお父さんなどの 1 年間の所得を国レベルですべて集計したものに相当するので，これはフローな量なんだね。

  よって，2020 年 1 月 1 日から同年 12 月 31 日までの 1 年間の GDP が約 600 兆円であったと判断すればいいんだね。

以上で，ストックとフローの見分け方も大体お分かり頂けたと思う。では，経済学において，ストックとフローのいずれを重視しているのか？についても少し解説しておこう。これは佐藤家の例でも分かる通り，いくら金融資産（貯蓄）（ストック）が 2000 万円あったとしても，毎年入ってくる 500 万円の所得（フロー）がなければ，安心した生活は送れない。

従って，経済学では，ストックよりフローを重視する傾向がある。マクロレベルで見た場合でも，もちろん前述したストックである家計の1450兆円の金融資産は非常に重要だけれど，毎年の国全体の総所得に相当する *GDP*（国内総生産）の成長の方により重点が置かれている。何故なら，一般に，「景気がいい」というのは，年々この *GDP* が順調に増加していることを意味し，「不況である」というのは，*GDP* が停滞または減少していることを意味するからなんだ。これは，個人（各家計）レベルで考えても同様だと思う。

●利子率も押さえておこう！

経済学を学ぶ上で，"利子率"(*rate of interest*) も重要な役割を演じることになるので，ここでその基本的な考え方を押さえておこう。

利子率と言った場合，"**名目利子率**"と，インフレ率まで考慮にいれた"**実質利子率**"の2種類があるんだけれど，ここでは話を簡単にするため名目利子率に絞って解説しよう。名目利子率とは，三井住友やみずほなど…，一般の市中銀行の普通預金や定期預金の金利（年利）のことだと考えて頂いていい。

たとえば，この金利（名目利子率）が **5%** のとき，これを i とおいて，$i = \frac{5}{100} = 0.05$ と表すことにし，これが変化しないものとしよう。すると，ある時点に **100万円** の預金をしたとすると，これは，複利計算により，

(ⅰ) 1年後には，

　　$(1+i) \times 100$ 万円 $= 1.05 \times 100$ 万円 $= 105$ 万円

(ⅱ) 2年後には，

　　$(1+i)^2 \times 100$ 万円 $= 1.05^2 \times 100$ 万円 $= 110.25$ 万円

(ⅲ) 3年後には，

　　$(1+i)^3 \times 100$ 万円 $= 1.05^3 \times 100$ 万円 $\fallingdotseq 115.76$ 万円

....

となるんだね。

そして，14 年後には，
$(1+i)^{14} \times 100$ 万円 $= 1.05^{14} \times 100$ 万円
$\qquad \qquad \qquad \fallingdotseq 197.99$ 万円　となり，

$$S_{n+1} = S_n + f_n - g_n \quad \cdots ①$$
（ストック）（ストック）（フロー）（フロー）

ナント！約 2 倍になってしまうんだね。

このように，利子率が存在するために，異なる時点におけるお金の価値は，これによって，補正しなければならないんだね。たとえば，名目利子率 $i = 0.05$ で変化しないものとすると，

・現時点での 100 万円は，5 年後の

　　$(1+i)^5 \times 100$ 万円 $= 1.05^5 \times 100$ 万円 $\fallingdotseq 127.63$ 万円と同じ価値をもち，

・逆に 5 年後の 100 万円は，現時点での

　　$\dfrac{1}{(1+i)^5} \times 100$ 万円 $= \dfrac{1}{1.05^5} \times 100$ 万円 $\fallingdotseq 78.35$ 万円と同じ価値をもつことになるんだね。納得いった？

したがって，ストックとフローのところで解説した①式の預金残高 S_n と S_{n+1} についても 1 年間の時間のズレがあるので，名目利子率 i を用いて，①式は，

$S_{n+1} = (1+i) \cdot S_n + f_n - g_n \cdots\cdots ①'$

と表す方がよいことが分かるはずだ。

エッ，フローの $f_n - g_n$ についても，平均として半年分の金利がつくはずだから，

$S_{n+1} = (1+i) \cdot S_n + \left(1 + \dfrac{i}{2}\right) \cdot (f_n - g_n) \cdots\cdots ①''$

これは $(1+i)^{\frac{1}{2}}$ と近似的に等しいので，こう表してもいい。

と表現した方がもっといいって？その通り！「時は金なり！」で，金利と時間との関係を完璧にマスターできたみたいだね。

実践問題 1　　●5つの経済主体と3つの市場●

(1) 次の(ア)，(イ)に当てはまるものを下の①～④から選びなさい。

　　企業は(ア)であり，政府は(イ)である。
　　①租税を徴収し，公共事業などの支出を行う主体
　　②労働を供給し，財やサービスを需要する主体
　　③公開市場操作などにより，貨幣量を調整す主体
　　④財やサービスを供給し，労働を需要する主体

(2) 次の(ウ)～(エ)に当てはまる語句を書きなさい。

　(i) (ウ)市場において，企業は(エ)を供給し，家計はそれを需要する。

　(ii) (オ)市場において，中央銀行が(カ)を供給し，企業や家計がそれを需要する。

> **ヒント！**　5つの経済主体と3つの市場は，マクロ経済学を勉強する上での最も重要な基本事項なので，シッカリ覚えておこう！

解答＆解説

(1) 企業とは，財やサービスを供給し，労働を需要する経済主体のことであり，政府は租税を徴収し，政府支出を行う経済主体のことなんだね。

解答　(ア)④　(イ)①

(2)(i) 生産物市場（財市場）

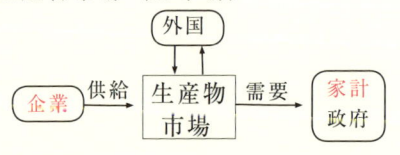

企業 →供給→ 生産物市場 →需要→ 家計・政府
　　　　　　　　↑
　　　　　　　外国

解答　(ウ)生産物（または財）　(エ)財（生産物）やサービス

(ii) 貨幣市場

中央銀行 →供給→ 貨幣市場 →需要→ 企業・家計

解答　(オ)貨幣　(カ)貨幣

実践問題 2　　●生産物市場における均衡価格●

次の (ア) ～ (エ) を，当てはまる語句で埋めなさい。

新古典派によると，生産物市場において，自由競争が保証されていれば，生産物(財)の市場価格は，(ア) 曲線と (イ) 曲線の交点で与えられる (ウ) P_e に決定される。

もし，この市場価格が P_e より大きい P_0 であったとすると，$Q_S - Q_D$ の (エ) が生じることになる。

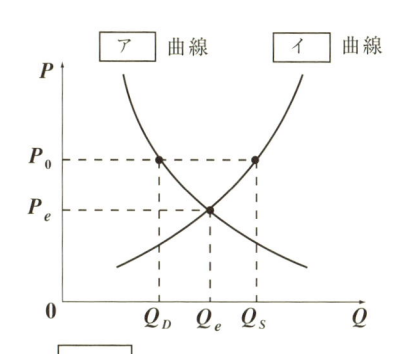

(グラフ：(ア)曲線と(イ)曲線，縦軸 P，横軸 Q，P_0, P_e，Q_D, Q_e, Q_S)

ヒント！ 新古典派によれば，生産物市場において自由競争の条件が満たされれば，財の市場価格は均衡価格 P_e に落ち着くことになるんだね。

解答＆解説

新古典派によると，生産物市場において，自由競争が保証されていれば，減少関数（右下がり）の需要曲線と増加関数（右上がり）の供給曲線の交点である均衡点 (Q_e, P_e) が求まり，財の市場価格は均衡価格 P_e に，また財の数量は Q_e に決定されることになる。

　もし，この財の市場価格が均衡価格 P_e より大きい P_0 であったとすると，グラフより $Q_S - Q_D$ の超過供給が生じることになる。よって，企業はその生産量を減らし，その結果価格が下落して需要が増え，均衡点 (Q_e, P_e) に落ち着くことになる。

解答　(ア) 需要　　(イ) 供給　　(ウ) 均衡価格　　(エ) 超過供給

§2. ケインズ革命

　マクロ経済学の歴史の中で，最も重要な働きをした経済学者が，イギリス人の"**ケインズ**"**(1883-1946)** なんだね。ケインズは強烈な個性の持ち主で，彼が活躍したのは主に 1929 年の大恐慌以降になる。
　1929 年 10 月アメリカのウォール街の株価の大暴落から始まった大恐慌以後，世界経済は未曾有の不況にみまわれた。その中で，イギリスも長引く不況に苦しみ，大量の失業者に悩まされていた。しかし，労働市場においても需要曲線・供給曲線で分析する当時の新古典派と呼ばれる正統派経済学では，この失業問題を解決することが出来なかったんだ。
　これに代わって，"**有効需要の原理**" (*principle of effective demand*) や"**乗数効果**" (*multiplier effect*) などを用いる新たな経済学を生み出し，失業問題の理論的かつ実践的な解決策を考案したのが，このケインズだったんだね。以降，このケインズ経済学派はケインジアンと呼ばれることになる。
　ここでは，労働市場における失業問題に焦点を当てながら，ケインズと新古典派の考え方の違いを概説していくことにしよう。実践科学としてのマクロ経済学の面白さを堪能して頂けると思う。

● **ケインズの疑問は当然だった！？**

　ジョン メイナード ケインズという経済学者は象牙の塔にこもって静かな研究生活を送るような人ではなかった。彼は，株式にも投資し，また政策実現のために政治にも積極的に関与する実践的な学者だった。しかも，毒舌家としても有名で，自分の気に入らない人に対しては舌鋒鋭く攻撃し，対人関係で多くの敵を作ったとも言われている。しかし，正義感が強く，直感力に富み，かつ緻密な分析能力と大胆な独創性を併せもつ希有な経済学者だった。そのケインズによる，後にケインズ革命と呼ばれることになる新しい経済学は，前述したような世界大恐慌の後の長引く不況の中で，生み出されることになる。
　1929 年 10 月に始まった大恐慌により，たとえば 1931 年のイギリスでは，主

要産業における失業率は軒並 20％ を超えた。造船業にいたっては，55.5％ と 2 人に 1 人以上の割合で労働者が職を失ったことになる。

このような悲惨な経済状況において，正統派と言われたイギリスの新古典派の人々の失業問題に対する分析手法は，プロローグで紹介した生産物市場における需要曲線・供給曲線によるものと同様だったんだね。

図 1 に，横軸に労働力 Q を，縦軸に賃金率 W をとって，

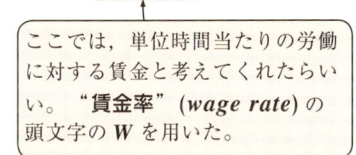

> ここでは，単位時間当たりの労働に対する賃金と考えてくれたらいい。"賃金率"(*wage rate*) の頭文字の W を用いた。

ある産業における労働市場の需要曲線 D と供給曲線 S の概形を表す。

図 1　労働市場における需要曲線 D と供給曲線 S

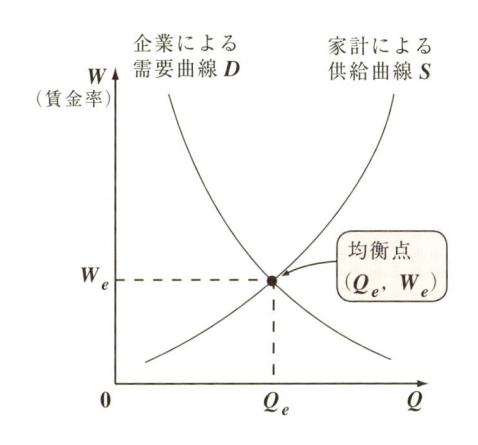

(i) 需要曲線 D について：
　　賃金率 W が高いと，企業はたく山の労働者を雇えないので，当然労働の需要量 Q は小さい。しかし，W が低くなると安い労働力をたく山利用できるようになるので，労働の需要量 Q は増加することになる。つまり，需要曲線は，図 1 に示すように，右下がりの減少関数となるはずだね。これとは対照的に，

(ii) 供給曲線 S について：
　　賃金率 W が低いと，家計（労働者）の中で働きたい人は少ないはずだね。よって，労働量 Q は当然小さく，W が上がるにつれて働きたい人の数も増えてくるはずなので，労働量 Q も増加することになる。つまり，供給曲線 S は，図 1 に示すように，右上がりの増加関数になるんだね。そして，生産物市場のときと同様に市場に自由競争が保証されている限り，需要曲線 D と供給曲線 S の交点である均衡点の賃金率 W_e と労働量 Q_e にち着くことになる。そして，この労働市場には，セーの法則「供給は，それ自ら需要を生み出す」が当然成り立つはずだね。つまり，ある労働者

がこの市場で，賃金率 W_e で働こうと思えば，必ず雇われることになる。…ということは，失業者は存在し得ないことになる？？では何故失業が発生するのか？それは，図 2 に示すように，労働市場の賃金率が，適正な賃金率 W_e より高い W_0 に設定されているからだと，新古典派の経済学者は考える。この場合，労働の供給量 Q_S の方が，需要量 Q_D より大きくなり，$Q_S - Q_D$ だけの超過供給（つまり，労働者の売れ残り）が生じることになり，これが失業に相当するんだね。しかも，この場合，労働者は，「適正な賃金 W_e よりも高い賃金 W_0 で働きたい」と思って，結果として失業している人達だから，これをわざわざ政府が救済する必要はないと考えられるんだね。このような失業を "**自発的失業**" (*voluntary unemployment*) と呼ぶ。

図 2　労働市場における自発的失業

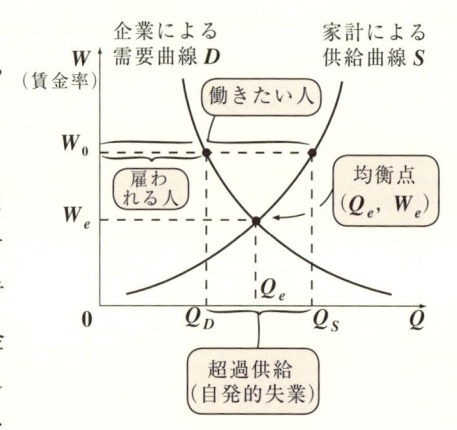

> 考えられるもう 1 つの失業として，"**摩擦的失業**" (*frictional unemployment*) があるが，これは，たとえば原子力産業から自然エネルギー産業などへ，産業構造が大きく転換するときに生じる失業で，これも労働市場の流動化によって解決する以外になく，政府が直接救済しなければならない失業ではないと考えられていた。

では，何故自発的失業が生じるように，賃金率が W_0 と高くなってしまったのか？それは，労働市場が競争的ではなくなっているからだと，新古典派は考える。つまり，労働市場において，労働組合などの独占的な力が働いて本来正当な賃金率 W_e に落ち着くべき自由な市場の動きが妨げられていると推量した。

したがって，政府は自由放任主義に従って市場には介入しないこと，つまり，

均衡財政の小さな政府でいること，そして，労働組合などの力を排除して，
（特に失業対策など行わず，歳入と歳出が一致するような財政政策のこと）
労働市場における賃金率を引き下げることがこの未曾有の失業問題を解決する手段であると，新古典派の経済学者は主張したんだね。

　この考え方でいくと，失業問題はすべて，労働者本人，または組合の問題ということになる。「…何かとんでもなくおかしい！？」何故なら，現実のイギリスの街角には，給料なんかいくらでも構わないから仕事が欲しいと切実に職を求める無数の気の毒な失業者の群れで溢れていたからだ。

　毒舌家ではあっても，正義感の強いケインズなら，当然この考え方の矛盾に直感的に気付き，憤らないはずがない。しかし，初めの内は本当に直感力によって，この賃金率の引き下げに反対し，政府による大規模な公共事業の実施の必要性を主張した。まだ理論的な根拠もないままに…。

　それから，新しい経済理論を作り上げるためのケインズの格闘が始まった。そして，その苦労の結果，**1936年に有名な"雇用・利子および貨幣の一般理論"**(*The General Theory of Employment, Interest and Money*)を出版して，新たな経済理論を完成させた。この新たに生まれた経済理論は，公共事業による経済政策の必要性を主張したものであり，この考え方はイギリスのみならず，世界中に広がっていくことになる。

　このケインズが著した**"雇用・利子および貨幣の一般理論"**は，いわゆる経済の専門家に向けて書かれたもので，一般の学生や読者の方には分かりずらいものだったんだね。したがって，その後，ケインズの理論は，**"クライン"**(*Klein*)による**"労働市場分析"**や，**"サミュエルソン"**(*Samuelson*)による**"45°線分析"**，および**"ヒックス"**(*Hicks*)による**"IS-LM分析"**など…．グラフや比較的簡単な数式を用いて，分かりやすく再表現されてきた。そして，これらの解説手法も取り入れて，ケインズが創り上げた**"有効需要の原理"**や**"乗数効果"**など…のすばらしいマクロ経済学の理論を読者の皆様に紹介することが，本書のメイン・テーマでもあるんだね。

　それではここでは，ケインズの労働市場分析について，クラインの考案したグラフを利用して，その考え方を概説しておこう。

● 賃金の下方硬直性がポイントだ！

　ケインズは，まず労働市場において，"**賃金の下方硬直性**"(*downward rigidity of wages*) が存在することに気付いた。これを具体的に解説しよう。

　不況下で，ある企業がある生産物（財）を生産するために，その企業の工場で 1000 人の労働者が毎日 8 時間働いていたとしよう。しかし，さらに不況が深刻化して，その生産物に対する需要が 2 割減ったため，これまで 1 日当り延べ 8000 時間（= 1000 人 × 8 時間）の労働量も 2 割削減しなければならなくなったものとする。つまり，1 日当りの労働量はトータルで 6400 時間しか必要なくなったわけだね。このとき，企業の取り得る手段は，

(i) 1 人当りの 1 日の労働時間は 6.4 時間にして，1 人も失業者を出さないことにするのか，または

(ii) 1 人当りの 1 日の労働時間は 8 時間のままで，200 人の労働者を解雇するか，のいずれかになるんだね。

一般に，このような場合，企業が用いるのは (ii) の手段で，これにより 200 人の失業者が生じることになる。これは，これまでの賃金率でも働きたいという意志を持っているにも関わらず職を失う人が出るわけだから，"**非自発的失業**"(*involuntary unemployment*) が生じたことになるんだね。つまり新古典派の唱えた，"**自発的失業**"と"**摩擦的失業**"以外に新たに政府が救済すべき"**非自発的失業**"が発生し得ることが示されたわけなんだ。

　では，幸運にも工場に残れた 800 人の賃金率はどうなるだろうか？多少は下げられるかもしれないが，おそらくそれ程大きくは変化しないはずだ。企業（経営者）の立場から考えて，賃金を下げることは，労働者の志気（モチベーション）の低下につながるので，思ったより簡単ではない。労働コストの削減は，200 人の解雇により十分達成されているので，おそらく残った人達の賃金率は大きく変化はしないと考えていい。これを，ケインズは，"**賃金の下方硬直性**"と呼んだんだね。

　以上の考え方が，ケインズによる新しい労働市場分析の考え方の基本であり，これを，*L.R.* クラインは，図 3 に示すようなグラフで分かりやすく表現した。

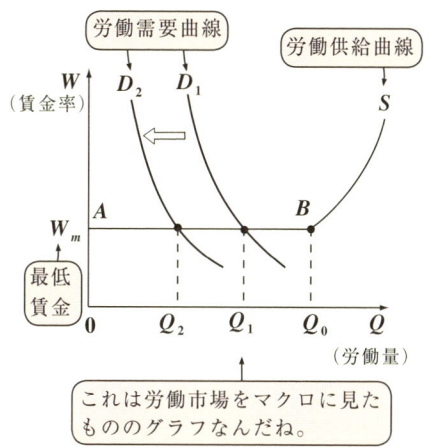

まず，図3の労働の供給曲線に注目してほしい。このA，B間の部分は，最低賃金W_mのまま一定になっている。これが，賃金の下方硬直性を表しているんだね。

これに対して，労働の需要曲線として，D_1とD_2の2曲線の需要曲線を示しておいた。不況下での需要曲線がD_1とすると，このときに職を得られる労働量はQ_1となる。

これを，工場労働者1000人と考えよう。

図3 ケインズによる労働市場分析（Ⅰ）

労働需要曲線
労働供給曲線

これは労働市場をマクロに見たもののグラフなんだね。

ところが，さらに不況が悪化して，労働の需要が減少した結果，需要曲線が左にシフトしてD_2になったとすると，このとき，雇われている労働量も当然Q_2に減ることになる。つまり前述の工場労働者の例でみてみると，$Q_1 - Q_2$

Q_2は，前述の800人の工場労働者のことだと考えてくれたらいい。ただし，前述したものは，1企業の1生産物に対するミクロな例に過ぎないことに気を付けよう。図3の労働市場のグラフは，1国における全企業，全家計を集計したマクロなモデルだからだ。

が非自発的失業者として解雇された200人に相当することが分かるはずだ。このように，図3のグラフを使えば，これまで解説した内容が見事に表現されていることが分かると思う。

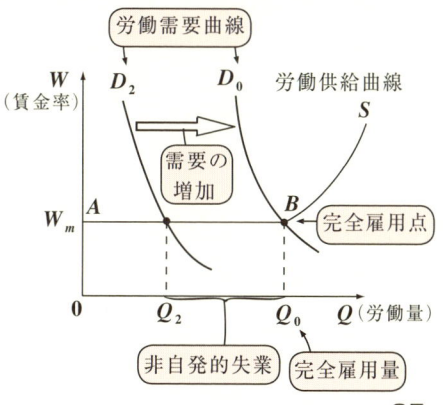

では，Q_2にまで落ちた労働量をどこまで増加させれば良いのか？図4のように労働需要曲線D_2を右にシフトさせてD_0とし，これが労働供給曲線Sの点Bを通るようにすればいい。こ

これを，"完全雇用点"という。

の時の労働量Q_0が完全雇用量であり，$Q_0 - Q_2$が非自発的失業となる。つまり完全雇用量Q_0まで労働の需要を増

図4 ケインズによる労働市場分析（Ⅱ）

労働需要曲線
労働供給曲線
需要の増加
完全雇用点
非自発的失業
完全雇用量

加させれば，少なくとも非自発的失業（$Q_0 - Q_2$）はなくなるからなんだね。

では，労働の需要量を喚起して，需要曲線 D_0 をさらに右にシフトさせて D_{-1} としたらどうなるか？知りたいだろうね。

この場合，右図のように労働の需要曲線 D_{-1} と供給曲線 S とが均衡点 C で交わり，これから，労働量 Q_{-1} と賃金率 W_{-1} が決定されることになる。

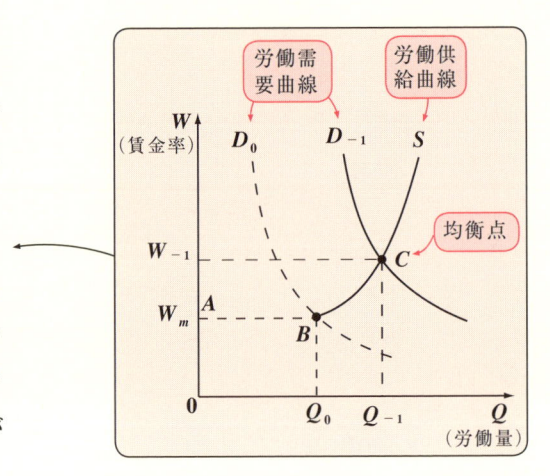

…，そう，これは，ケインズ以前の新古典派が主張していた労働市場のモデルそのものになるんだね。つまり，この状態では最低賃金率 W_m より高い賃金率 W_{-1} で働きたいという労働者の問題であり，たとえ彼らがこれよりさらに高い賃金率を要求して失業したとしても，それは自発的失業になるため，市場に任せて均衡点に落ち着くように放っておけばいい，ということになるんだね。これこそ，レッセフェール（自由放任主義）の考え方だ。このように，ケインズの考えた労働市場モデルは，新古典派のものもその中に含んでいるため，一般理論と呼び得るものなんだね。

では話を元に戻して，需要を喚起して，需要曲線を D_2 から D_0 に右にシフトさせて，自発的失業のない完全雇用量 Q_0 をどのようにしたら実現できるのだろうか？これが最大の問題になるんだね。

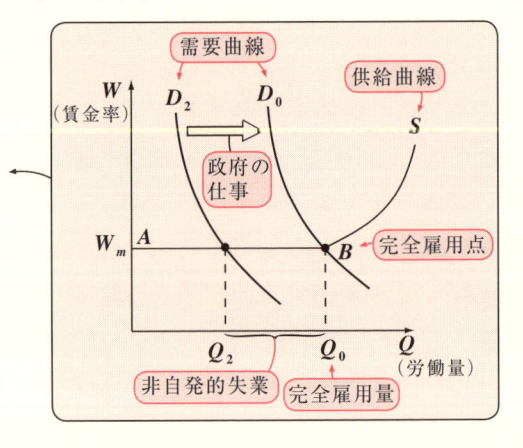

エッ，企業に余分に生産物を作らせればいいって！？資本主義社会では，それは無理だね。ミクロで見れば，各企業は自分達に有利になるように最適な生産計画を立てて合理的に生産しているわけだからね。

ということは，この需要を増加させることができるのは，5つの経済主体の中で"**政府**"であると，ケインズは考えた。つまり，政府であれば，国債を発行して資金を調達し，それを政府支出として公共事業などを行えば，1国全体の経済を活性化させることができる。その結果として，企業の生産物への需要も増すので，労働需要も増加して，労働需要曲線が D_2 から D_0 にシフトし，非自発的失業が解消して，完全雇用が実現できる，ということになるんだね。これをケイズの"**有効需要の原理**"と呼ぶ。この有効需要の"**有効**"とは，「現実に財やサービスを購入する」という意味なんだ。それでは，この有効需要の原理を模式図として，図5に示すので，よく頭に入れておこう。

図5 ケインズの有効需要の原理

- 政府支出による経済の活性化
- 生産物市場における需要の増加
- 労働市場における需要の増加
- 非自発的失業 ($Q_0 - Q_2$) を解消して，完全雇用量 Q_0 の達成！

ケインズのこの有効需要の原理により，「不況のときには小さな政府ではなく，政府は積極的に財政出動することが，不況の克服，失業の解消につながる」と明快に示されたんだね。実践科学としてのマクロ経済学の面白さをご理解頂けたと思う。

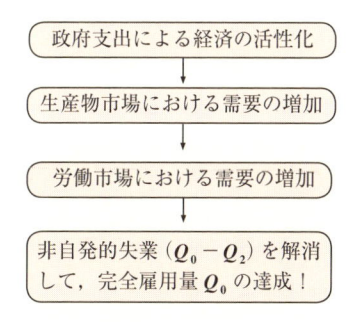

しかし，これまでの解説はまだ定性的なものであって，政府が支出を増やしたとき，どのように経済が活性化，すなわち "**GDP**"（国内総生産）が増加するのか？定量的な議論は一切していないんだね。実はこれについても，碩学ケインズは，"**限界消費性向**"や"**乗数理論**"を用いて，明確でシンプルな算出法を示してくれている。これから順を追って分かりやすく解説していくので，ケインズのマクロ経済学の醍醐味をさらに堪能して頂きたい

実践問題 3　●労働市場における自発的失業●

次の (ア) ～ (オ) に当てはまる語句を入れなさい。

新古典派によると，労働市場において，自由競争が保証されていれば，賃金率は (ア) 曲線と (イ) 曲線の交点で与えられる W_e に決定される。したがって，失業が発生するのは，それは賃金率が W_e より高い W_0 に設定されているからであり，この場合右図より $Q_S - Q_D$ の (ウ) が生じる。よって，これは (エ) 失業であるので，(オ) による救済は必要ないことになる。

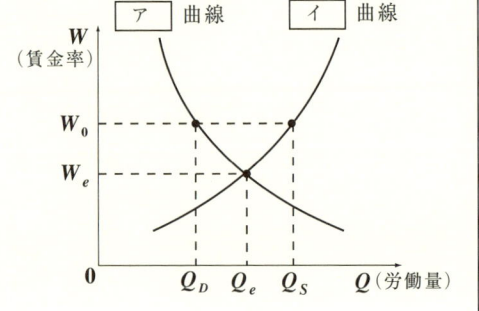

ヒント！ 新古典派の労働市場の分析によれば，均衡点である適正な賃金率 W_e より高い賃金率で働きたいという，自発的失業者しか存在しないことになる。

解答＆解説

新古典派によると，労働市場において，自由競争が保証されていれば，減少関数（右下がり）の需要曲線と増加関数（右上がり）の供給曲線の交点である均衡点 (Q_e, W_e) が定まり，労働市場における賃金率は W_e に，かつ労働量は Q_e に決定される。

したがって，失業が発生するのは，それは賃金率 W_e がより高い W_0 に設定されているからであり，この場合，図より $Q_S - Q_D$ の超過供給が生じることになる。よって，これは，W_e より高い W_0 で働きたいと思って，その結果失業している失業者なので，自発的失業である。従って，自発的失業に関しては，政府による救済は必要ないことになる。

解答　(ア)(労働)需要　(イ)(労働)供給　(ウ)超過供給　(エ)自発的　(オ)政府

実践問題 4 ● 労働市場における非自発的失業 ●

次の (ア) ～ (カ) に当てはまる語句を入れなさい。

ケインズによると，(ア) 曲線は新古典派によるものと変わらないが，(イ) 曲線は，賃金の の (ウ) があるため，右図のようなグラフになる。この両曲線の交点により決まる労働量が Q_2 であったとき，$Q_0 - Q_2$ に相当する (エ) 失業が発生する。したがって，(ア) 曲線を右にシフトさせ，その交点の Q 座標が (オ) 雇用量 Q_0 になるようにする必要がある。これをケインズの (カ) の原理という。

> **ヒント！** ケインズによると，賃金の下方硬直性により非自発的失業が生ずることになるので，この対策として政府支出が必要となるんだね。これが有効需要の原理だ。

解答&解説

ケインズによると，需要曲線のグラフは新古典派によるものと同様であるが，賃金の下方硬直性が存在するため，供給曲線は上図に示すように Q 軸と平行な直線部分が現れる。上図に示すように，この2曲線の交点により決まる労働量 Q_2 が，Q_0 の完全雇用量より小さい場合，$Q_0 - Q_2$ に相当する非自発的失業が生ずることになる。したがって，これを解消するには，企業ではなく，政府による公共事業などの政府支出により，生産物市場，そして労働市場の需要を増加させ，労働市場における需要曲線を右にシフトさせて，その交点の Q 座標が完全雇用量 Q_0 となるようにする必要がある。これを，ケインズの有効需要の原理という。

解答 (ア)（労働）需要 (イ)（労働）供給 (ウ) 下方硬直性
(エ) 非自発的 (オ) 完全 (カ) 有効需要

§3. 数学の基礎知識と限界消費性向

これまで何度か、"**限界消費性向**"(marginal propensity to consume) と "**乗数効果**"(multiplier effect) という用語が出てきたけれど、ここで、数学の基礎知識と共にその具体例を示すことにしよう。

このマクロ経済学の講義で高度な数学を使うことはなく、せいぜい、**1次方程式**と**分数計算**、それに"**無限等比級数**"と簡単な**微分計算**が出来れば十分なんだね。しかし、文系の方の場合、等比級数の部分和までは高校で習っておられるはずだが、その無限和である"**無限等比級数**"については御存知ないかもしれない。したがって、ここではまず、無限等比級数の公式を紹介し、そのマクロ経済学への応用例として、"**限界消費性向**"と"**乗数効果**"について解説しよう。

さらに、経済用語として、"**限界消費性向**"や"**限界貯蓄性向**"など…、よく"**限界**"(marginal) という言葉が出てくるけれど、この意味が数学的には"**微分係数**"とほぼ同じものであることも、ここで示すつもりだ。

● 無限等比級数の公式を押さえよう！

高校数学の復習になるけれど、数列 $a_1, a_2, a_3, \cdots, a_n, \cdots$ の中で、

（これを簡単に $\{a_n\}$ と表してもいい。）

特に、初項 a、公比 r の数列を"**等比数列**"というんだね。つまり初項 $a_1 = a$、第 2 項 $a_2 = ar$、第 3 項 $a_3 = ar^2$、…と、初項 a に公比 r を順次かけて作られる数列のことだ。そして、$n = 1, 2, 3, \cdots$ としたとき、第 n 番目の項を一般項 a_n と呼び、これは、

$a_n = a \cdot r^{n-1}$ ……(*1) ($n = 1, 2, 3, \cdots$) と表されるのも大丈夫だね。

> (*1) について、$n = 1$ のとき、$a_1 = a \cdot r^0 = a$ となるし、$n = 2$ のときは、
> （1のこと）
> $a_2 = a \cdot r^{2-1} = ar$、$n = 3$ のときは、$a_3 = ar^{3-1} = ar^2$、…と、順次 $a_1, a_2, a_3, \cdots$ を表すことができる。

さらに、この等比数列 $\{a_n\}$ の初項 a_1 から、第 n 項 a_n までの和を等比級数（または、等比数列の部分和）と呼び、これを S_n で表すことにする。

ここで、公比 r が 1 ではない、つまり $r \neq 1$ とすると、S_n は、

● マクロ経済学のプロローグ

$$S_n = \underbrace{\sum_{k=1}^{n} a_k}_{} = \underbrace{a_1 + a_2 + a_3 + \cdots + a_n}_{} = a + ar + ar^2 + \cdots + ar^{n-1}$$

> $\sum$ 計算の意味は「a_k の k を $1, 2, \cdots, n$ と変化させたものの和をとれ」という意味だね

$$= \frac{a(1-r^n)}{1-r} \quad \cdots\cdots(*2)$$

となる。この公式の証明も以下に示そう。

まず，$S_n = a + ar + ar^2 + \cdots + ar^{n-1}$ ……① について，
この両辺に公比 r をかけたものを下に示すと，

$$rS_n = ar + ar^2 + \cdots + ar^{n-1} + ar^n \quad \cdots\cdots ② \text{ となる。}$$

ここで，①－②を計算すると，

$$S_n - rS_n = a + \cancel{ar} + \cancel{ar^2} + \cdots + \cancel{ar^{n-1}} - (\cancel{ar} + \cancel{ar^2} + \cdots + \cancel{ar^{n-1}} + ar^n)$$

> 途中の項がすべて打ち消し合う

$$(1-r)S_n = a(1-r^n) \quad \cdots\cdots③ \text{ となるんだね。}$$

ここで，$r \neq 1$ より，$1 - r \neq 0$ だから，③の両辺を $1-r$ で割って，
部分和 $S_n = \dfrac{a(1-r^n)}{1-r}$ ……(*2) の公式が導けるんだね。

■ 等比数列と等比数列の部分和

初項 a，公比 r の等比数列 $\{a_n\}$ について，$n = 1, 2, 3, \cdots$ として，
一般項 $a_n = a \cdot r^{n-1}$ ………(*a)
部分和 $S_n = \dfrac{a(1-r^n)}{1-r}$ ……(*b)（ただし，$r \neq 1$）となる。

ここまでは，文系の方も高校で勉強されたはずだ。それでは，部分和 S_n の n を $n \to \infty$ として，つまり，等比数列の部分和 S_n を**無限級数**にしたものを S_∞ とおくと，

$$S_\infty = a + ar + ar^2 + \cdots + ar^{n-1} + \underbrace{ar^n + ar^{n+1} + \cdots}_{} \text{ となる。}$$

> 無限に数列をたしていく！

これは，$\lim$（極限）の記号を用いて，(*b)の公式も用いると，

$$S_\infty = \underbrace{\lim_{n \to \infty} S_n}_{} = \lim_{n \to \infty} \frac{a(1-\boxed{r^n})}{1-r} \quad \cdots\cdots④ \text{ と表せるんだね。}$$

> これに着目！

> これは，$n \to \infty$ にしたときに，S_n の極限を調べる式だ！

31

ここで, $n \to \infty$, すなわち $n = 1, 2, 3, 4, \ldots$ と無限に大きくしていったとき, ④の右辺で変化する部分は r^n のみなので, これがどうなるかを調べればいい。結論を言えば, 公比 r が, $-1 < r < 1$ の範囲の定数であるならば, $\lim_{n \to \infty} r^n = 0$ となるんだね。

$$S_\infty = \lim_{n \to \infty} \frac{a(1 - r^n)}{1 - r} \quad \cdots ④$$

> たとえば, $\cdot r = \frac{1}{2}$ のとき, $r^2 = \frac{1}{4}, r^3 = \frac{1}{8}, r^4 = \frac{1}{16}, \ldots$ と 0 に近づく。
> また, $\cdot r = -\frac{1}{2}$ のときも, $r^2 = \frac{1}{4}, r^3 = -\frac{1}{8}, r^4 = \frac{1}{16}, \ldots$ と, 符号は変化するが, これも 0 に近づいていくことが分かるはずだ。これから, 公比 r が $-1 < r < 1$ であれば, $n \to \infty$ のとき r^n は 0 に近づく(収束する)ことが分かるんだね。

以上より, ④の極限の式は, $-1 < r < 1$ ならば

$$S_\infty = \lim_{n \to \infty} \frac{a(1 - r^n)}{1 - r} = \frac{a}{1 - r} \quad \text{と, シンプルに表されるんだね。}$$

この**無限等比級数**の公式を下にまとめておこう。

無限等比級数

初項 a, 公比 r の無限等比級数 S_∞ は, $-1 < r < 1$ のとき,

$$S_\infty = a + ar + ar^2 + \cdots + ar^{n-1} + \cdots = \frac{a}{1 - r} \quad \cdots\cdots (*c) \text{ となる。}$$

ここで, 公比 r が $-1 < r < 1$ のときのみ, S_∞ は収束して, $(*c)$ が成り立つので, この $-1 < r < 1$ を特に "**収束条件**" という。では, 例題を1題やっておこう。

初項 $a = 2$, 公比 $r = \frac{1}{3}$ の無限等比級数を S_∞ とおくと, r は収束条件をみたすので, $(*c)$ より,

$$S_\infty = \frac{a}{1 - r} = \frac{2}{1 - \frac{1}{3}} = \frac{2}{\frac{2}{3}} = \frac{2 \times 3}{2} = 3 \quad \text{と, アッサリ求まるんだね。}$$

● マクロ経済学のプロローグ

● 限界消費性向と乗数効果をマスターしよう！

それでは，無限等比級数の公式(＊c)を利用して，"**限界消費性向**"と"**乗数効果**"についても解説しよう。

今，ある人（家計）Aさんの所得が，10万円だけ増えたとしよう。何か特別なボーナスでも入ったと考えて頂けたらいい。このとき，

（ⅰ）このAさんは，**80％**（**＝0.8**）の**8万円**を消費して，Bさんのお店の商品を買い，残りの**20％**（**＝0.2**）の**2万円**を貯蓄したとしよう。

（ⅱ）次に，Bさんも，手に入れた**8万円**の内，**80％**（**＝0.8**）の**6.4万円**を消費して，Cさんのレストランで食事をし，残り**20％**（**＝0.2**）の**1.6万円**を貯蓄したとする。

（ⅲ）さらに，Cさんも，手に入れた**6.4万円**の内，**80％**（**＝0.8**）の**5.12万円**を消費して，Dさんのお店でサービスを受け，残り**20％**（**＝0.2**）の**1.28万円**を貯蓄したとする。……以下同様のプロセスが続くものとすると，初めの10万円はAさん，Bさん，Cさん，Dさん，…と，巡り巡って，社会全体としては次のような所得の増加 $\triangle \tilde{y}$ をもたらすことになるんだね。

社会全体の所得が $\tilde{y}_1$ から $\tilde{y}_2$ に増えたとき，その増加分を $\triangle \tilde{y}\ (=\tilde{y}_2-\tilde{y}_1)$ とおいたと考えて頂きたい。

$\triangle \tilde{y} =$ **10万円 ＋ 8万円 ＋ 6.4万円 ＋ 5.12万円 ＋ …**

（10万円×1）（10万円×0.8）（10万円×0.8²）（10万円×0.8³）

$= 10\text{万円} \times (1 + 0.8 + 0.8^2 + 0.8^3 + \cdots\cdots) \cdots\cdots ⑤$

初項 $a=1$，公比 $r=0.8$ の無限等比級数 $\dfrac{a}{1-r}\ \cdots(*3)$

収束条件：$-1 < r < 1$ をみたす

この⑤の右辺の（ ）内は，初項 $a=1$，公比 $r=0.8$ の無限等比級数となっているのは大丈夫だね。よって，（＊3）の公式より，

$\triangle \tilde{y} = \dfrac{1}{1-0.8} \times 10\text{万円} = \dfrac{1}{0.2} \times 10\text{万円} = 5 \times 10\text{万円} = 50\text{万円}\cdots②$

となって，初めの10万円は，廻り廻って，50万円分もの社会全体としての所得の増加をもたらしたことになるんだね。

以上のことを少し一般化して，整理しておこう。まず初めの A さんの所得の増分を△y とおき，その内消費にまわす割合を c_m，貯蓄にまわす割合を s_m と

（10万円）　　　　　　　　　　（0.8）　　　　　　　　　（0.2）

おくと，B さん，C さん，D さん，…の所得の増分は順に，$c_m \triangle y$，$c_m^2 \triangle y$，$c_m^3 \triangle y$，… となるんだね。よって，社会全体としての所得の増分 $\triangle \widetilde{y}$ はこれらの無限和として，

$$\triangle \widetilde{y} = \triangle y + c_m \triangle y + c_m^2 \triangle y + c_m^3 \triangle y + \cdots$$
$$= \triangle y (1 + c_m + c_m^2 + c_m^3 + \cdots)$$

$\underbrace{}_{\dfrac{1}{1-c_m}}$

無限等比級数の公式
$$a + ar + ar^2 + \cdots + ar^{n-1} + \cdots$$
$$= \dfrac{a}{1-r} \quad \cdots\cdots (*c)$$
($a = 1$, $r = c_m$) を用いた。

∴ $\triangle \widetilde{y} = \dfrac{1}{1-c_m} \cdot \triangle y \quad \cdots$ ⑥　となるんだね。

ここで，所得の微小な増分△y の内，消費にまわす割合 c_m を"限界消費性

（社会全体の所得が $\widetilde{y}$ からみたら，10万円は十分微小な量と言えるんだね。）

向"といい，残りの貯蓄にまわす割合 s_m を"限界貯蓄性向"という。当然，c_m と s_m は，$0 \leq c_m \leq 1$，$0 \leq s_m \leq 1$ の範囲の定数で，

$c_m + s_m = 1$　（または，$s_m = 1 - c_m$）$\cdots (*d)$　の関係をみたすんだね。

さらに，初めの所得の増分△y に対して，社会全体の所得の増分は，$\dfrac{1}{1-c_m}$ の乗数倍だけ拡大されたことになるので，この $\dfrac{1}{1-c_m}$ を"乗数"と呼び，この拡大効果を"乗数効果"と呼ぶんだね。

以上の話をさらに一般化して，マクロな国全体の経済について考えよう。この場合の所得は，国内のすべての人の所得を合計した"国内総所得"を

（"国内総所得"(GDI) については，P52 で詳しく解説する。以降，この国内総所得のことを単に"所得" Y と表すこともある。）

考え，これを Y とおくことにしよう。すると，この所得 Y についても，消費者はこの一部を消費 C にまわし，残りを貯蓄 S にまわすものと考えられる。

（"消費"(consumption) の頭文字 C をとった）　（"貯蓄"(savings) の頭文字 S をとった）

ここで，Y，C および S の増分をそれぞれ△Y，△C，△S で表すと，

● マクロ経済学のプロローグ

$\triangle Y = \triangle C + \triangle S$ ……⑦が成り立つ。

> 日本の国内総所得 Y は，大体 500 兆円位なので，たとえ 1 億円であったとしても十分小さな値だから，たとえば $\triangle Y = 1$ 億円とおいたとしても構わないと思う。

この⑦の両辺を $\triangle Y$ で割ると，

$1 = \underbrace{\dfrac{\triangle C}{\triangle Y}}_{c_m} + \underbrace{\dfrac{\triangle S}{\triangle Y}}_{s_m}$ ……⑦′ となり，マクロ経済学では，

（限界消費性向）（限界貯蓄性向）

⑦′ の右辺の $\dfrac{\triangle C}{\triangle Y}$ と $\dfrac{\triangle S}{\triangle Y}$ をそれぞれ "限界消費性向" c_m と "限界貯蓄性向" s_m と定義する。つまり，

$\begin{cases} \text{・限界消費性向 } c_m = \dfrac{\triangle C}{\triangle Y} & \cdots(*e) \\ \text{・限界貯蓄性向 } s_m = \dfrac{\triangle S}{\triangle Y} & \cdots(*f) \end{cases}$ となるんだね。

この所得の増分 $\triangle Y$ の内，消費に $\triangle C$ だけまわすわけだから，その割合である限界消費性向 c_m は当然 $(*e)$ で表されることになるし，$\triangle Y$ の内，$\triangle S$ だけ貯蓄にまわされるので，同様に限界貯蓄性向 s_m も $(*f)$ で表されることになるんだね。
また，$(*e)$, $(*f)$ を⑦′ に代入すれば
$c_m + s_m = 1$ （または $s_m = 1 - c_m$）…$(*d)$ が導かれるのもいいね。
そして，マクロ経済学では，企業の投資を I，政府の支出を G とおくの

> "投資" (investment) の頭文字 I をとった　　"政府支出" (government expenditure) の頭文字 G をとった

で，それぞれの増分は $\triangle I$, $\triangle G$ と表される。ここで，
(i) 企業が投資を $\triangle I$ だけ増加させたとすると，前述の A さん，B さん，…の所得の増分の総和の計算と同様に，国内総所得の増加分 $\triangle Y$ は次のように計算できる。

$\triangle Y = \triangle I + c_m \triangle I + c_m{}^2 \triangle I + c_m{}^3 \triangle I + \cdots$
$ = \triangle I \cdot \underline{(1 + c_m + c_m{}^2 + c_m{}^3 + \cdots)} = \dfrac{1}{1 - c_m} \triangle I$ ……$(*g)$

$\dfrac{1}{1-c_m}$ （無限等比級数の公式を使った！）（∵ $0 < c_m < 1$）

35

(ⅱ) 同様に，政府が公共事業などで政府支出を $\triangle G$ だけ増加させたときも，国内総所得の増加分 $\triangle Y$ は次式で求められるんだね。

$$\triangle Y = \triangle G + c_m \triangle G + c_m^2 \triangle G + c_m^3 \triangle G + \cdots$$
$$= \triangle G \cdot (1 + c_m + c_m^2 + c_m^3 + \cdots) = \frac{1}{1-c_m} \triangle G \quad \cdots(*h)$$

以上，(ⅰ)，(ⅱ) の $(*g)$, $(*h)$ より， $\frac{1}{1-c_m}$ が，"**乗数**" であり，投資や政府支出を，$\triangle I$ や $\triangle G$ だけ増加させたとき，国内総所得の増加には $\frac{1}{1-c_m}$ の乗数倍だけ拡大して反映される。この効果を "**乗数効果**" というんだね。

以上をまとめて示しておこう。

限界消費性向と乗数効果

国内総所得を Y，消費を C，貯蓄を S，投資を I，そして政府支出を G とおくと，それぞれの増分は，$\triangle Y$, $\triangle C$, $\triangle S$, $\triangle I$, $\triangle G$ となる。ここで，限界消費性向 c_m と，限界貯蓄性向 s_m はそれぞれ，

$c_m = \frac{\triangle C}{\triangle Y}$ $\cdots(*e)$ $s_m = \frac{\triangle S}{\triangle Y}$ $\cdots(*f)$ で定義される。

さらに，c_m と s_m は，$0 \leqq c_m \leqq 1$, $0 \leqq s_m \leqq 1$ の範囲の定数で，

$c_m + s_m = 1$ （または，$s_m = 1 - c_m$ ）$\cdots(*d)$ をみたす。

(ⅰ) 企業が投資を $\triangle I$ だけ増加させると，国内総所得の増分 $\triangle Y$ は

$\triangle Y = \frac{1}{1-c_m} \triangle I = \frac{1}{s_m} \triangle I$ $\cdots(*g)$ で計算され，

(ⅱ) 政府が政府支出を $\triangle G$ だけ増加させると，国内総所得の増分 $\triangle Y$ は

$\triangle Y = \frac{1}{1-c_m} \triangle G = \frac{1}{s_m} \triangle G$ $\cdots(*h)$ で計算される。

ここで，$\frac{1}{1-c_m} \left(= \frac{1}{s_m} \right)$ を**乗数**と呼び，$(*g)$, $(*h)$ のように，$\triangle I$, $\triangle G$ が，$\triangle Y$ について乗数 $\frac{1}{1-c_m} \left(= \frac{1}{s_m} \right)$ 倍だけ拡大して反映されることを**乗数効果**という。

ここで，限界消費性向について，

(ⅰ) $c_m = 0$，つまり限界貯蓄性向 $s_m = 1$ で，投資や政府支出の増分の $\triangle I$ や $\triangle G$ が消費されずに，すべて貯蓄にまわった場合，乗数は，
$\dfrac{1}{1-c_m} = \dfrac{1}{1-0} = 1$ となって，$\triangle I$ や $\triangle G$ は拡大されることはない。

(ⅱ) $c_m = 0.5$，$s_m = 0.5$ で，$\triangle I$ や $\triangle G$ の半分が消費，半分が貯蓄にまわされる場合，乗数は $\dfrac{1}{1-c_m} = \dfrac{1}{1-0.5} = \dfrac{1}{0.5} = 2$ となって，2 倍の乗数効果が出る。

(ⅲ) さらに，$c_m = 0.9$，$s_m = 0.1$ で，$\triangle I$ や $\triangle G$ の 9 割が消費，1 割が貯蓄にまわされる場合，乗数は，
$\dfrac{1}{1-c_m} = \dfrac{1}{1-0.9} = \dfrac{1}{0.1} = 10$ となって，10 倍の乗数効果が現れる。

(ⅳ) さらにもっと，$c_m = 0.99$，$s_m = 0.01$ で $\triangle I$ や $\triangle G$ の 99% もが消費に，そしてわずか 1% が貯蓄にまわされた場合，その乗数は，
$\dfrac{1}{1-c_m} = \dfrac{1}{1-0.99} = \dfrac{1}{0.01} = 100$ となって，100 倍もの乗数効果が現れることになるんだね。

このように，c_m が 1 に近づけば近づく程，乗数 $\dfrac{1}{1-c_m}$ はどんどん大きくなって，大きな乗数効果が期待できる。

　日本人には元々貯蓄が好きな国民性があると言われるが，ヨーロッパでも従来は「貯蓄は美徳！」の風潮があったんだね。しかし，このようなケインズの近代経済学的な分析からは，経済を拡大して，不況を克服するためには，貯蓄よりも消費を優先させた方がよいことが分かった。つまり，1 国のリーダー（大統領や首相）が「景気よ！良くなれ！」と叫んでも景気はよくなるものではないんだけれど，国民の多くが「景気は良くなる！」と信じて，消費を増やせば，間違いなく景気は良くなることが，以上の考え方から導けるんだね。

この限界消費性向と乗数効果については，サミュエルソンの "**45°線分析**"（**P84**）のところでさらに詳しく解説しよう。

● 限界消費性向の数学的な意味って何だろう！？

マクロ経済学では，"限界消費性向" c_m や "限界貯蓄性向" s_m など…，よく "**限界**……" という用語が使われるけれど，この "**限界**" (*marginal*) の意味を "**限界消費性向**" c_m を例にとって，調べておこう。

マクロ経済学においても，所得 Y が増えることにより消費 C も増加すると考えられるので，C は Y の増加関数として，

$C = f(Y)$ …①

と表されるものとしよう。

この①の関数のことを "**消費関数**" (*consumption function*) と呼ぶ。

図1に，①の消費関数のグラフの1例を示す。C は Y の増加関数として当然右上がりの曲線になる。では，このときの限界消費性向 c_m がこのグラフ上で何になるのか考えてみよう。限界消費性向 c_m の定義は，

$c_m = \dfrac{\triangle C}{\triangle Y}$ …(∗e)

図1 消費関数 $C=f(Y)$ と限界消費性向 c_m

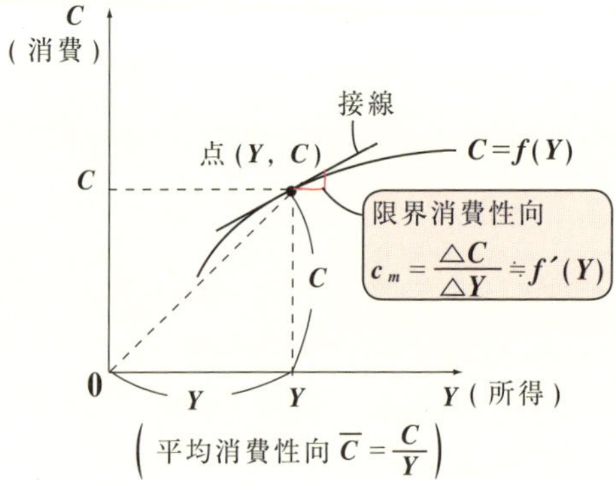

（平均消費性向 $\overline{C} = \dfrac{C}{Y}$）

限界消費性向 $c_m = \dfrac{\triangle C}{\triangle Y} \fallingdotseq f'(Y)$

だったんだね。すると，これは曲線 $C=f(Y)$ 上の点 (Y, C) における微分係数の定義式：$f'(Y) = \dfrac{dC}{dY}$ …②

とほぼ等しいことに気付くと思う。そして，高校数学でも学んだ通り，②は極限の式

$\dfrac{dC}{dY} = \lim\limits_{\triangle Y \to 0} \dfrac{\triangle C}{\triangle Y}$ …③ により定義されるんだね。

したがって，$\triangle Y$ が Y に対して十分に微小な量であれば，限界消費性向 c_m は，近似的に微分係数 $f'(Y)$ と等しい，つまり，

限界消費性向 $c_m = \dfrac{\triangle C}{\triangle Y} \fallingdotseq \dfrac{dC}{dY} = f'(Y)$ …④ が成り立つんだね。

したがって，グラフ的には，図1に示すように，限界消費性向 c_m は，消費関数 $C=f(Y)$ 上の点 (Y, C) における接線の傾きとほぼ等しいということが言えるんだね。

一般に，経済学では，限界消費性向 c_m の定義として，「所得が **1** 単位増えたときの消費の増加分 $\triangle C$ のことである」と言う場合もある。このとき $\underline{\triangle Y = 1}$（単位）とおけるので，（*e）の定義から，限界消費性向 c_m は，

> これは，日本のように，国内総所得 Y が約 500 兆円のように巨大な数値の場合，この 1 単位を，1 億円としても，またはもっと大きく 1000 億円としてもいいかもしれない。

$c_m = \triangle C$ ……（*e）′ と表現できることにも注意しよう。

また，"平均消費性向" $\overline{C}$ といった場合，これは $\dfrac{C}{Y}$ のことであり，図1に示すように，原点 0 と点 (Y, C) を結ぶ直線の傾きを表す。これも覚えておこう。

以上までの限界消費性向 c_m の解説から類推して，たとえば，限界貯蓄性向 s_m の場合も，何かある貯蓄関数 $\underline{S = g(Y)}$ が存在し，限界貯蓄性向

> 貯蓄 S は，何か所得 Y の増加関数と考えられる。

s_m は，この微分係数 $g'(Y)$ とほぼ等しいこと，つまり

$$s_m = \frac{\triangle S}{\triangle Y} \fallingdotseq \frac{dS}{dY} = g'(Y) \quad \cdots ⑤$$

が成り立つことが分かるはずだ。さらに，この限界貯蓄性向 s_m は，曲線 $S = g(Y)$ 上の点 (Y, S) における接線の傾きとほぼ同じものであることも，グラフのイメージとしてつかめるはずだ。

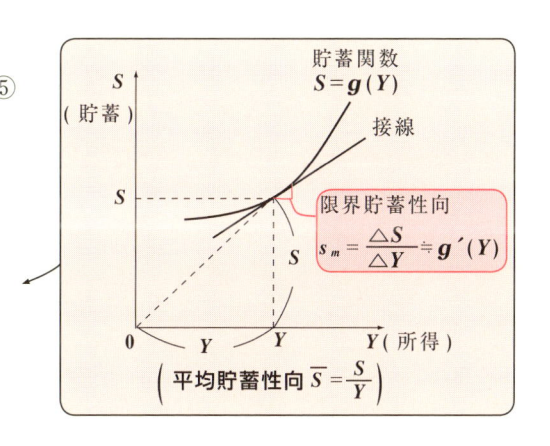

以上より，これ以外にも "…**限界**…" という用語を見たら，これはある関数の接線の傾きである微分係数とほぼ同じものであると類推すればいいんだね。

| 実践問題 5 | ● 無限等比級数 ● |

初項 $a = 9$, 公比 $r = \dfrac{1}{2}$ の等比数列 $\{a_n\}$ について，次の空欄を埋めなさい。

(1) 一般項 $a_n = \boxed{(ア)}$ ($n = 1, 2, 3, \cdots$) である。

(2) 初項 a_1 から第 n 項 a_n までの部分和を S_n とおくと，
$S_n = \boxed{(イ)}$ である。

(3) 数列 $\{a_n\}$ の無限等比級数を S_∞ とおくと，$S_\infty = \boxed{(ウ)}$ である。

ヒント! 初項 a, 公比 r の等比数列 $\{a_n\}$ の (i) 一般項は $a_n = ar^{n-1}$ であり，(ii) 部分和は $S_n = \dfrac{a(1-r^n)}{1-r}$ であり，(iii) 無限等比級数は $S_\infty = \dfrac{a}{1-r}$ (ただし，r は収束条件：$-1 < r < 1$ をみたすものとする) であることを利用するんだね。

解答 & 解説

初項 $a = 9$, 公比 $r = \dfrac{1}{2}$ の等比数列 $\{a_n\}$ について，

(1) 一般項 $a_n = a \cdot r^{n-1} = 9 \cdot \left(\dfrac{1}{2}\right)^{n-1} = \dfrac{9}{2^{n-1}}$ ($n = 1, 2, 3, \cdots$) となる。

(2) 初項 a_1 から第 n 項 a_n までの部分和 S_n は

$$S_n = a_1 + a_2 + \cdots + a_n = \dfrac{a(1-r^n)}{1-r} \quad \text{←（部分和 S_n の公式より）}$$

$$= \dfrac{9\left\{1-\left(\dfrac{1}{2}\right)^n\right\}}{1-\dfrac{1}{2}} = \dfrac{9}{\dfrac{1}{2}}(1-2^{-n}) = 18(1-2^{-n}) \quad \text{となる。}$$

(3) この無限級数 S_∞ は収束条件：$-1 < r < 1$ をみたすので，

$$S_\infty = \dfrac{a}{1-r} = \dfrac{9}{1-\dfrac{1}{2}} = \dfrac{9}{\dfrac{1}{2}} = 18 \quad \text{となる。}$$

解答 (ア) $9 \cdot 2^{1-n}$ (イ) $18(1-2^{-n})$ (ウ) 18

実践問題 6 ● 限界消費性向と乗数効果 ●

(1) 次の空欄を適切な語句で埋めなさい。

所得の増分の $\triangle Y$ の内，消費に $\triangle C$，貯蓄に $\triangle S$ だけまわされるとき，$c_m = \dfrac{\triangle C}{\triangle Y}$ を (ア) と呼び，$s_m = \dfrac{\triangle S}{\triangle Y}$ を (イ) と呼び，また $\dfrac{1}{1-c_m}$（または $\dfrac{1}{s_m}$）を (ウ) と呼ぶ。

(2) 限界消費性向 $c_m = 0.4$ において，投資が $\triangle I = 10$ 兆円だけ増えたとき，所得はおよそどれだけ増加するか求めなさい。

ヒント！ (1)は，限界消費性向と限界貯蓄性向と乗数の定義についての問題だね。(2)は，乗数効果の問題で，公式 $\triangle Y = \dfrac{1}{1-c_m} \triangle I$ を用いればいいんだね。

解答＆解説

(1) 所得の増分 $\triangle Y$ の内，消費に $\triangle C$，貯蓄に $\triangle S$ だけ振り分けられるとき，

（これは，"国内総所得"（GDI）のことだと考えればいい。）

$c_m = \dfrac{\triangle C}{\triangle Y}$ を限界消費性向と呼び，$s_m = \dfrac{\triangle S}{\triangle Y}$ を限界貯蓄性向と呼ぶ。

また，投資が $\triangle I$ だけ増えたとき，所得の増加分 $\triangle Y$ は，乗数効果により

$$\triangle Y = \dfrac{1}{1-c_m} \triangle I \quad \left(\text{または，} \dfrac{1}{s_m} \cdot \triangle I\right) \quad \cdots\cdots ① \text{と表される。}$$

そして，係数 $\dfrac{1}{1-c_m}$（または，$\dfrac{1}{s_m}$）のことを乗数と呼ぶ。

(2) 限界消費性向 $c_m = 0.4$ において，投資が $\triangle I = 10$ 兆円だけ増加したとき，所得の増分 $\triangle Y$ は，①より次のように求まる。

$$\triangle Y = \dfrac{1}{1-0.4} \cdot 10 (兆円) = \dfrac{1}{0.6} \times 10 (兆円) = \dfrac{5}{3} \times 10 (兆円) \fallingdotseq 16.7 (兆円)$$

解答 (1)(ア) 限界消費性向　(イ) 限界貯蓄性向　(ウ) 乗数
(2) 16.7 兆円（小数第2位を四捨五入した）

講義1 ● マクロ経済学のプロローグ　公式エッセンス

1. ストックとフローの関係

$$S_{n+1} = S_n + f_n - g_n$$

（S_{n+1}：ストック、S_n：ストック、f_n：フロー、g_n：フロー）

$\begin{cases} S_n：n年の1月1日におけるストック \\ S_{n+1}：n+1年の1月1日におけるストック \\ f_n：n年の1月1日からn年の12月31日までに流入するフロー \\ g_n：n年の1月1日からn年の12月31日までに流出するフロー \end{cases}$

2. 有効需要の原理の模式図とケインズによる労働市場分析（グラフ）

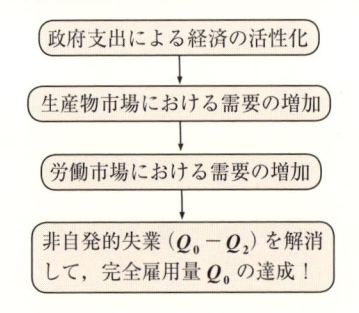

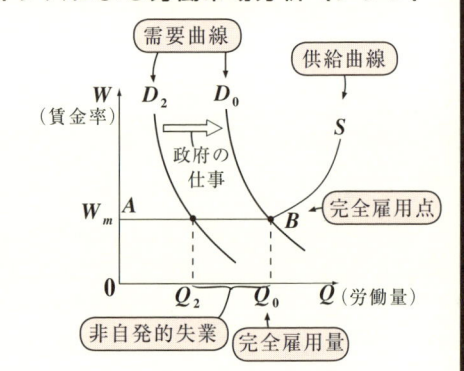

政府支出による経済の活性化
↓
生産物市場における需要の増加
↓
労働市場における需要の増加
↓
非自発的失業（$Q_0 - Q_2$）を解消して，完全雇用量Q_0の達成！

（グラフ：需要曲線 D_2, D_0、供給曲線 S、W（賃金率）、政府の仕事、W_m A、B 完全雇用点、Q_2 非自発的失業、Q_0 完全雇用量、Q（労働量））

3. 等比数列と等比数列の部分和

初項a，公比rの等比数列$\{a_n\}$について，$n = 1, 2, 3, \cdots$として，

（ⅰ）一般項 $a_n = a \cdot r^{n-1}$　　（ⅱ）部分和 $S_n = \dfrac{a(1-r^n)}{1-r}$　（ただし，$r \neq 1$）

4. 無限等比級数

初項a，公比rの無限等比級数S_∞は，$-1 < r < 1$のとき，

$$S_\infty = a + ar + ar^2 + \cdots + ar^{n-1} + \cdots = \dfrac{a}{1-r} \quad となる。$$

5. 限界消費性向c_m，限界貯蓄性向s_mと乗数効果

（ⅰ）企業が投資を$\triangle I$だけ増加させると，国内総所得の増分$\triangle Y$は

$$\triangle Y = \dfrac{1}{1-c_m} \triangle I = \dfrac{1}{s_m} \triangle I \quad で計算され，$$

（ⅱ）政府が政府支出を$\triangle G$だけ増加させると，国内総所得の増分$\triangle Y$は

$$\triangle Y = \dfrac{1}{1-c_m} \triangle G = \dfrac{1}{s_m} \triangle G \quad で計算される。$$

講義 Lecture 2

国内総生産（GDP）と物価

テーマ

▶ 国内総生産と三面等価の原則
　$(GDP = GDI = GDE)$

▶ 物価の測定

$$\left(\begin{array}{l} \dfrac{GDP \text{ デフレーター}}{100} = \dfrac{\text{名目}\,GDP}{\text{実質}\,GDP} = \sum_{k=1}^{n} \dfrac{p_{km}}{p_{k0}} \cdot w_k \\ \dfrac{\text{消費者物価指数}\,CPI}{100} = \sum_{k=1}^{n} \dfrac{p_{km}}{p_{k0}} \cdot w_k{'} \end{array} \right)$$

§1. 国内総生産と三面等価の原則

　マクロ経済学では，1国の経済の活動規模を測る指標として，"**国内総生産**"(GDP)や"**国内総所得**"(GDI)や"**国内総支出**"(GDE)を用いる。これらは，1国の経済活動を示すフローの指標で，それぞれ生産面，所得面，そして支出面から集計して求められるものなんだ。

　そして，実は，これらも含めて，次のように4組，計12個の指標があるので，下にまとめて示しておこう。

　　(I) (i) 国内総生産 (GDP)　　　　(II) (i) 国内純生産 (NDP)
　　　(ii) 国内総所得 (GDI)　　　　　　(ii) 国内純所得 (NDI)
　　　(iii) 国内総支出 (GDE)　　　　　 (iii) 国内純支出 (NDE)

　　(III) (i) 国民総生産 (GNP)　　　(IV) (i) 国民純生産 (NNP)
　　　(ii) 国民総所得 (GNI)　　　　　　(ii) 国民純所得 (NNI)
　　　(iii) 国民総支出 (GNE)　　　　　 (iii) 国民純支出 (NNE)

　エッ，覚えるのが大変そうだって!? そうだね。でもよく見ると，これらは，"**生産**"，"**所得**"，"**支出**"の3つの指標に対して(i)"**国内**"か"**国民**"か，また(ii)"**総**"か"**純**"かに分類されているにすぎないことに気付かれたと思う。この違いについては，後で詳しく説明するつもりだ。

　しかし，ここではまず，最も重要な(I)の(i)"**国内総生産**"(GDP)の内容について詳しく解説しよう。そして，これが(I)の(ii)"**国内総所得**"(GDI)や"**国内総支出**"(GDE)とも等しいこと，つまり，"**三面等価の原則**"が成り立つことも教えよう。そしてさらに，この国内総生産には，"**名目**"($nominal$)と"**実質**"($real$)の違いがあることについても解説するつもりだ。

　今回の講義では，用語の定義がたく山出てきて大変だと思われるかも知れないね。しかし，これらに対して様々な分析を加える，その基本となる指標なので，ここで正確に理解しておく必要があるんだね。

● まず，国内総生産 (GDP) の定義を押さえよう！

国の経済活動の大きさを測る指標として最も重要なものが "国内総生産" (GDP)

> "Gross Domestic Product" の頭文字をとった
> （総）（国内の）（生産）

なんだね。この国内総生産 (GDP) の定義をまとめて示すと次のようになる。
「<u>国内で</u>，<u>1年間に</u> <u>生産された</u> <u>粗付加価値</u> を <u>市場価格で合計したもの</u>」
　(ⅰ)　　(ⅱ)　　(ⅲ)　　　(ⅳ)　　　　(ⅴ)

これだけではまだピンとこないだろうから，上記の5つのポイントについて詳しく解説しよう。

(ⅰ)「国内で」(*Domestic*) について：
これは，日本ならば日本，イギリスならばイギリス国内での生産について考えている。したがって，日本企業が日本で行う生産が GDP に含まれるのは当然だけれど，外国企業でも日本に進出して日本で行う生産も，日本の GDP に含めるんだね。逆に，日本の企業であっても，海外で行った生産は，その国の GDP に含め，日本の GDP には含めないんだね。

(ⅱ)「1年間に」について：
国内総生産 GDP は<u>フロー (*flow*)</u> の指標なので，一定期間内での生産について考えるんだね。一般には，「1年間に」生産された粗付加価値の合計で表されるんだけれど，4半期 (3ヶ月間) 毎の集計値として発表されたりもする。

(ⅲ)「生産された」について：
GDP は，対象とする期間内での生産について考えるので，たとえば，中古品 (中古自動車や中古のパソコンなど) の販売があったとしても，それは過去の生産物なので，<u>当期の GDP には含めない</u>。また，株式などが値上がりしたとしても，生産されて新たな価値を生み出した訳ではないので，これも GDP の計算には含めないんだね。

(ⅳ)「粗付加価値」について：
これが，GDP を計算する上で最も重要なポイントなんだね。まず，"粗付加価値" の "粗" については，後で解説することにして，まず付加価値について，例を使って解説することにしよう。

ここで，原材料として小麦粉のみを使ってパスタを作り販売する，年間の売り上げが230万円の日本国内のあるレストランを例にとって，

GDP の計算法を示そう。図**1**に示すように，

(ⅰ) まず，農家が 100 万円分の小麦を作り，販売したものとしよう。

図1　付加価値の和が *GDP* となる

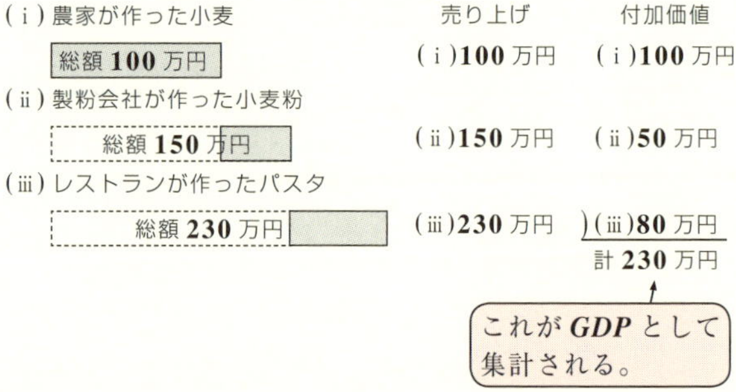

```
                                          売り上げ      付加価値
(ⅰ) 農家が作った小麦
    総額 100 万円                         (ⅰ)100 万円   (ⅰ)100 万円
(ⅱ) 製粉会社が作った小麦粉
    総額 150 万円                         (ⅱ)150 万円   (ⅱ) 50 万円
(ⅲ) レストランが作ったパスタ
         総額 230 万円                    (ⅲ)230 万円   (ⅲ) 80 万円
                                                        計 230 万円
```

これが *GDP* として集計される。

(ⅱ) 次に，これを購入した製粉会社は，この小麦を原料として 150 万円分の小麦粉を作り，これをレストランに売ったものとする。

(ⅲ) さらに，これを購入したレストランは，この小麦粉を原料として美味しいパスタを作り，これを 230 万円で店に来るお客さんに販売したものとしよう。

この過程で，各経済主体の売り上げを調べてみると，

(ⅰ) 農家は小麦を作って，100 万円を売り上げ，

(ⅱ) 製粉会社は小麦粉を作って，150 万円を売り上げ，そして，

(ⅲ) レストランはパスタを作って，230 万円を売り上げたことになる。

このとき，この 3 つの売り上げ金額を合計したもの，すなわち

100 万円 + 150 万円 + 230 万円 = 480 万円　を，

GDP としてはいけない理由はお分かりだろうか？…そう，原料としての小麦や小麦粉の部分が新たな付加価値を生み出しているわけでもないのに，2 重，3 重に計算されているのが問題なんだね。

GDP とは，付加価値の合計だから，

(ⅰ) 農家が小麦を作ることにより，生み出した付加価値は 100 万円であり，

(ⅱ) 製粉会社が小麦粉を作ることにより，新たに生み出した付加価値は，売り上げの 150 万円から原料費としての小麦の 100 万円を除いた 50 万円であり，そして

(ⅲ) レストランがパスタを作ることにより，新たに生み出した付加価値は，売り上げの 230 万円から原料代としての小麦粉の 150

● 国内総生産（GDP）と物価

万円を除いた 80 万円になるんだね。
したがって，これらの付加価値の合計，すなわち
100 万円 + 50 万円 + 80 万円 = 230 万円　が，
GDP として集計されることになるんだね。本当はパスタだけをとってみても，原材料は，小麦粉だけでなく，オリーブオイルや肉や魚介類や野菜など…が考えられる。でも，これらについても，またさらに，国内で生産される他のすべての財やサービスについても，原材料費を除いて新たに加えられた付加価値を集計したものが，国内総生産 GDP になることがご理解頂けたと思う。

　ここで，先程のパスタレストランの例で注意点を 1 つ言っておこう。前の例では，小麦を生産する農家が国内（日本）であるものとしたけれど，この小麦農家がもしオーストラリアの農家の場合，国内ではないので，当然日本の GDP の中に小麦の付加価値を含めてはいけない。これはオーストラリアの GDP に含めるものだからなんだね。つまり，この場合，日本の GDP に集計されるのものは，農家の 100 万円を除いて，
50 万円 + 80 万円 = 130 万円　となるんだね。納得いった？
では次，"粗付加価値"の"粗"の部分について，これも例を使って

元々は，"あらい"という意味。この場合"不要なものを含んでいる"という意味。

解説しておこう。
　たとえば，ある機械メーカーが，日本の原材料のみを使って耐用年数 5 年の 1000 万円の印刷機械を作り，これをある印刷会社に販売したものとしよう。先程のパスタレストランと同様に考えれば，この印刷機には外国の原材料は使われていないので，この時点で 1000 万円の付加価値が生じていることになる。ここで，この印刷機を購入した印刷会社は，この印刷機を毎日稼働させて，書籍や雑誌やパンフレットなどを生産して，また新たな付加価値を生み出していくことになるんだね。しかし，ここで 1 つ問題が生じる。
印刷会社が初めにこの印刷機を購入したときは，確かにこの印刷機により 1000 万円分の付加価値が存在していたわけだけど，この印刷機の耐用年数が 5 年ということは，この機械を 1 年間使い続ければ，当然 5 分の 1 の価値である 200 万円が減り，またもう 1 年使えば，

さらに200万円分の価値が減り，…，5年後には壊れて(実際に壊れるかどうかは別にして)0円の価値しかもたないことになってしまう。つまり，このように機械や設備などの固定資本を使用することにより，その価値が減少していくことになる。この減少分を毎年見積もって，費用として計算する手続きのことを"減価償却(げんかしょうきゃく)"というんだね。

　今回の1000万円の印刷機の場合，耐用年数が5年なので，定額法により計算すれば，1年間当たりの減価償却費として印刷会社が計上できる費用は200万円ということになるんだね。そして，例年多くの企業が，決算期にこのような減価償却費を計上している。

　マクロ経済学においても，この減価償却と同様の概念が存在し，これを少し表現は難しいんだけれど，"固定資本減耗(こていしほんげんもう)" (*consumption of fixed capital*) という。マクロにおけるこの合計を以後 C_{fc} と表すことにしよう。そして，国内総生産 (*GDP*) の場合，この本来ならば除くべき固定資本減耗分を引いていないんだね。*GDP* の *G* は "*Gross*" のことで，これを"総(そう)"と訳しているんだけれど，実は"総(そう)"ではなくて"粗(そ)"というのが，本質に近い。なぜなら，*GDP* には，この固定資本減耗という不要分が混じっているからなんだね。

　これに対して，"国内純生産"(*NDP*) の N が表す "*Net*" (純) の

"*Net Domestic Product*" の頭文字をとったもの
(純)(国内の) (生産)

意味は，*GDP* からこの不要な固定資本減耗を差し引いたものになっているんだね。つまり，

国内純生産 (*NDP*) = 国内総生産 (*GDP*) − (固定資本減耗 C_{fc}) …(*i)

の公式が成り立つ。したがって，"*Net*" (純) の意味は，不要な固定資本減耗 C_{fc} が除かれた"純粋な"という意味なんだね。

　では，何故余分な固定資本減耗 C_{fc} が含まれている *GDP* の方を *NDP* より重要視するのかって!? それは，この C_{fc} をマクロ経済のような膨大な集計作業で計算するのが大変だからなんだね。印刷機のような固定資本を企業がみんな1月1日に購入するとは限らない。1つ1つの固定資本の減耗分をその対象となる期間内で月割り(または日割り)計算することはとても面倒な作業であることが，容易に理解して頂けると思う。

> しかし，大体の概算として，日本の場合，国内総生産 (*GDP*) の約 **2** 割程度が固定資本減耗分と言われているので，国内純生産 (*NDP*) は *GDP* の **8** 割程度になると覚えておくと，実用的かもしれない。

(ⅴ)「市場価格での合計」について：

GDP の計算はあくまでも，生産物市場で取引される財やサービスについて算出され，その価格は市場価格で計算されることになるんだね。したがって，ボランティア活動や家事や子育てといった，社会的には有効な労働であっても，市場価格が存在しないものについては，*GDP* の計算からはずされることになる。

でも，"帰属計算"（*imputation*）による例外もあるので，いくつか紹介しておこう。帰属計算では，現実には市場での取引が行われていなくても，あたかもそれがなされたかのように市場価格を計算することになるんだね。

(ア) 持ち家の家賃収入

一般に，家賃の場合，賃借人が毎月家賃を大家に支払うことになり，その家賃収入は *GDP* の計算に加えられることになる。これに対して，持ち家の場合，所有者は当然それを自分で利用して，誰かに貸しているわけでもないんだけれど，あたかも誰かに貸しているものとして，その家賃収入を市場価格で *GDP* の計算に加えることにするんだね。

これは，同じ家屋であるにも関わらず，それを貸していた時の家賃収入を *GDP* の計算に算入していたのに，それを持ち家として大家自身が利用するようになると，途端にその算入分が消滅するのはおかしいとの考え方から，導かれたんだね。

(イ) 大臣の行うサービス：

大臣の行う仕事についても，市場価格が存在するわけではない。でも，これも大臣が得ている給料を市場価格として *GDP* の計算に入れることにするんだね。

(ウ) 公共サービス：

たとえば，消防のような公務員による公共サービスには当然市場価格は存在しない。けれども，この場合も，たとえば年間の

消防活動にかかった費用（コスト）を用いて，GDP の計算に入れることにしている。

（手書き: 生産＝分配（所得）＝支出（三面等価の原則））

以上で国内総生産（GDP）の解説が終わった。もう 1 度基本事項として下に示しておくので，シッカリ頭に入れておこう。

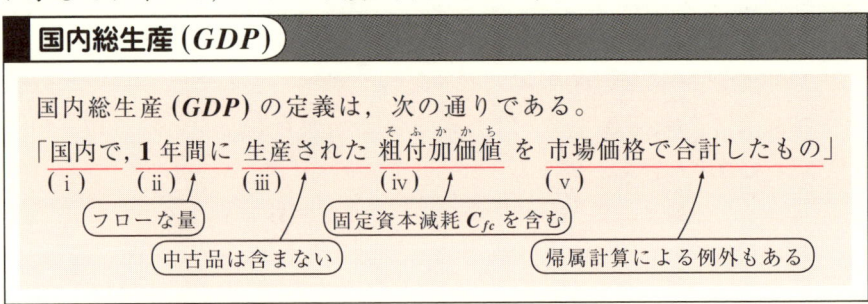

国内総生産（GDP）

国内総生産（GDP）の定義は，次の通りである。
「国内で，1 年間に 生産された 粗付加価値 を 市場価格で合計したもの」
　（ⅰ）　　（ⅱ）　　（ⅲ）　　（ⅳ）　　　　　（ⅴ）

- （ⅰ）フローな量
- （ⅲ）中古品は含まない
- （ⅳ）固定資本減耗 C_{fc} を含む
- （ⅴ）帰属計算による例外もある

そして，国内総生産（GDP）から，固定資本減耗を引いたものが，国内純生産（NDP）だった。つまり，次式が成り立つんだね。

国内純生産（NDP）＝ 国内総生産（GDP）−（固定資本減耗 C_{fc}）　…（＊ i）

- Net Domestic Product
- Gross Domestic Product

これで，"総"（Gross）と"純"（Net）の相違が明らかになったので，次は，"国内"（Domestic）と"国民"（National）の違いについても，国内総生産（GDP）と国民総生産（GNP）を例にとって解説しておこう。これは，

- Gross Domestic Product
- Gross National Product

国内という場所に着目するか，国民という場所に着目するかの違いなので，国民総生産（GNP）の定義は，当然 GDP と同様に，
「国民により，1 年間に生産された粗付加価値を市場価格で合計したもの」
となるんだね。

　国際化の進んだ現代においては，経済活動も国内，海外で活発に行われている。よって国民の経済活動に着目する GNP においては，たとえば日本の GNP で考えると，国内総生産（GDP）に対して，海外で活動して得た日本人の所得（income）はこれに加え，逆に，日本国内で経済活動して得た外国人の所得はこれから引かなければならない。その他に，株式や国債の配当などの流入と流出も考慮に入れると，国民総生産（GNP）と国内総生産（GDP）との間には次の関係式が成り立つことになるんだね。

国民総生産 (GNP) = 国内総生産 (GDP) + I_{in} − I_{out} …(∗ k)

$\Bigl($ ただし，I_{in}：海外からの所得の流入 ← 日本人が海外で活動して得た所得，および海外から入ってくる配当など
I_{out}：海外への所得の流出 ← 外国人が国内で活動して得た所得，および海外へ出ていく配当など $\Bigr)$

ここで，$I_{in} − I_{out}$ のことを特に，"所得収支"（*balance on income*）ということも覚えておこう。

また，国民総生産 (GNP) と国民純生産 (NNP) についても，次の関係式が

Gross National Product   *Net National Product*

成り立つことは，もう容易にご理解頂けると思う。

国民純生産 (NNP) = 国民総生産 (GNP) − (固定資本減耗 C_{fc}) …(∗ l)

以上より，国内総生産 (GDP) と国内純生産 (NDP)，および国民総生産 (GNP) と国民純生産 (NNP) の間の関係式を模式図で示すと図2のようになるんだね。納得いった？

図2　GDP と NDP と GNP と NNP の関係の模式図

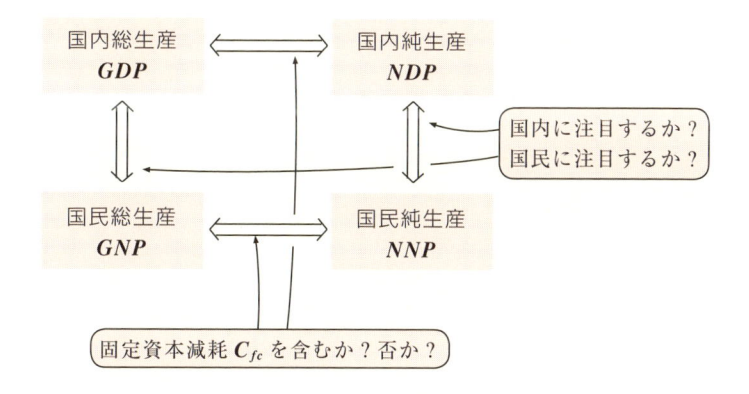

```
 国内総生産           国内純生産
   GDP    ⇔           NDP
    ⇕                  ⇕  ← 国内に注目するか？
                           国民に注目するか？
 国民総生産           国民純生産
   GNP    ⇔           NNP
           ↑
    固定資本減耗 $C_{fc}$ を含むか？否か？
```

● **GDP などの三面等価の原則もマスターしよう！**

　これまで解説した国内総生産 GDP は，1 国の国内での経済活動の規模を「生産面」から表した指標だったんだね。ここでは，同様の国内での経済規模を「所得面」（または，「分配面」）から見た "**国内総所得**"（*GDI*）と，「支

> "*Gross Domestic Income*" の頭文字をとった！
> （総）（国内の）（所得）

出面」から見た "**国内総支出**"（*GDE*）についても解説し，これら 3 つの指

> "*Gross Domestic Expenditure*" の頭文字をとった！
> （総）（国内の）　（支出）

標 *GDP*, *GDI*, *GDE* が等しいこと，すなわち
"**三面等価の原則**"（*GDP* = *GDI* = *GDE*）が成り立つことも示そう。

（I）国内総生産 *GDP* と国内総所得 *GDI* について：

　　国内総生産 *GDP* は，粗付加価値の合計であったので，これから固定資本減耗 C_{fc} を引いた残りからは，企業で働く労働者への報酬，すなわち，

> これは，新たな機械や設備に取り替えるための費用となる部分

"**雇用者報酬**"（*compensation of employees*）が支払われる。そして，さらに残った部分は "**営業余剰**"（*operating surplus*）と呼ばれ，これから株主への配当や銀行からの借入れ金の利子などとして支払われることになるんだね。

　　つまり，*GDP* から固定資本減耗 C_{fc} を除いたものは誰かの所得として分配されることになるわけだから，逆にこの所得と C_{fc} を加えたものが国内総所得 *GDI* になるんだね。これを式で表すと，

　　GDP =（固定資本減耗 C_{fc}）+（雇用者報酬）+（営業余剰）

> 誰かの所得（国内純所得 *NDI* のこと）
> "*Net Domestic Income*"
> （純）（国内の）（所得）

　　　　= *GDI*（国内総所得）　…（＊m）　となるので
　　国内総生産（*GDP*）= 国内総所得（*GDI*）　…（＊m）´　が成り立つことが分かったんだね。

(Ⅱ) 国内総生産 GDP と国内総支出 GDE について：

生産面から見た国内総生産 GDP として表される指標は，固定資本減耗 C_{fc} も含めて，1年間に国内で生産されたすべての財・サービスを表している。これを，今度は需要者の支出面から考えてみると，次の **4** 項目の和になる。

(i) 主に家計による消費 C ← "消費"(consumption) の頭文字をとった

(ii) 主に企業による投資 I ← "投資"(investment) の頭文字をとった

(iii) 政府による政府支出 G ← "政府支出"(government expenditure) の頭文字をとった

(iv) 外国(海外)への "純輸出"(net export) $EX-IM$
　　　　　　　　　　　　　　　　　　　　　↑　　↑
　　　　　　　　　　　　"輸出"(export) と "輸入"(import) の頭文字をとった

ここで，生産された財やサービスは，(i) 消費 (C) されるか (ii) 投資 (I) の対象となるか，(iii) 政府支出 (G) の対象となるかのいずれかになることは，まず問題ないと思う。問題は (iv) の純輸出 (これは "**貿易収支**"(trade balance) ともいう) についてだと思うが，この中の輸出 (EX) は国内の製品に対する消費であり，輸入 (IM) は外国製品に対する消費であると考えていい。したがって，この差をとった $EX-IM$ が差し引き勘定として外国(海外)から国内の製品に対する純粋な需要であると考えていいんだね。以上より，

$$GDP = C + I + G + EX - IM \quad \cdots(*n) \quad となり，$$

（(i) 消費，(ii) 投資，(iii) 政府支出，(iv) 純輸出 (または，貿易収支)）

この右辺こそ，支出面から見た国内総支出 GDE に他ならないんだね。ン？でも，これって，供給(生産)が需要(支出)と等しくなる "**セーの法則**" を表しているのじゃないかって !? いい質問だね。実は，一般に国内総支出 GDE が，総供給量に当たる GDP と一致するとは限らない。常に売れ残りが存在する可能性があるからだ。しかし，この売れ残り分も，企業の "**在庫投資**"(inventory investment) として，企業の投資 I に含ませることにするんだね。すると，$(*n)$ は常に成り立つ恒等式となる。実際に，企業は将来の販売のために何がしかの在庫をかかえているのが普通で，企業サイドから見たら，これは，売れ残りという意識はなく，本当に在庫投資と考えているはずだからね。

よって，(∗n) をもう 1 度書くと，

$GDP = C + \underline{I} + G + EX - IM$

（在庫投資を含む）

$GDP = GDI \quad \cdots (*\text{m})'$

　　　$= GDE(\text{国内総支出}) \quad \cdots (*\text{n})'$　となるので，

国内総生産 $(GDP) =$ 国内総支出 (GDE)　$\cdots(*\text{n})''$　が成り立つことも分かったんだね。

以上 (I)，(II) の (∗m)′ と (∗n)″ より，

国内総生産 $(GDP) =$ 国内総所得 $(GDI) =$ 国内総支出 (GDE)　$\cdots(*\text{o})$

が成り立つことが示せた。この (∗o) を "**三面等価の原則**" と呼ぶ。

(i) そして，"**総**" から "**純**" に変えたいのであれば，固定資本減耗 C_{fc} を引けばいいだけだから，(∗o) の各辺から C_{fc} を引くと，

$\underline{GDP - C_{fc}} = \underline{GDI - C_{fc}} = \underline{GDE - C_{fc}}$　となるので

　　　　NDP　　　　　NDI　　　　　NDE

"Net Domestic Product"　　"Net Domestic Expenditure"
　　　　　　"Net Domestic Income"

国内純生産 $(NDP) =$ 国内純所得 $(NDI) =$ 国内純支出 (NDE)　$\cdots(*\text{p})$

が導かれ，"**国内純〇〇**" の形の三面等価の原則が成り立つことも分かる。

(ii) 次に，"**国内**" から "**国民**" に変更したいのであれば，海外からの所得の流入 I_{in} をたして，海外への所得の流出 I_{out} を引けばいいだけだね。つまり，(∗o) の各辺に所得収支 $(I_{in} - I_{out})$ をたして，

$\underline{GDP + I_{in} - I_{out}} = \underline{GDI + I_{in} - I_{out}} = \underline{GDE + I_{in} - I_{out}}$

　　　　GNP　　　　　　GNI　　　　　　GNE

"Gross National Product"　　　"Gross National Expenditure"
　　　　　　"Gross National Income"

となるので，

国民総生産 $(GNP) =$ 国民総所得 $(GNI) =$ 国民総支出 (GNE)　$\cdots(*\text{q})$

が導かれ，"**国民総〇〇**" の形の三面等価の原則が成り立つことも示せたんだね。

(ⅲ) 最後に，(＊q) の "総" から "純" に変えたいのであれば，(＊q) の各辺からまた固定資本減耗 C_{fc} を引けばいいんだね。よって，

$GNP - C_{fc} = GNI - C_{fc} = GNE - C_{fc}$ となるので，
　　　NNP　　　　NNI　　　　NNE
"Net National Product"　"Net National Expenditure"
　　　　　　"Net National Income"

国民純生産 (NNP) ＝ 国民純所得 (NNI) ＝ 国民純支出 (NNE) …(＊r)

が導かれ，"**国民純**○○" の形式の三面等価の原則が成り立つことも分かった。

　以上より，**4** つの三面等価の原則により，**12** の経済活動の指標は **4** つのグループに分類されることになる。そして，これら **4** つのグループの関係についての模式図は図 3 のようになるんだね。よく確認して頂きたい。

図3　12の経済指標の関係の模式図

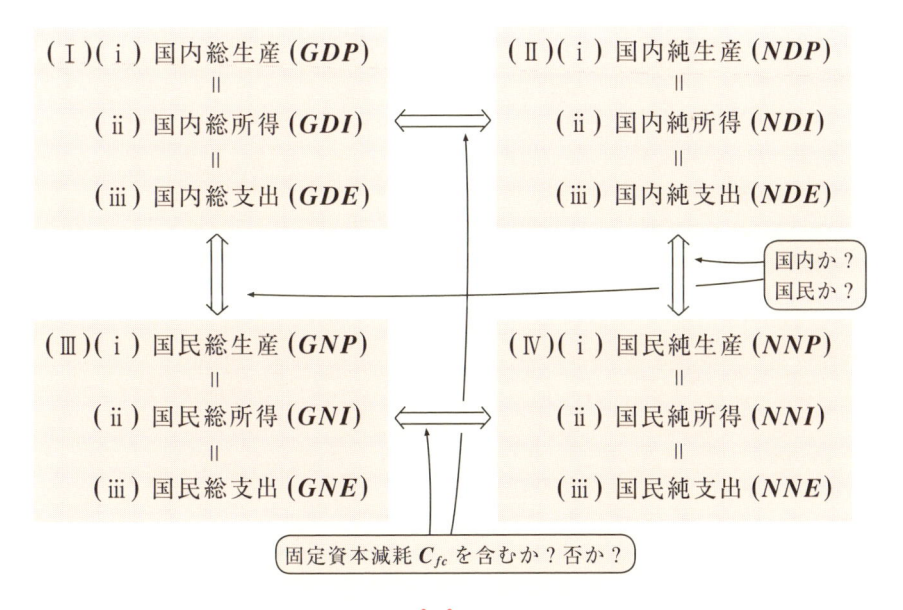

(Ⅰ)(ⅰ) 国内総生産 (GDP)	(Ⅱ)(ⅰ) 国内純生産 (NDP)
‖	‖
(ⅱ) 国内総所得 (GDI)	(ⅱ) 国内純所得 (NDI)
‖	‖
(ⅲ) 国内総支出 (GDE)	(ⅲ) 国内純支出 (NDE)

国内か？国民か？

(Ⅲ)(ⅰ) 国民総生産 (GNP)	(Ⅳ)(ⅰ) 国民純生産 (NNP)
‖	‖
(ⅱ) 国民総所得 (GNI)	(ⅱ) 国民純所得 (NNI)
‖	‖
(ⅲ) 国民総支出 (GNE)	(ⅲ) 国民純支出 (NNE)

固定資本減耗 C_{fc} を含むか？否か？

　経済指標として，かつては GNP(国民総生産) がよく用いられていたんだけれど，最近では GDP(国内総生産) の方がよく用いられるようになった。これは，国際化が進んだので国内での経済の活動規模の方が重視されるようになったからだろうね。

しかし，このような経緯のせいか，現在でも"国民所得"(*National Income*) が使われることがあるので，補足説明しておこう。国民所得という場合，

(Ⅰ) 狭義には，国民純所得 (*NNI*) を表すが，
(Ⅱ) 広義には，国内総生産 (*GDP*) や国内総所得 (*GDI*) や国内総支出 (*GDE*) を表すこともある。その表現の仕方として
　　(ⅰ) 国内総生産 (*GDP*) を「生産面の国民所得」といい，
　　(ⅱ) 国内総所得 (*GDI*) を「分配面の国民所得」といい，
　　(ⅲ) 国内総支出 (*GDE*) を「支出面の国民所得」という。

このような表現を使う教員や著者もいらっしゃると思うが，本書では，混乱を避けるため，*GDP* は *GDP* で，*GDI* は *GDI* で，…など，図 3(P55) で示した通りの表現法でこれからも表すことにする。

● *GDP* には，名目と実質の 2 種類がある！

それではまた話を *GDP*(国内総生産) に戻そう。*GDP* の計算法については，レストランで作って販売されるパスタを例にとって詳しく解説した。このとき示したように，外国で生産された原材料費は除き，また国内のものでも原材料費の多重計算を避ける工夫はあったものの，*GDP* の計算の本質は，国内で 1 年間に新たに生産された財 (または，サービス) の市場価格と生産量の積の和 (Σ 計算) になるんだね。

つまり，n 個の財 (または，サービス) に対して，k 番目の財の市場価格を p_k，その生産量を x_k とおくと，
GDP は，
$$GDP = \sum_{k=1}^{n} \underline{p_k} \ \underline{x_k}$$
　　　　　　　　市場価格　生産量
$$= p_1 x_1 + p_2 x_2 + \cdots + p_n x_n \ \cdots ①$$
の形で計算されることを，まず頭に入れておこう。

$\sum_{k=1}^{n} a_k$ の意味は，$k = 1, 2, \cdots, n$ と変化させたときの a_k の和をとれということ。よって，
$\sum_{k=1}^{n} a_k = a_1 + a_2 + \cdots + a_n$
となるんだね。

このような Σ 計算の表記法にも徐々に慣れていって頂きたい。

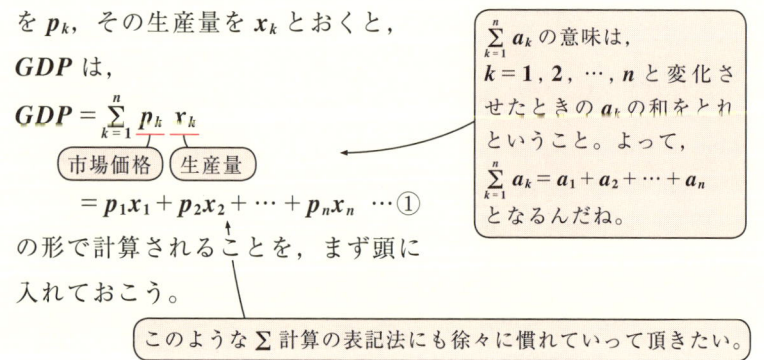

ということは，GDP の計算には，財 (または，サービス) の生産量の部分 (x_k) と市場価格の部分 (p_k) が存在するということなんだね。すると，次のような矛盾が生じる可能性がある。つまり，n 個の財 (または，サービス) の生産量 x_k ($k = 1, 2, 3, \cdots, n$) が，年が変わってもまったく変化しない場合で

(これは具体的には，$x_1, x_2, x_3, \cdots, x_n$ のこと)

も，市場価格 p_k ($k = 1, 2, 3, \cdots, n$) の方が上昇してしまえば，つまり，イ

($p_1, p_2, p_3, \cdots, p_n$ のこと)

ンフレになってしまえば，①の計算式から GDP の値は増加することになる。しかし，生産される財 (または，サービス) の量は変化してはいないわけだから，このような形で名目上 GDP の値が増加したとしても，これをもって国内の経済が成長したとは，決して言えないんだね。以上は，極端な例であったわけだけれど，①の計算式で毎年計算される GDP は，以上のような理由から，**名目** ($nominal$)GDP という。これに対して，価格変動の要素を除外した実質的な，すなわち**実質** ($real$)GDP も存在する。この名目 GDP と実質 GDP の違いについては，これから具体例を使って解説していくことにしよう。

　ここで，話を簡単にするために，パソコンとスーツとバッグの 3 点のみの財を国内で生産する国について考えよう。次のページの表 1 に示すように，これら 3 つの財の市場価格と生産量の 3 年分のデータが与えられているものとしよう。この表 1 では，年度の表現を，0 年，1 年，2 年と表しているけれど，これは具体的には，たとえば，2020 年，2021 年，2022 年など…，連続したある 3 年間であれば何でも構わない。しかし，最初の 0 年を "**基準年**" ($base\ year$) とすることだけは頭に入れておいて頂きたい。この基準年の各財の価格を用いて，他の年 (1 年や 2 年など…，これを "**比較年**" と呼ぶ。) の実質 GDP を計算することになるからなんだね。

表1 名目 GDP と実質 GDP の計算のためのデータベース

	年	パソコン		スーツ		バッグ	
		価格 (万円/台)	生産量 (台)	価格 (万円/着)	生産量 (着)	価格 (万円/個)	生産量 (個)
基準年	0年	10	100	4	200	1	100
比較年	1年	12	110	3	180	2	80
	2年	11	120	4	220	2	90

それでは，表1を基に，0年，1年，2年の名目 GDP を，公式：

名目 $GDP = \sum_{k=1}^{3} p_k x_k = p_1 x_1 + p_2 x_2 + p_3 x_3$ …①´ を用いて早速求めてみよう。

(ⅰ) 0年の名目 $GDP = 10 \times 100 + 4 \times 200 + 1 \times 100 = 1900$ 万円
(ⅱ) 1年の名目 $GDP = 12 \times 110 + 3 \times 180 + 2 \times 80 = 2020$ 万円
(ⅲ) 2年の名目 $GDP = 11 \times 120 + 4 \times 220 + 2 \times 90 = 2380$ 万円

どう？(価格)×(生産量)の和をとるだけだから，簡単に求まったでしょう。

この結果から，0年，1年，2年と年を経る毎に，名目 GDP は，1900万円，2020万円，2380万円へと着実に増大しているように見える。しかし，これは，価格の変動により見かけ上増加しているのにすぎないかも知れないことに，要注意なんだね。

この価格の変動を除くために，各年の生産量については各年のものを採用するが，価格については，基準年である0年のものに固定して，GDP の計算を行ったものを**実質 GDP** という。これだと，年が経過しても，価格は0年(基準年)のままなので，価格変動が除外されていることになる。では，実質 GDP を早速求めてみよう。

(ⅰ) 0年の実質 $GDP = \underline{10} \times 100 + \underline{4} \times 200 + \underline{1} \times 100 = 1900$ 万円
(ⅱ) 1年の実質 $GDP = \underline{10} \times 110 + \underline{4} \times 180 + \underline{1} \times 80 = 1900$ 万円
(ⅲ) 2年の実質 $GDP = \underline{10} \times 120 + \underline{4} \times 220 + \underline{1} \times 90 = 2170$ 万円

どの年の財の価格も，基準年(0年)のもののままとする。

● 国内総生産(GDP)と物価

まず，基準年(0年)については，同じ計算をするだけなので，名目 GDP と実質 GDP は当然一致して同じ 1900 万円となるのは大丈夫だね。名目と実質の相違が生じるのは，基準年の後の 1 年と 2 年についてなんだね。

ではここで，0 年，1 年，2 年の名目 GDP と実質 GDP の計算結果を並べて，表 2 に示そう。

表 2　名目 GDP と実質 GDP

年	名目 GDP(万円)	実質 GDP(万円)
0 年	1900	1900
1 年	2020	1900
2 年	2380	2170

表 2 を見ると，名目 GDP は，前述した通り，0 年，1 年，2 年にかけて着実に増加しているように見える。しかし，これを実質 GDP で見ると，0 年から 1 年にかけては，同じ 1900 万円でまったく増加していないことが分かった。つまり，名目 GDP で 1900 万円から 2020 万円に成長したように見えたのは，じつは価格の上昇に起因するところが大きかったことを示しているんだね。

また，1 年から 2 年にかけても，名目 GDP は 2020 万円から 2380 万円に約 17.8% も増加している。これに対して，実質 GDP も確かに 1900 万円から 2170 万円に増加はしているんだけれど，その増加率は約 14.2% であり，ここでも，価格の上昇の影響があったことが分かったんだね。

このように，機械的に名目 GDP を算出しただけでは分からない，財やサービスの価格変化の影響を実質 GDP を計算することにより，明らかにできることを，ご理解頂けたと思う。

であるならば…，この名目 GDP と実質 GDP を使えば，インフレやデフレ（物価の継続的な上昇）（物価の継続的な下降）を表す物価の指標を作れるのではないかって!?…，その通り!! 確かに，この名目 GDP と実質 GDP を使って，"**GDP デフレーター**"という指標を作り，これから物価の上昇や下降を判断することもできるんだね。これについては，次の"**物価の測定**"の講義で詳しく解説することにしよう。

しかし，その前に，この **GDP** デフレーターの構造をより詳しく理解できるようになるためにも，ここでは，名目 **GDP** と実質 **GDP** を Σ 計算を使った数式でキチンと表せるように練習しておこう。エッ，難しそうだって？ 確かに文系の方にとっては，少し複雑に感じるかもしれないけれど，前に具体例で名目 **GDP** と実質 **GDP** の計算もしているので，それ程違和感なくご理解頂けると思う。

ではまず，名目 **GDP** と実質 **GDP** を求めるための 0 年, 1 年, 2 年, $\cdots$, m 年の財 (やサービス) の市場価格と生産量のデータベースを表に示す。

表 3　名目 **GDP** と実質 **GDP** の計算のためのデータベース

年	財 1		財 2		財 3		$\cdots$	財 n	
	価格 P_1	生産量 X_1	価格 P_2	生産量 X_2	価格 P_3	生産量 X_3	$\cdots$	価格 P_n	生産量 X_n
0 年	p_{10}	x_{10}	p_{20}	x_{20}	p_{30}	x_{30}	$\cdots$	p_{n0}	x_{n0}
1 年	p_{11}	x_{11}	p_{21}	x_{21}	p_{31}	x_{31}	$\cdots$	p_{n1}	x_{n1}
2 年	p_{12}	x_{12}	p_{22}	x_{22}	p_{32}	x_{32}	$\cdots$	p_{n2}	x_{n2}
$\vdots$	$\vdots$	$\vdots$	$\vdots$	$\vdots$	$\vdots$	$\vdots$		$\vdots$	$\vdots$
m 年	p_{1m}	x_{1m}	p_{2m}	x_{2m}	p_{3m}	x_{3m}	$\cdots$	p_{nm}	x_{nm}

(基準年 ← 0 年の行)

表 3 では，一般論として，国内で n 個の財 (または，サービス) を生産する国について，0 年 (基準年), 1 年, 2 年, $\cdots$, m 年における，それぞれの財の価格と生産量を示したものだ。価格や生産量に 2 つの下付きの添字が付けられているのは，まず，何番目の財であるのかと，基準年に対して何年目のものであるかを示すためなんだね。たとえば，$p_{3\,2}$ は 3 番目の財 (3 番目の財)(2 年目) の 2 年目の価格を表し，$x_{n\,m}$ は n 番目の財の m 年目の生産量を表している。(n 番目の財)(m 年目) 他の変数についても同様だ。

では，この表3を基にして，まず，基準年の GDP を求めておこう。基準年に関してのみ，名目も実質も同じだからね。

基準年の $GDP = \sum_{k=1}^{n} p_{k0}x_{k0} = p_{10}x_{10} + p_{20}x_{20} + p_{30}x_{30} + \cdots + p_{n0}x_{n0}$ $\cdots(*s)$

となるのはいいね。では比較年である1年，2年，…，m 年のデータから，それぞれの名目 GDP と実質 GDP を求める式を示そう。

(ⅰ) 1年目について，
$$\begin{cases} 名目\ GDP = \sum_{k=1}^{n} p_{k1}x_{k1} = p_{11}x_{11} + p_{21}x_{21} + p_{31}x_{31} + \cdots + p_{n1}x_{n1} \\ 実質\ GDP = \sum_{k=1}^{n} p_{k0}x_{k1} = p_{10}x_{11} + p_{20}x_{21} + p_{30}x_{31} + \cdots + p_{n0}x_{n1} \end{cases}$$

(ⅱ) 2年目について，
$$\begin{cases} 名目\ GDP = \sum_{k=1}^{n} p_{k2}x_{k2} = p_{12}x_{12} + p_{22}x_{22} + p_{32}x_{32} + \cdots + p_{n2}x_{n2} \\ 実質\ GDP = \sum_{k=1}^{n} p_{k0}x_{k2} = p_{10}x_{12} + p_{20}x_{22} + p_{30}x_{32} + \cdots + p_{n0}x_{n2} \end{cases}$$

> 実質 GDP では，0年(基準年)の価格 p_{k0} $(k=1, 2, \cdots, n)$ を用いる。

(ⅲ) そして，m 年目について，
$$\begin{cases} 名目\ GDP = \sum_{k=1}^{n} p_{km}x_{km} = p_{1m}x_{1m} + p_{2m}x_{2m} + p_{3m}x_{3m} + \cdots + p_{nm}x_{nm} & \cdots(*t) \\ 実質\ GDP = \sum_{k=1}^{n} p_{k0}x_{km} = p_{10}x_{1m} + p_{20}x_{2m} + p_{30}x_{3m} + \cdots + p_{n0}x_{nm} & \cdots(*t)' \end{cases}$$

どう？もうそれ程難しくは感じないはずだ。

基準年(0年)のみは，名目 GDP と実質 GDP は共に同じ $(*s)$ で求められる。そして，$m = 1, 2, 3, \cdots$ と一般化すれば，m 年後の名目 GDP と実質 GDP はそれぞれ $(*t)$ と $(*t)'$ で求めることができるんだね。

以上が，名目 GDP と実質 GDP の数学的な表現ということになる。シッカリ頭に入れておこう。

実践問題 7　●国内総生産と三面等価の原則●

次の空欄を，当てはまる語句で埋めなさい。

(1) 国内総生産 (GDP) から $\boxed{(ア)}$ を引いたものが国内純生産 (NDP) である。

(2) 国内総生産 (GDP) に $\boxed{(イ)}$ を加えたものが国民総生産 (GNP) である。

(3) 国内総生産 (GDP) と国内総所得 (GDI) と $\boxed{(ウ)}$ は等しい。これを $\boxed{(エ)}$ という。ここで $\boxed{(ウ)}$ は，$C+I+G+EX-IM$ で表される。C は消費，I は投資，G は $\boxed{(オ)}$，$EX-IM$ は $\boxed{(カ)}$ である。

ヒント！
(1) "総" から "純" に変えるには，C_{fc} を引けばいい。(2) "国内" から "国民" に変えるには，$I_{in}-I_{out}$ を加えればいい。(3) は，GDP の三面等価の原則の問題だね。特に，GDE が数式で表されることと，その意味はシッカリ押さえておこう。

解答&解説

(1) 国内純生産 (NDP) = 国内総生産 (GDP) − 固定資本減耗 (C_{fc})

(2) 国民総生産 (GNP) = 国内総生産 (GDP) + 所得収支 ($I_{in}-I_{out}$)

(3) 国内総生産 (GDP) = 国内総所得 (GDI) = 国内総支出 (GDE)

の関係式が成り立つ。これを，国内総生産 (GDP) の三面等価の原則という。

さらに，

国内総支出 (GDE) = $C+I+G+EX-IM$

の等式が成り立つ。ここで，

C：消費，I：投資，G：政府支出，EX：輸出，IM：輸入　であり，特に，$EX-IM$ を純輸出 (または，貿易収支) という。

解答　(1)(ア) 固定資本減耗　(2)(イ) 所得収支　(3)(ウ) 国内総支出 (GDE)
(3)(エ) 三面等価の原則　(オ) 政府支出　(カ) 純輸出 (または，貿易収支)

● 国内総生産(GDP)と物価

実践問題 8 　●名目 GDP と実質 GDP ●

右表に示すように，国内で財1と財2のみを生産する国がある。この国の1年と2年における名目 GDP と実質 GDP を計算しなさい。(ただし，0年を基準年とする。)

年	財1		財2	
	価格(万円)	生産量(個)	価格(万円)	生産量(個)
0年	10	100	5	200
1年	12	90	8	220
2年	13	110	6	210

ヒント! m 年の名目 $GDP = \sum_{k=1}^{2} p_{km}x_{km}$ と実質 $GDP = \sum_{k=1}^{2} p_{k0}x_{km}$ $(m=1,2)$ の2つの公式を使って計算すればいいんだね。

解答&解説

(i) 1年目において，与えられた表より，

・名目 $GDP = \sum_{k=1}^{2} p_{k1}x_{k1} = p_{11}x_{11} + p_{21}x_{21}$
$= 12 \times 90 + 8 \times 220 = 2840$ 万円

・実質 $GDP = \sum_{k=1}^{2} p_{k0}x_{k1} = p_{10}x_{11} + p_{20}x_{21}$
$= 10 \times 90 + 5 \times 220 = 2000$ 万円

年	財1		財2	
	P_1	X_1	P_2	X_2
0	p_{10}	x_{10}	p_{20}	x_{20}
1	p_{11}	x_{11}	p_{21}	x_{21}
2	p_{12}	x_{12}	p_{22}	x_{22}

(ii) 2年目において，与えられた表より，

・名目 $GDP = \sum_{k=1}^{2} p_{k2}x_{k2} = p_{12}x_{12} + p_{22}x_{22} = 13 \times 110 + 6 \times 210 = 2690$ 万円

・実質 $GDP = \sum_{k=1}^{2} p_{k0}x_{k2} = p_{10}x_{12} + p_{20}x_{22} = 10 \times 110 + 5 \times 210 = 2150$ 万円

解答

年	名目 GDP (万円)	実質 GDP (万円)
1年	2840	2000
2年	2690	2150

§2. 物価の測定

日頃，ガソリン代が上がったとか，卵の値段が下がったとか，よく耳にするけれど，マクロ経済学では，このような個別の市場価格の変動ではなくて，様々な財やサービスの平均的な物価水準について考えることにする。もちろん，"平均的な"と言っても，単なる相加平均ではなく，財やサービスの市場での重要度に応じた"重み"付きの平均であることが望ましいんだね。

ここでは，この物価水準を表す3つの指標，"GDPデフレーター"と"消費者物価指数"(*CPI*)と"企業物価指数"(*CGPI*)のうち，特によく用いられる*GDP*デフレーターと消費者物価指数について，具体例を使って詳しく解説しよう。

● *GDP* デフレーターの定義を押さえよう！

マクロ経済学で，物価水準を調べるための指標として，"*GDP*デフレーター"(*GDP deflator*)がある。この定義を示そう。

GDP デフレーターの定義

ある年の*GDP*デフレーターは，その年の名目*GDP*と実質*GDP*を用いて，次式で定義される。

$$GDP \text{デフレーター} = \frac{\text{名目}\,GDP}{\text{実質}\,GDP} \times 100 \ (\%) \quad \cdots (*u)$$

名目*GDP*は，基準年に対して，財(または，サービス)の価格変動を含んだ形での値だったのに対して，実質*GDP*では基準年の財(または，サービス)の価格そのものを使って算出するので，価格変動の影響が除外されているんだったね。したがって，(*u)のように，価格変動の影響を含んだ名目*GDP*を，価格変動の要素を含んでいない実質*GDP*で割ることにより，(実際には，さらにこれに100をかけて，"%"で表すが，)物価水準を調べる指標，すなわち"*GDP*デフレーター"として利用するんだね。

したがって，(*u)の定義式から，基準年におけるデフレーターの値は

100(%) となるので，これ以降の年次における GDP デフレーターを計算して，100(%) より大きければ，基準年より物価が上昇したと判断し，100(%) より小さければ物価が下降したと考えることができるんだね。

ではここで，P58，P59 で示した表1，表2の例 (パソコン，スーツ，バッグのみを生産する国) を利用して，GDP デフレーターを実際に求めてみよう。

表1 (P58)

年	パソコン		スーツ		バッグ	
	価格(万円)	生産量(台)	価格(万円)	生産量(着)	価格(万円)	生産量(個)
0年	10	100	4	200	1	100
1年	12	110	3	180	2	80
2年	11	120	4	220	2	90

表2 (P59)

年	名目 GDP(万円)	実質 GDP(万円)
0年	1900	1900
1年	2020	1900
2年	2380	2170

(i) 0年 (基準年) における GDP デフレーターは，

$$GDP \text{ デフレーター} = \frac{1900}{1900} \times 100 = \underline{100} \text{ (\%)} \quad \text{となる。}$$

> 基準年の名目と実質の GDP は等しいので，基準年の GDP デフレーターは必ず 100 になるんだね。

(ii) 1年における GDP デフレーターは，

$$GDP \text{ デフレーター} = \frac{2020}{1900} \times 100 ≒ 106.32 \text{ (\%)} \quad \text{となる。そして，}$$

(iii) 2年における GDP デフレーターは，

$$GDP \text{ デフレーター} = \frac{2380}{2170} \times 100 ≒ 109.68 \text{ (\%)} \quad \text{となるんだね。}$$

このように，GDP デフレーターは (i) 0年 (基準年) で 100(%)，(ii) 1年で 106.32(%)，(iii) 2年で 109.68(%) となったので，この国では物価が毎年上昇していっているのが分かったんだね。

それでは，一般論として，名目 GDP と実質 GDP の定義式 ($*$t) と ($*$t)´ から，この GDP デフレーターの計算式 ($*$u) の数学的な構造についても調べてみることにしよう。

- m 年目における
  $\begin{cases} 名目\ GDP = \sum_{k=1}^{n} p_{km} x_{km} & \cdots(*\text{t}) \\ 実質\ GDP = \sum_{k=1}^{n} p_{k0} x_{km} & \cdots(*\text{t})´ \end{cases}$
- GDP デフレーター
  $= \dfrac{名目\ GDP}{実質\ GDP} \times 100(\%) \quad \cdots(*\text{u})$

まず，($*$u) の両辺を 100 で割って，これに，($*$t) と ($*$t)´ を代入すると，

$$\frac{GDP\ デフレーター}{100} = \frac{名目\ GDP}{実質\ GDP} = \frac{\sum_{k=1}^{n} p_{km} x_{km}}{\boxed{\sum_{k=1}^{n} p_{k0} x_{km}}\ \leftarrow G\ とおく} \quad \cdots\cdots ①$$

$\left(\begin{array}{l} ここで，p_{km}：m\ 年次の\ k\ 番目の財の市場価格 \\ \qquad\ x_{km}：m\ 年次の\ k\ 番目の財の生産量 \\ \qquad\ p_{k0}：0\ 年(基準年)の\ k\ 番目の財の市場価格 \end{array}\right)$

ここで，①の右辺の分母の実質 $GDP = \sum_{k=1}^{n} p_{k0} x_{km} = G$ とおいて，これを 1 つの定数として扱うと，①は，

$$\frac{GDP\ デフレーター}{100} = \frac{\sum_{k=1}^{n} p_{km} x_{km}}{G} = \frac{p_{1m} x_{1m} + p_{2m} x_{2m} + \cdots + p_{nm} x_{nm}}{G}$$

$$= \frac{p_{1m} x_{1m}}{G} + \frac{p_{2m} x_{2m}}{G} + \cdots + \frac{p_{nm} x_{nm}}{G}$$

$$= \frac{p_{1m}}{p_{10}} \cdot \underbrace{\boxed{\frac{p_{10} x_{1m}}{G}}}_{w_1} + \frac{p_{2m}}{p_{20}} \cdot \underbrace{\boxed{\frac{p_{20} x_{2m}}{G}}}_{w_2} + \cdots + \frac{p_{nm}}{p_{n0}} \cdot \underbrace{\boxed{\frac{p_{n0} x_{nm}}{G}}}_{w_n} \quad \cdots\cdots ①´$$

（分子と分母に p_{10} をかけた／分子と分母に p_{20} をかけた／分子と分母に p_{n0} をかけた）

ここで，$w_k = \dfrac{p_{k0} x_{km}}{G}$ ($k = 1, 2, 3, \cdots, n$) とおくと，これは各財の価格変化に対する "**重み**" (ウェイト) の役割を演ずることになり，①´ は次のようになる。

$$\frac{GDP デフレーター}{100} = \sum_{k=1}^{n} \underbrace{\frac{p_{km}}{p_{k0}}}_{k 番目の財の価格変動} \cdot \underbrace{w_k}_{重み} = \frac{p_{1m}}{p_{10}} \cdot w_1 + \frac{p_{2m}}{p_{20}} \cdot w_2 + \cdots + \frac{p_{nm}}{p_{n0}} \cdot w_n \quad \cdots (*\text{v})$$

この重み $w_k \left(= \dfrac{p_{k0}x_{km}}{G} \right)$ ($k = 1, 2, \cdots, n$) の意味を知るために，この $\sum$ の和をとると，

$$\sum_{k=1}^{n} w_k = \sum_{k=1}^{n} \frac{p_{k0}x_{km}}{G} = \frac{p_{10}x_{1m}}{G} + \frac{p_{20}x_{2m}}{G} + \cdots + \frac{p_{n0}x_{nm}}{G}$$

$$= \underline{\frac{p_{10}x_{1m} + p_{20}x_{2m} + \cdots + p_{n0}x_{nm}}{G}} \quad \left(\sum_{k=1}^{n} p_{k0}x_{km} = G \text{ (実質 } GDP \text{ そのもの)} \right)$$

$$= \frac{G}{G} = 1 \quad となるんだね。$$

よって，$(*\text{v})$ において，$\dfrac{p_{km}}{p_{k0}}$ は，k 番目の財 (または，サービス) の 0 年 (基準年) に比べて，m 年次の価格の変化を表しており，これが (i) 1 より大きいときは価格の上昇を，そして，(ii) 1 より小さいときは価格の降下を，つまり，これは価格の変動を表しているわけだね。しかし，この変動にも，物価全体に占める重要度があるはずであり，それは $p_{k0}x_{km}$ に比例すると考えて，この価格の変動に，重み $w_k \left(= \dfrac{p_{k0}x_{km}}{G} \right)$ が乗ぜられているんだね。つまり，GDP デフレーターは物価を測定する指標として理想的な構造をしていることが，これまでの考察から明らかになったわけだ。

それでは，具体例を使って，以上解説した GDP デフレーターの構造を確認しておこう。ここでも，**P58**，**P59** で既に解説した，パソコンとスーツとバッグの 3 つの財のみを国内で生産する国の例を使おう。また，表 1，表 2 も示すので，1 年次の GDP デフレーターを 100 で割ったものが価格変動の部分と重みとに分解できることを確認して頂きたい。

ここでは，1年次の GDP デフレーターについて調べてみると，

$$\frac{GDP\text{デフレーター}}{100} = \frac{\text{名目}\,GDP}{\text{実質}\,GDP}$$

$$= \frac{\boxed{12 \times 110 + 3 \times 180 + 2 \times 80}}{1900}$$

$$= \frac{\boxed{2020}}{1900}$$

$$= \underbrace{\frac{12}{10}}_{\substack{\text{パソコンの}\\\text{価格変動}}} \cdot \underbrace{\frac{10 \times 110}{1900}}_{\substack{\text{重み}\\0.58}} + \underbrace{\frac{3}{4}}_{\substack{\text{スーツの}\\\text{価格変動}}} \cdot \underbrace{\frac{4 \times 180}{1900}}_{\substack{\text{重み}\\0.38}}$$

$$+ \underbrace{\frac{2}{1}}_{\substack{\text{バッグの}\\\text{価格変動}}} \cdot \underbrace{\frac{1 \times 80}{1900}}_{\substack{\text{重み}\\0.04}}$$

表1 (P58)							
		パソコン		スーツ		バッグ	
年		価格 (万円)	生産量 (台)	価格 (万円)	生産量 (着)	価格 (万円)	生産量 (個)
0年		10	100	4	200	1	100
1年		12	110	3	180	2	80
2年		11	120	4	220	2	90

表2 (P59)

年	名目GDP(万円)	実質GDP(万円)
0年	1900	1900
1年	2020	1900
2年	2380	2170

重みの丸め誤差が入っているため，P65 の $106.32\%(=1.0632)$ とは少し異なる値になっている。

$$\doteqdot \underbrace{\frac{12}{10}}_{\substack{\text{パソコンの}\\\text{価格変動}}} \times \underbrace{0.58}_{\text{重み}} + \underbrace{\frac{3}{4}}_{\substack{\text{スーツの}\\\text{価格変動}}} \times \underbrace{0.38}_{\text{重み}} + \underbrace{\frac{2}{1}}_{\substack{\text{バッグの}\\\text{価格変動}}} \times \underbrace{0.04}_{\text{重み}} = 1.061$$

重みの和は
$0.58 + 0.38 + 0.04 = 1$
をみたす。

(両辺を100倍して，重みを%表示，すなわち，58%, 38%, 4%としてもいい)

となる。ここで，0年次から1年次にかけて，バッグの価格は1万円から2万円へと2倍に増加しているが，全体の生産状況の中でこの重要度は小さい。すなわち，重みが $0.04\,(=4\%)$ と小さいため，全体の物価の水準を表す GDP デフレーターには大きな影響を及ぼすことはないんだね。むしろ，パソコンやスーツなど，価格の変動の大きさは比較的小さくても，それにかかる重みがそれぞれ $0.58\,(=58\%)$，$0.38\,(=38\%)$ のように大きいため，これが，GDP デフレーターに大きく影響していることがご理解頂けたと思う。

2年次の GDP デフレーター $(\div 100)$ の構造についても同様なので，各自ご自分でお調べになるといい。

GDP デフレーターについて，最後に1つ言っておこう。これは，この後に解説する消費者物価指数 (CPI) との対比においても大事なことなんだ

けれど，それはこの GDP デフレーターが"パーシェ指数"($Paasche$ $index$)と呼ばれる物価指数であることなんだ。このパーシェ指数とは，重み(ウェイト)w_k ($k=1, 2, 3, \cdots, n$) の分母に，基準年ではなく比較年の生産量(数量)が使われているものをいう。つまり，

重み $w_k = \dfrac{p_{k0} x_{km}}{G} = \dfrac{p_{k0} x_{km}}{p_{10} x_{1m} + p_{20} x_{2m} + \cdots + p_{n0} x_{nm}}$ ← これが，パーシェ指数の定義

G：実質 GDP

価格は基準年のものだが，生産量は比較年(m 年次)のものが使われている。

となっているんだね。比較年，つまり最新の生産量を使っているため，経済構造の変化を反映した指数と言えるんだね。

このパーシェ指数と対比される用語として，"ラスパイレス指数"というものがある。これは，これから解説する消費者物価指数(CPI)が，これに相当するので，次節の最後に詳しく説明することにしよう。

●物価の測定に消費者物価指数 CPI もよく使われる！

それでは次，物価の有力なもう 1 つの指標として，"消費者物価指数"(CPI) について解説しよう。これは，消費者(家計)が購入する財(または，

"$consumer\ price\ index$" の頭文字をとった

サービス)の価格変動を表す指標なんだね。具体的には，次のように言える。「ある基準年に家計が購入した財(または，サービス)の品目について，これと同じものを比較年に購入するとしたら，いくらになるかを示す指標のこと」で，一般に日本では，600 品目の財やサービスを対象にしている。ここでは n 品目の財(または，サービス)として，消費者物価指数(CPI)の計算式を示そう。

(ⅰ) まず，基準年 (0 年) において，
 k 番目の財(または，サービス)の市場価格を p_{k0}，生産量を x_{k0}
 ($k = 1, 2, 3, \cdots, n$) とおく。

(ⅱ) 次に，比較年 (m 年次) において， ← m は 1, 2, 3, …のいずれでもいい
 k 番目の財(または，サービス)の市場価格を p_{km}，生産量を x_{km}
 ($k = 1, 2, 3, \cdots, n$) とおく。

CPI では，これは使わない

このとき，消費者物価指数 (CPI) は次のように定義される。

消費者物価指数 (CPI) の定義

基準年の消費支出を C_0，また，比較年 (m 年) に基準年と同じ財 (または，サービス) を購入した場合の消費支出を C_m とおくと，

$$C_0 = \sum_{k=1}^{n} p_{k0} x_{k0} = p_{10} x_{10} + p_{20} x_{20} + \cdots + p_{n0} x_{n0} \quad \cdots\cdots (*\text{w})$$

$$C_m = \sum_{k=1}^{n} p_{km} x_{k0} = p_{1m} x_{10} + p_{2m} x_{20} + \cdots + p_{nm} x_{n0} \quad \cdots\cdots (*\text{x}) \quad (m = 1, 2, \cdots)$$

この $(*\text{w})$，$(*\text{x})$ を用いて，m 年次の消費者物価指数 CPI は次のように定義される。

消費者物価指数 $CPI = \dfrac{C_m}{C_0} \times 100 \quad (\%) \quad \cdots\cdots (*\text{y}) \quad (m = 1, 2, \cdots)$

ここで，GDP デフレーターは，国内で生産されたすべての財 (または，サービス) について計算したものだけれど，消費者物価指数 CPI はよく消費者に購入されるものを 600 品目程人意的に選択したものの集計値となるんだね。また，$(*\text{x})$ を見て頂ければお分かりのように，財 (または，サービス) の生産量は，m 年次のものではなく，基準年におけるもの x_{k0} ($k = 1, 2, \cdots, n$) を使っていることなんだね。これは，m 年次においても，基準年と同じものを消費したとして，支出額がどのように変化したか，すなわち消費者物価の変動を抽出したいからなんだ。

それでは，消費者物価指数 CPI を求めるためのデータベースを表 1 に示す。アレッ!? これって，GDP デフレーターを求めたときの表 1(P58) とまったく同じだって !?

表 1 　CPI の計算のためのデータベース

年	パソコン		スーツ		バッグ	
	価格 (万円)	生産量 (台)	価格 (万円)	生産量 (着)	価格 (万円)	生産量 (個)
0 年	10	100	4	200	1	100
1 年	12	110	3	180	2	80
2 年	11	120	4	220	2	90

…そうだね。見かけ上はまったく同じだ。でも，意味はまったく異なる。GDP デフレーターのときは，パソコンとスーツとバッグの 3 品目のみを国内で生産する国を対象としていたわけだけど，この表 1 を消費者物価指

数 CPI のデータベースと見るときは，たくさんある財 (または，サービス) の品目の内，消費者が主に購入すると考えられる **3 品目**を選定したものと考えないといけないんだね。

それでは，この表 1 を利用して，公式 ($*$w)($*$x) を使って，基準年 (**0** 年) の消費支出 C_0 と比較年 (**1** 年，**2** 年) の消費支出 C_1 と C_2 を求めてみよう。

$C_0 = \sum_{k=1}^{3} p_{k0} x_{k0} = \underline{10 \times 100}_{(p_{10} \cdot x_{10})} + \underline{4 \times 200}_{(p_{20} \cdot x_{20})} + \underline{1 \times 100}_{(p_{30} \cdot x_{30} \text{ のこと})} = 1900$ 万円

$C_1 = \sum_{k=1}^{3} p_{k1} x_{k0} = \underline{12 \times 100}_{(p_{11} \cdot x_{10})} + \underline{3 \times 200}_{(p_{21} \cdot x_{20})} + \underline{2 \times 100}_{(p_{31} \cdot x_{30} \text{ のこと})} = 2000$ 万円

$C_2 = \sum_{k=1}^{3} p_{k2} x_{k0} = \underline{11 \times 100}_{(p_{12} \cdot x_{10})} + \underline{4 \times 200}_{(p_{22} \cdot x_{20})} + \underline{2 \times 100}_{(p_{32} \cdot x_{30} \text{ のこと})} = 2100$ 万円

以上より，定義式 ($*$y) を使って，**0** 年 (基準年)，**1** 年，**2** 年の消費者物価指数 CPI を求めよう。

(i) **0** 年 (基準年) において，

$$CPI = \frac{C_0}{C_0} \times 100 = \frac{1900}{1900} \times 100 = 100 \, (\%)$$

← 基準年の CPI は当然 **100%** になる

(ii) **1** 年において，

$$CPI = \frac{C_1}{C_0} \times 100 = \frac{2000}{1900} \times 100 ≒ 105.26 \, (\%)$$

(ii) **2** 年において，

$$CPI = \frac{C_2}{C_0} \times 100 = \frac{2100}{1900} \times 100 ≒ 110.53 \, (\%)$$

このように，消費者物価指数 CPI により，基準年と同じ水準の生活を送るために支出がどの位増えたかを知ることができ，これが物価の変動を表していると考えられるんだね。今回の例では，基準年に対して，**1** 年次は **105.26**(%) に，さらに **2** 年次には **110.53**(%) に物価が上昇したことが分かったんだね。

それでは，ここで，GDP デフレーターのときと同様に，消費者物価指数 CPI の計算式 ($*$y) についても，その数学的な構造を調べてみることにしよう。

まず，消費者物価指数 CPI の定義
式 ($*$y) の両辺を 100 で割って，

$\dfrac{CPI}{100} = \dfrac{C_m}{C_0}$ ……①

C_0 は定数とみて，①の右辺に ($*$x)
を代入すると，

> ・基準年 (0 年) の消費支出
> $C_0 = \sum\limits_{k=1}^{n} p_{k0} x_{k0}$ ……($*$w)
> ・比較年 (m 年) の消費支出
> $C_m = \sum\limits_{k=1}^{n} p_{km} x_{k0}$ …($*$x)
> ・$CPI = \dfrac{C_m}{C_0} \times 100$ …($*$y)

$$\dfrac{CPI}{100} = \underbrace{\dfrac{1}{C_0}}_{\text{定数}} \cdot \sum_{k=1}^{n} p_{km} x_{k0} = \dfrac{1}{C_0} (p_{1m} x_{10} + p_{2m} x_{20} + \cdots + p_{nm} x_{n0})$$

$$= p_{1m} \cdot \dfrac{x_{10}}{C_0} + p_{2m} \cdot \dfrac{x_{20}}{C_0} + \cdots + p_{nm} \cdot \dfrac{x_{n0}}{C_0}$$

$$= \dfrac{p_{1m}}{p_{10}} \cdot \underbrace{\dfrac{p_{10} x_{10}}{C_0}}_{w_1'} + \dfrac{p_{2m}}{p_{20}} \cdot \underbrace{\dfrac{p_{20} x_{20}}{C_0}}_{w_2'} + \cdots + \dfrac{p_{nm}}{p_{n0}} \cdot \underbrace{\dfrac{p_{n0} x_{n0}}{C_0}}_{w_n'} \quad \text{……①}'$$

（分子と分母に p_{10} をかけた）（分子と分母に p_{20} をかけた）（分子と分母に p_{n0} をかけた）

ここで，$w_k' = \dfrac{p_{k0} x_{k0}}{C_0}$ ($k = 1, 2, 3, \cdots, n$) とおくと，これは，各財の価格変化に対する "**重み**"（ウェイト）の役割を演ずることになり，①$'$ は次のように表せる。

$$\dfrac{CPI}{100} = \sum_{k=1}^{n} \underbrace{\dfrac{p_{km}}{p_{k0}}}_{\substack{k\text{番目の財}\\\text{の価格変動}}} \cdot \underbrace{w_k'}_{\text{重み}} = \dfrac{p_{1m}}{p_{10}} \cdot w_1' + \dfrac{p_{2m}}{p_{20}} \cdot w_2' + \cdots + \dfrac{p_{nm}}{p_{n0}} \cdot w_n' \quad \text{……}(*z)$$

この重み $w_k' \left(= \dfrac{p_{k0} x_{k0}}{C_0} \right)$ ($k = 1, 2, \cdots, n$) の意味を知るために，この Σ の和をとると，

$$\sum_{k=1}^{n} w_k' = \sum_{k=1}^{n} \underbrace{\dfrac{1}{C_0}}_{\text{定数}} \cdot p_{k0} x_{k0} = \underbrace{\dfrac{1}{C_0}}_{\text{定数}} \overbrace{\sum_{k=1}^{n} p_{k0} x_{k0}}^{C_0} = \dfrac{C_0}{C_0} = 1 \quad \text{となる。}$$

これって，GDP デフレーターのときと同様で，k 番目の財（または，サービス）の基準年に対する m 年次の価格の変動 $\frac{p_{km}}{p_{k0}}$ が全体の物価に影響する度合は重み（ウェイト）$w_k'\left(=\frac{p_{k0}x_{k0}}{C_0}\right)$ によって表されるということなんだね。そして，この重み w_k' は基準年の価格×生産量（$=p_{k0}x_{k0}$）に比例することになる。

それでは，P70 で示した表 1 を基にして，各年の消費支出 C_0, C_1, C_2 をそれぞれ $C_0 = 1900$ 万円，$C_1 = 2000$ 万円，$C_2 = 2100$ 万円と計算し，
・1 年における CPI を

表1　CPI の計算のためのデータベース (P70)

年	パソコン		スーツ		バッグ	
	価格(万円)	生産量(台)	価格(万円)	生産量(着)	価格(万円)	生産量(個)
0 年	10	100	4	200	1	100
1 年	12	110	3	180	2	80
2 年	11	120	4	220	2	90

$$CPI = \frac{C_1}{C_0} \times 100 = \frac{2000}{1900} \times 100 \fallingdotseq 105.26 \,(\%)$$

と求めたんだけれど，この式を，各財の価格変動と重みの積の和の形に分解して，次に示しておこう。

$$\frac{CPI}{100} = \frac{2000}{1900} = \frac{12 \times 100 + 3 \times 200 + 2 \times 100}{1900}$$

$$= \frac{12}{10} \cdot \underbrace{\frac{10 \times 100}{1900}}_{0.53} + \frac{3}{4} \cdot \underbrace{\frac{4 \times 200}{1900}}_{0.42} + \frac{2}{1} \cdot \underbrace{\frac{1 \times 100}{1900}}_{0.05}$$

$$\fallingdotseq \underbrace{\frac{12}{10}}_{\text{パソコンの価格変動}} \times \underbrace{0.53}_{\text{重み}} + \underbrace{\frac{3}{4}}_{\text{スーツの価格変動}} \times \underbrace{0.42}_{\text{重み}} + \underbrace{\frac{2}{1}}_{\text{バッグの価格変動}} \times \underbrace{0.05}_{\text{重み}} = 1.051$$

（分子は $12 \times 100 + 3 \times 200 + 2 \times 100$，分母は $1900 = C_0$）

> 重みの丸め誤差が入っているため，$105.26\% (= 1.0526)$ とは少し異なる値になっている。

（両辺を 100 倍して，重みを％表示，すなわち，53％，42％，5％としてもいい）

この式から，価格変動が 1 番大きいのはバッグで 2 倍に増加しているんだけれど，重みが 0.05 と小さいため，全体の物価（CPI）への寄与としては小さくなっていることがお分かりになると思う。2 年における CPI も同様に分解して表すことができる。これについては，ご自身で確認されるといい。

最後に，消費者物価指数 CPI が，"ラスパイレス指数" (*Laspeyres index*) であることを解説しておこう。
このラスパイレス指数は，GDP デフレーターのところで解説したパーシェ指数と対比される指数のことなので，この 2 つをまとめて，もう 1 度説明する。

(I) $\dfrac{GDP \text{デフレーター}}{100} = \sum_{k=1}^{n} \dfrac{p_{km}}{p_{k0}} w_k$ ……(*v)

重み $w_k = \dfrac{p_{k0}x_{km}}{G}$
　　　　　　　　実質 GDP

実質 $GDP = \sum_{k=1}^{n} p_{k0}x_{km}$ ……………(*t)′

(II) $\dfrac{CPI}{100} = \sum_{k=1}^{n} \dfrac{p_{km}}{p_{k0}} w_k{}'$ …………………(*z)

重み $w_k{}' = \dfrac{p_{k0}x_{k0}}{C_0}$

0 年の消費支出 $C_0 = \sum_{k=1}^{n} p_{k0}x_{k0}$ ……(*w)

(I) GDP デフレーターは，(*v) より

$$GDP \text{デフレーター} = 100 \cdot \sum_{k=1}^{n} \underbrace{\dfrac{p_{km}}{p_{k0}}}_{k \text{番目の財の価格変動}} \cdot \underbrace{w_k}_{\text{重み}} \quad \cdots(*v)′$$

と表せるんだった。

そして，この重み w_k は，(*t)′ より

$$w_k = \dfrac{p_{k0}x_{km}}{\text{実質} GDP} = \dfrac{p_{k0}x_{km}}{\underbrace{p_{10}x_{1m} + p_{20}x_{2m} + \cdots + p_{n0}x_{nm}}_{m \text{年次の財の生産量}}}$$

と表せるので，

この重みの計算の分母には，比較年の m 年次の生産量 x_{km} ($k = 1, 2, 3, \cdots, n$) が使われているんだね。これから，毎年この分母は更新しなければならないので，手間がかかるんだけれど，その分毎年の経済構造の変化を反映したものとなるんだね。このような指数を "**パーシェ指数**" という。これに対して，

(II) 消費者物価指数 CPI は，(*z) より

$$CPI = 100 \cdot \sum_{k=1}^{n} \underbrace{\dfrac{p_{km}}{p_{k0}}}_{k \text{番目の財の価格変動}} \cdot \underbrace{w_k{}'}_{\text{重み}} \quad \cdots\cdots(*z)′$$

と表せるんだね。

そして，この重み $w_k{}'$ は (*w) より，

$$w_k{}' = \dfrac{p_{k0}x_{k0}}{C_0} = \dfrac{p_{k0}x_{k0}}{\underbrace{p_{10}x_{10} + p_{20}x_{20} + \cdots + p_{n0}x_{n0}}_{\text{基準年 (0 年) の財の生産量}}}$$

と表せる。

● 国内総生産(GDP)と物価

この重みの計算の分母は，価格だけでなく生産量も基準年(0 年)の x_{k0} ($k = 1, 2, \cdots, n$) が使われている。したがって，この分母の計算は固定されているので，毎年更新する必要がないため，計算は楽なんだけれど，毎年変化していく経済構造の変動には対応していないんだね。このような指数のことを"ラスパイレス指数"という。

以上をまとめて，下に示しておこう。

パーシェ指数とラスパイレス指数

(I) 指数の計算にあたって，加重平均のウェイト(重み)に比較年(m 年)($m = 1, 2, 3, \cdots$)のデータを用いた指数を"パーシェ指数"といい，経済構造の変化に対応する。

GDP デフレーターは，このパーシェ指数の 1 例である。

(II) 指数の計算にあたって，加重平均のウェイト(重み)に基準年(0 年)のデータを用いた指数を"ラスパイレス指数"といい，経済構造の変化に対応していない。

消費者物価指数 CPI は，このラスパイレス指数の 1 例である。

●企業物価指数もラスパイレス指数だ！

企業間で取り引きされる財の物価指数として，"企業物価指数"($CGPI$)

("Corporate Goods Price Index"の頭文字をとったもの)

がある。これも，消費者物価指数 CPI と同様にラスパイレス指数なんだね。

この企業物価指数 $CGPI$ は，かつては"卸売物価指数"として，卸売り段階での価格を調べて算出していたんだけれど，次第に卸売業者より生産者の価格決定力の方が大きくなり，生産者同士，または，生産者から消費者への直接販売の割合も増えてきたため，2002 年以降，企業物価指数 $CGPI$ として発表されるようになったんだね。

なお，この企業物価指数 $CGPI$ には，(i) 国内企業物価指数と，(ii) 輸出物価指数と (iii) 輸入物価指数の 3 種類があるんだね。

(i) 国内企業物価指数：国内市場向けに国内で生産された生産物が企業間で取り引きされる価格を基に算出した物価指数のこと。

(ⅱ) 輸出物価指数：輸出品が日本から積み出される段階で調査した価格を基に算出した物価指数のこと。

(ⅲ) 輸入物価指数：輸入品が日本に到着した段階で調査した価格を基に算出した物価指数のこと。

以上，簡単ではあるけれど，企業物価指数 $CGPI$ についても解説しておいたので，頭に入れておかれるといいと思う。

● インフレ率とインフレ，デフレの関係も押さえよう！

それでは次，"インフレ率"についても解説しておこう。ここでは，(ⅰ) GDP デフレーターによるインフレ率と (ⅱ) 消費者物価指数 CPI によるインフレ率について，その定義式を下に示そう。

インフレ率の定義

(ⅰ) GDP デフレーターによるインフレ率

m 年次と $m-1$ 年次 ($m=1, 2, 3, \cdots$) における GDP デフレーターをそれぞれ $GDPD_m$ と $GDPD_{m-1}$ とおくと，

$$m \text{年次のインフレ率} = \frac{GDPD_m - GDPD_{m-1}}{GDPD_{m-1}} \times 100(\%) \quad \cdots (*a_0)$$

となる。

(ⅱ) 消費者物価指数 CPI によるインフレ率

m 年次と $m-1$ 年次 ($m=1, 2, 3, \cdots$) における消費者物価指数をそれぞれ CPI_m と CPI_{m-1} とおくと，

$$m \text{年次のインフレ率} = \frac{CPI_m - CPI_{m-1}}{CPI_{m-1}} \times 100(\%) \quad \cdots\cdots (*b_0)$$

となる。

(ⅰ) GDP デフレーターによるもの，(ⅱ) CPI によるもの，いずれにせよ，インフレ率の定義式 ($*a_0$)，($*b_0$) から

(ⅰ) インフレ率 $= 0(\%)$ のとき，$m-1$ 年から m 年にかけて，物価は一定である。

(ⅱ) インフレ率 $> 0(\%)$ のとき，$m-1$ 年から m 年にかけて物価が上昇し

(ⅲ) インフレ率＜0(%) のとき，$m-1$ 年から m 年にかけて物価が下降したことになるんだね。

そして，継続的に (ⅱ) インフレ率＞0(%)，すなわちインフレ率が正の値をとり続ける状態を"インフレ"(または，"インフレーション"(*inflation*))と呼び，

(ⅲ) インフレ率＜0(%)，すなわちインフレ率が負の値をとり続ける状態を"デフレ"(または，"デフレーション"(*deflation*))という。

"インフレ"や"デフレ"は日常のニュースなどでよく耳にする用語だけれど，その定義は上述した通りなんだね。そして，様々な経済問題を時系列で考える場合，この物価の状態がインフレなのか？デフレなのか？によって大きく違ってくるので，日頃の生活においても常に注意を払う必要があるんだね。例を使って解説しよう。

(Ⅰ) A さんの年間の賃金が，500 万円から 546 万円に 9.2% も増加したとしよう。サラリーマンにとって，これは嬉しいことだと思う。しかし，…

(ⅰ) 物価が 5% 増加してたとしたら，

$$\frac{\frac{546\text{万円}}{500\text{万円}}}{1.05} = \frac{1.092}{1.05} = 1.04$$

（1.092 ← 9.2% の増加）
（これは 104% のこと）
（5% の増加分を加えた 105% を 1.05 の形で表した）

となるので，

実質的な賃金の増加率は 4% に過ぎないんだね。

(ⅱ) もっと物価が上がって，14.95% も増加していたら，

$$\frac{\frac{546\text{万円}}{500\text{万円}}}{1.1495} = \frac{1.092}{1.1495} \fallingdotseq 0.95$$

（1.092）

となるので，

実質的な賃金は 5% も減少してしまうことになる。

どう？いくら名目的に賃金が増えたとしても，物価を考慮に入れて実質的に計算しないと，それが喜ぶべきことか？否か？は分からない。これらは，"実質賃金"(*real wage*) と "名目賃金"(*nominal wage*) の問題だったんだね。

(Ⅱ) 次に，A さんの年間の名目賃金が 500 万円のままで変化しなかったとしよう。このときでも，物価がデフレ傾向で，5% 下がったとすると

$$\frac{\boxed{\frac{500万円}{500万円}}^{①}}{0.95} = \frac{1}{0.95} \fallingdotseq 1.053$$ となるので，実質賃金は

5.3% 増加したことになる。つまり，名目賃金は 500 万円のままで変わらなくても，実際にそのお金で買える財やサービスの量が 5.3% も増えることが分かるんだね。

● 名目利子率と実質利子率も押さえておこう！

同様に，物価を考慮するか？否か？で，"利子率"(*rate of interest*)についても "名目(*nominal*)利子率" と "実質(*real*)利子率" に分類される。

名目利子率としては，銀行の定期預金の金利などを考えて頂いたらいいと思う。たとえば，

(Ⅰ) 名目利子率として，9.2% の高金利の預金をしたとしても，

　（ⅰ）物価が 5% 上昇していたとすると，

　　$\dfrac{1.092}{1.05} = 1.04$ となるので，実質金利は 4% に過ぎない。

　（ⅱ）もっと物価が上がっていて，14.95% も増加していたら，

　　$\dfrac{1.092}{1.1495} \fallingdotseq 0.95$ となるので，実質預金は -5% になってしまう。

(Ⅱ) 次に，名目利子率が 0%(これは箪笥にしまい込んだままの "箪笥預金" と同じだね。) であったとしても

　（ⅰ）物価が 5% 下落したとすると，

　　$\dfrac{1}{0.95} \fallingdotseq 1.053$ となるので，実質金利は 5.3% となるんだね。

以上の名目利子率と実質利子率の関係は，前にお話した名目賃金と実質賃金の関係と本質的に同じなので分かりやすいと思う。

● 国内総生産 (GDP) と物価

では、以上を一般化しよう。

名目利子率を i, 実質利子率を r, 物価のインフレ率を π とおく。(Ⅰ)の(ⅰ)の例のように、たとえば、名目利子率が 9.2% のとき、$i = \dfrac{9.2}{100} = 0.092$

実質利子率が 4% のとき、$r = \dfrac{4}{100} = 0.04$

インフレ率が 5% のとき、$\pi = \dfrac{5}{100} = 0.05$

のように表すものとすると、次の関係式が成り立つことが、お分かりになると思う。

$\dfrac{1+i}{1+\pi} = 1 + r$ ……($\ast c_0$)

この ($\ast c_0$) を "フィッシャーの方程式" (*Fisher equation*) という。

($\ast c_0$) を変形して、$1 + i = (1 + r)(1 + \pi)$

$\cancel{1} + i = \cancel{1} + \pi + r + \underline{r\pi}$ よって、近似的に $r\pi$ を無視すると、

> たとえば、$\pi = \dfrac{5}{100}$, $r = \dfrac{4}{100}$ のとき、$r\pi$ は、$r\pi = \dfrac{20}{10000} = \dfrac{2}{1000}$ となって π や r に比べて、ずっと小さな値になるので、近似的にこれは無視できる。

$i ≒ r + \pi$ ……($\ast c_0$)′ も導ける。

この ($\ast c_0$)′ も "フィッシャーの方程式" と呼び、($\ast c_0$)′ の形であれば、たとえば、$i = 9\%$ のとき $\pi = 5\%$ であれば、($\ast c_0$)′ より
$r ≒ i - \pi = 9 - 5 = 4$ (%) というように % 表示の形で、近似的ではあるけれど簡単に実質利子率 r を求めることも可能なんだね。

では、"フィッシャーの方程式" を最後にまとめておこう。

フィッシャーの方程式

名目利子率を i, 実質利子率を r, 物価のインフレ率を π とおくと、

・フィッシャーの方程式：$\dfrac{1+i}{1+\pi} = 1 + r$ …………($\ast c_0$)

・フィッシャーの方程式は、近似的に、$i ≒ r + \pi$ …($\ast c_0$)′ となる。

> ただし、i, r, π は、% 表示のとき、これらを 100 で割ったもので表す。

> これは、i, r, π 共に、% 表示でも構わない。

実践問題 9　　●GDPデフレーターと重み●

右表に示すように，国内で財1と財2のみを生産する国がある。この国の1年次におけるGDPデフレーター(%)を求め，さらに財1と財2それぞれの価格変動に対する重み(%)を求めなさい。

年	財1		財2	
	価格(万円)	生産量(個)	価格(万円)	生産量(個)
0年	20	100	10	210
1年	25	110	9	200

> **ヒント!** 1年次の名目 $GDP = \sum_{k=1}^{2} p_{k1} x_{k1}$，実質 $GDP = \sum_{k=1}^{2} p_{k0} x_{k1}$ から，GDPデフレーターと，それぞれの財の価格変動に対する重みを求めればいいんだね。

解答&解説

1年次において，与えられた表より，

年	財1		財2	
	P_1	X_1	P_2	X_2
0	p_{10}	x_{10}	p_{20}	x_{20}
1	p_{11}	x_{11}	p_{21}	x_{21}

・名目 $GDP = \sum_{k=1}^{2} p_{k1} x_{k1} = p_{11} x_{11} + p_{21} x_{21}$
　　　　　　$= 25 \times 110 + 9 \times 200 = 4550$ 万円

・実質 $GDP = \sum_{k=1}^{2} p_{k0} x_{k1} = p_{10} x_{11} + p_{20} x_{21}$
　　　　　　$= 20 \times 110 + 10 \times 200 = 4200$ 万円

以上より，1年次におけるGDPデフレーターは，

$$GDP \text{デフレーター} = \frac{名目 GDP}{実質 GDP} \times 100 = \frac{4550 \text{万円}}{4200 \text{万円}} \times 100 \fallingdotseq 108.3\%$$

また，

$$GDP \text{デフレーター} = 100 \times \frac{4550}{4200} = 100 \left(\frac{25}{20} \times \frac{20 \times 110}{4200} + \frac{9}{10} \times \frac{10 \times 200}{4200} \right)$$

$$= \frac{25}{20} \times 52.4 + \frac{9}{10} \times 47.6$$

（財1の価格変動）（%表示）　（財2の価格変動）　（%表示の重み 0.524, 0.476）

解答　GDP デフレーター ≒ **108.3%**　重みは順に，**52.4%** と **47.6%**

● 国内総生産 (GDP) と物価

実践問題 10　　●消費者物価指数 CPI●

右表に示すように，消費者物価指数 CPI を算出するために 2 品目を選定した国がある。この国の 1 年次における消費者物価指数 CPI(%) を求め，さらに財 1 と財 2 のそれぞれの価格変動に対する重み (%) を求めなさい。

年	財 1		財 2	
	価格 (万円)	生産量 (個)	価格 (万円)	生産量 (個)
0 年	20	100	10	210
1 年	25	110	9	200

ヒント！ 0 年次と 1 年次の消費支出 $C_0 = \sum_{k=1}^{2} p_{k0} x_{k0}$, $C_1 = \sum_{k=1}^{2} p_{k1} x_{k0}$ から消費者物価指数 CPI と，それぞれの財の価格変動に対する重みを求めればいいんだね。

解答&解説

右表より，0 年次と 1 年次の消費支出 C_0, C_1 を求めると，

$C_0 = \sum_{k=1}^{2} p_{k0} x_{k0} = p_{10} x_{10} + p_{20} x_{20}$
$= 20 \times 100 + 10 \times 210 = 4100$ 万円

年	財 1		財 2	
	P_1	X_1	P_2	X_2
0	p_{10}	x_{10}	p_{20}	x_{20}
1	p_{11}	x_{11}	p_{21}	x_{21}

$C_1 = \sum_{k=1}^{2} p_{k1} x_{k0} = p_{11} x_{10} + p_{21} x_{20}$
$= 25 \times 100 + 9 \times 210 = 4390$ 万円

以上より，1 年次における消費者物価指数 CPI は，

$CPI = \dfrac{C_1}{C_0} \times 100 = \dfrac{4390 \text{ 万円}}{4100 \text{ 万円}} \times 100 \fallingdotseq 107.1\%$

また，

$CPI = 100 \times \dfrac{4390}{4100} = 100 \left(\dfrac{25}{20} \times \dfrac{20 \times 100}{4100} + \dfrac{9}{10} \times \dfrac{10 \times 210}{4100} \right)$

$= \dfrac{25}{20} \times 48.8 + \dfrac{9}{10} \times 51.2$

（財 1 の価格変動）（% 表示）（財 2 の価格変動）（% 表示の重み）（0.488）（0.512）

解答 $CPI \fallingdotseq 107.1\%$　重みは順に，48.8% と 51.2%

講義 2 ● 国内総生産 (GDP) と物価　公式エッセンス

1. **国内総生産 (GDP) の定義**

   「国内で，1 年間に生産された粗付加価値を市場価格で合計したもの」

2. **国内総生産 (GDP) と国内純生産 (NDP) の関係**

   国内純生産 (NDP) = 国内総生産 (GDP) − (固定資本減耗 C_{fc})

3. **三面等価の原則**

   国内総生産 (GDP) = 国内総所得 (GDI) = 国内総支出 (GDE)

4. **国内総支出 (GDE) = $C + I + G + EX - IM$ が成り立つ。**

   $\begin{pmatrix} C：消費，I：投資，G：政府支出，EX：輸出，IM：輸入 \\ EX - IM：純輸出 (または，貿易収支) \end{pmatrix}$

5. **GDP デフレーター**

   （ⅰ）定義：GDP デフレーター $= \dfrac{名目 GDP}{実質 GDP} \times 100$ (%)

   （ⅱ）$\dfrac{GDP デフレーター}{100} = \sum\limits_{k=1}^{n} \dfrac{p_{km}}{p_{k0}} \cdot w_k$

   重み $w_k = \dfrac{p_{k0} x_{km}}{\boxed{G}}$

   実質 $GDP = \sum\limits_{k=1}^{n} p_{k0} x_{km}$

6. **消費者物価指数 CPI**

   （ⅰ）定義：$CPI = \dfrac{C_m}{C_0} \times 100$ (%) （$m = 1, 2, 3, \cdots$）

   （ⅱ）$\dfrac{CPI}{100} = \sum\limits_{k=1}^{n} \dfrac{p_{km}}{p_{k0}} \cdot w_k{'}$

   重み $w_k{'} = \dfrac{p_{k0} x_{k0}}{C_0}$

   （0 年の消費支出 $C_0 = \sum\limits_{k=1}^{n} p_{k0} x_{k0}$，$m$ 年の消費支出 $C_m = \sum\limits_{k=1}^{n} p_{km} x_{k0}$）

7. **フィッシャーの方程式**

   ・フィッシャーの方程式：（ⅰ）$\dfrac{1+i}{1+\pi} = 1 + r$　（ⅱ）$i \fallingdotseq r + \pi$

   （i：名目利子率，r：実質利子率，π：物価のインフレ率）

講義 3

生産物市場

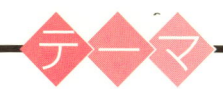

テーマ

▶ 生産物市場（Ⅰ）

三面等価の原則と45°線分析

乗数効果 $\triangle Y = \dfrac{1}{1-c_m}\triangle I + \dfrac{1}{1-c_m}\triangle G - \dfrac{c_m}{1-c_m}\triangle T$

▶ 生産物市場（Ⅱ）

投資の限界効率　$(ex)\ 200 = \dfrac{80}{1+x} + \dfrac{160}{(1+x)^2}$

貯蓄のパラドクス　$\triangle I = \triangle S$

§1. 生産物市場（Ⅰ）

　マクロ経済学で扱う主な3つの市場として，"**労働市場**"，"**生産物市場**"，"**貨幣市場**"があるんだね。その内，"**労働市場**"（*labor market*）についてはプロローグで，新古典派とケインズ経済学の相違点を既に説明した。

　したがって，ここでは，マクロ経済学のメイン・テーマの1つでもある"**生産物市場**"（*product market*）について詳しく解説しよう。新古典派の生産物市場の考え方についても，プロローグで簡単に紹介したけれど，ここでは，国内総生産（*GDP*）を利用したケインズによる生産物市場の分析手法について詳述するつもりだ。具体的には，ケインズ理論をグラフを使って明快に表す"**45°線分析**"について教えよう。これは，"**サミュエルソン**"（*Samuelson*）によって提案された利子率と物価を一定とする短期の生産物市場についての分析手法で，その方程式は国内総生産の三面等価の原則（*GDP* = *GDI* = *GDE*）から導くことができる。そして，この45°線に，ケインズの消費関数を用いれば，シンプルなグラフと連立方程式から容易に国の"**均衡所得水準**"（*equilibrium level of income*）Y_e を算出することができる。

　また，これと関連して，租税 T や投資 I や政府支出 G を変動させたとき，この均衡所得水準がどのように変化するか，すなわち，"**乗数効果**"（*multiplier effect*）についても解説しよう。

　さらに，均衡所得水準 Y_e と"**完全雇用所得水準**"（*full-employment level of income*）とのズレから生じる"**デフレ・ギャップ**"（*deflationary gap*）や"**インフレ・ギャップ**"（*inflationary gap*）と，その対処法についても教えるつもりだ。

　今回も内容満載だけれど，また分かりやすく解説しよう！

● 45°線分析は，三面等価の原則から導ける！

新古典派によるある財（または，サービス）の生産物市場における需要曲線 D と供給曲線 S のグラフは，プロローグでも示したが，右上図にもう1度示しておくので思い出してほしい。価格 P が上昇すれば，供給量は増加するが，需要量は減少する。そして，この財の価格と生産量は，この2

● 生産物市場

つの曲線の交点である均衡価格と均衡生産量に落ち着く，というのが新古典派の主張だったんだね。

これに対して，ケインズによる新たなマクロ経済学理論では，個々の財（または，サービス）の需給関係を論ずるのではなく，文字通りマクロな経済指標である国内総生産 GDP，国内総所得 GDI，そして国内総支出 GDE を用いて，生産物市場の分析を行うんだね。

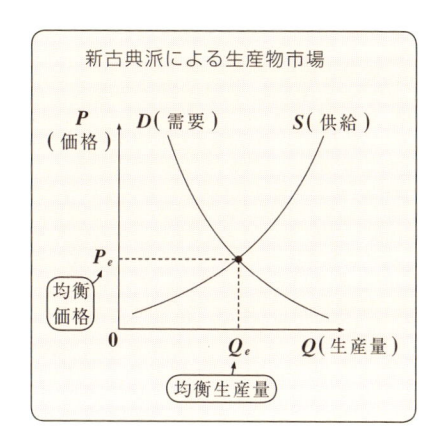

まず，一番の基となる m 年次の国内総生産 GDP には，次のように "**名目**" と "**実質**"，すなわち

$$\begin{cases} 名目\ GDP = \sum_{k=1}^{n} p_{km} x_{km} & \cdots\cdots(*t) \\ 実質\ GDP = \sum_{k=1}^{n} p_{k0} x_{km} & \cdots\cdots(*t)' \end{cases}$$

$\begin{pmatrix} p_{km} : m\ 年次の\ k\ 番目の財の価格, & p_{k0} : 0\ 年（基準年）の\ k\ 番目の財の価格, \\ x_{km} : m\ 年次の\ k\ 番目の財の生産量 & \end{pmatrix}$

があるわけだけれど，ここでは，物価は一定としているので，名目と実質のいずれの GDP でも構わないものとしよう。GDP とは，「国内で，1年間に生産された粗付加価値の市場価格による合計」のことだったので，その国でのすべての財やサービスを対象にしていることになるんだね。

そして，この国内総生産 GDP は，"**三面等価の原則**" により，国内総所得 GDI，および国内総支出 GDE と等しくなる。つまり，

$GDP = GDI = GDE$　$\cdots(*o)$　が成り立つことも解説した。

そしてさらに，国内総支出 GDE は，

$GDE = C + I + G + EX - IM$　$\cdots(*n)'$　で表されることも大丈夫だね。

$\begin{pmatrix} ただし，C：消費，I：投資，G：政府支出，EX：輸出，IM：輸入， \\ EX - IM：純輸出（貿易収支） \end{pmatrix}$

ここで，簡単化のため，純輸出

> $GDP = GDI = GDE$ ……………$(*o)$
> $GDE = C + I + G + EX - IM$ …$(*n)'$

$EX - IM = 0$ …①

とおくことにしよう。つまり，

海外との取引(輸出・輸入)のない閉鎖経済を考えることにする。

> 日頃，「日本は，貿易立国である」かのように言われているが，$GDP($または，$GDE)$全体に占める貿易収支 $EX - IM$ の割合は意外にも例年全体の $1 \sim 2\%$ 程度に過ぎない。よって，①のように貿易収支を 0 と無視して分析しても大きな誤差は生じないんだね。

よって，$(*n)'$ は単純化して，次のように表せる。

$$GDE = C + I + G + \underbrace{EX - IM}_{0(貿易収支)} = C + I + G \quad …(*n)'''$$

では，準備も整ったので，これから，サミュエルソンの "**45°線分析**" について詳しく解説していこう。

　ここでまず，国内総所得 GDI を Y とおくと，消費 C は所得 Y の増加関数，すなわち所得 Y が増えれば，消費 C も増えるので，
$C = f(Y)$ …② と表され，
この $f(Y)$ を消費関数と呼ぶこと，また所得の増分 $\triangle Y$ に対して，消費の増分を $\triangle C$ とおくと，"**限界消費性向**" c_m が，

$c_m = \dfrac{\triangle C}{\triangle Y} \fallingdotseq \dfrac{dC}{dY} = f'(Y)$ …③ と表されることも

P38 で既に教えた。忘れておられる方はもう1度復習しておこう。
ここで，ケインズは②の消費関数として，シンプルな Y の1次関数：

$C = f(Y) = \underbrace{c_m}_{限界消費性向} Y + \underbrace{C_0}_{必要消費} \quad …(*d_0)$

図1　ケインズの消費関数

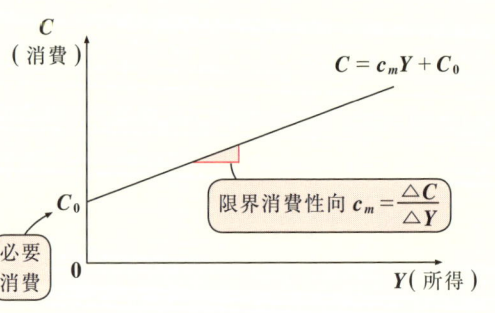

を導入した。図1に，$(*d_0)$ の消費関数のグラフを示す。このグラフから分かるように，たとえ所得 Y が 0 であったとしても，最低限度の消費を家計は行わねばならない。この生活に必

要な最小限の消費が C_0 で，これを"**必要消費**"と呼ぶことにしよう。これに対して，この直線状の消費関数の傾きを表す c_m は，($*d_0$) の両辺を Y で微分すると，

$\frac{dC}{dY} = f'(Y) = c_m$ となるので，③より

この c_m が"**限界消費性向**"そのものであることもお分かり頂けると思う。

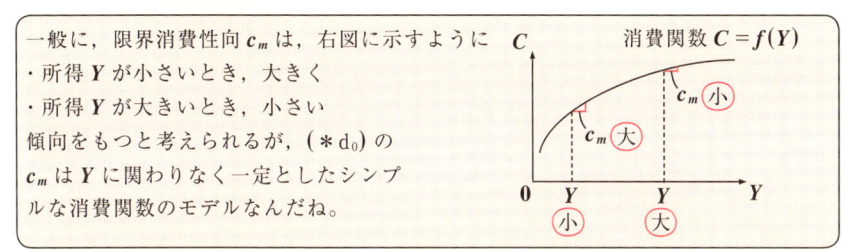

一般に，限界消費性向 c_m は，右図に示すように ・所得 Y が小さいとき，大きく ・所得 Y が大きいとき，小さい 傾向をもつと考えられるが，($*d_0$) の c_m は Y に関わりなく一定としたシンプ ルな消費関数のモデルなんだね。

ここで，国内総所得 GDI を Y とおいたが，GDP と GDE については，

・国内総生産 GDP は，すべての財やサービスの生産量を表すので，これは生産物市場における供給量（*supply*）に相当する。よって，GDP を Y^S と表し，また

・国内総支出 GDE は，国内の財やサービスの消費を表すので，これは生産物市場における需要量（*demand*）に相当するんだね。よって，GDE は Y^D と表すことにする。

以上より，GDP の三面等価の原則（$*o$）に，（$*n$）´´´ や（$*d_0$）を代入してまとめると，

$$GDP = GDI = GDE \quad \cdots (*o)$$

（Y^S）（Y）（$Y^D = C + I + G$（（$*n$）´´´ より）
$c_m Y + C_0$（（$*d_0$）より））

$$\underbrace{Y^S = Y}_{(\text{i})} = \underbrace{Y^D = c_m Y + C_0 + I + G}_{(\text{ii})} \quad \cdots ④ \text{ が導ける。}$$

そして，この④を，次のように（i），（ii）の2つの式に分解してみよう。すると，次の連立方程式が導ける。

$$\begin{cases} (\text{i}) \ Y^S = Y \quad \cdots\cdots\cdots\cdots (*e_0) \\ (\text{ii}) \ Y^D = \underline{c_m} Y + \underline{C_0 + I + G} \quad \cdots (*f_0) \end{cases}$$

（定数）（定数と考える）

（c_m：限界消費性向（$0 \sim 1$ の定数），$C_0 + I + G$：定数と考える）

ここで、限界消費性向は $0 \leq c_m \leq 1$ を
みたす定数であり、C_0, I, G もすべて定

$$Y^S = Y \quad \cdots\cdots\cdots\cdots (*e_0)$$
$$Y^D = c_m Y + C_0 + I + G \cdots (*f_0)$$

本当は、投資 I は利子率 r の関数なんだ。ここでは、r は一定として、I も一定とした。

数であるとしよう。それでは、$(*e_0)$ と $(*f_0)$ のグラフを描いてみよう。

(i) 横軸に Y 軸、縦軸に Y^S 軸をとると、
$Y^S = Y$ $\cdots(*e_0)$ のグラフは当
然、図 2 (i) のように原点 O を
通る傾き 1 の直線になる。この直
線の勾配角が 45° となることが、
"45°線" の由来なんだね。次に、

(ii) 横軸に Y 軸、縦軸に Y^D 軸をとると、
$Y^D = c_m Y + C_0 + I + G$ $\cdots(*f_0)$
のグラフは、図 2 (ii) に示すよう
に、傾き c_m、Y^D 切片 $C_0 + I + G$ の

$0 \leq c_m \leq 1$ をみたす定数

直線になるんだね。

(iii) そして、三面等価の原則より、
$Y^S = Y^D = Y$ をみたすわけだから、
図 2 (i) と (ii) の 2 つのグラフを
重ね合わせたものを図 2 (iii) に示
すと、$(*e_0)$ と $(*f_0)$ の直線の交
点から、三面等価の原則をみたす
所得 (国内総所得) GDI の値 Y_e が
求まるんだね。

もちろん、これは GDP, GDE の値でもある

図 2　45°線分析
(i) Y と Y^S のグラフ

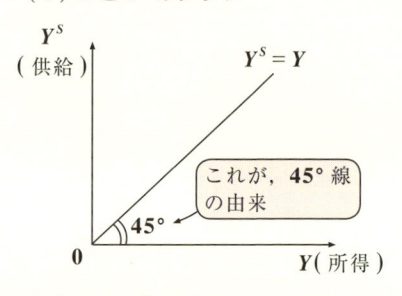

Y^S
(供給)
$Y^S = Y$
これが、45°線の由来
45°
0　　　　　　　　　Y(所得)

(ii) Y と Y^D のグラフ

Y^D
(需要)
$Y^D = c_m Y + C_0 + I + G$
$C_0 + I + G$
傾き c_m
(限界消費性向)
0　　　　　　　　　Y(所得)

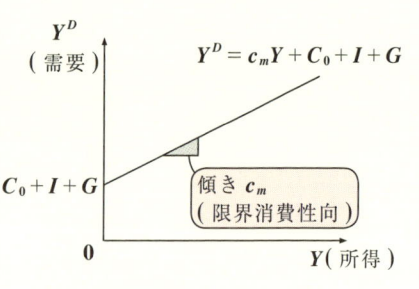

(iii) 45°線分析

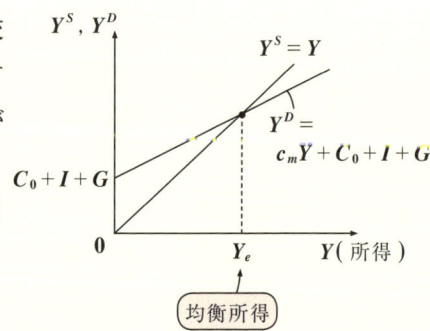

Y^S, Y^D
$Y^S = Y$
$Y^D = c_m Y + C_0 + I + G$
$C_0 + I + G$
0　　　　　Y_e　　Y(所得)
均衡所得

この Y_e のことを，"**均衡所得水準**"（*equilibrium level of income*），または，もっと簡単に "**均衡所得**" と呼ぶことにしよう。以上の分析手法を "**45°線分析**" という。

新古典派の生産物市場分析とはまったく異なる分析になったけれど，非常にシンプルにマクロな見地から均衡所得，すなわち *GDI*(または *GDP*, *GDE*) が求められることが分かったと思う。

しかし，今回の分析の前提条件として次のものがあったことに注意しよう。

$\begin{cases} (\text{i}) \text{ 利子率が一定であり，かつ} \\ (\text{ii}) \text{ 物価が一定である。} \end{cases}$ ← これらは，短期の生産物市場に対応する条件なんだね。

ここで，利子率 i が変化すれば，投資 I は利子率 i の関数なので一定ではなく変化することになる。これについては，"**生産物市場(Ⅱ)**" (**P108**)で解説しよう。

また，物価の変動がある場合は，名目 (*nominal*) ではなくて実質 (*real*) の *GDP* や *GDI* および *GDE* を用いて計算する必要があることにも要注意だ。

それでは，45°線分析について例題で練習しておくことにしよう。

例題 1 次の 45°線分析の方程式：

$\begin{cases} Y^S = Y & \cdots\cdots\cdots\cdots\cdots(*\text{e}_0) \\ Y^D = c_m Y + C_0 + I + G & \cdots(*\text{f}_0) \end{cases}$ について

(1) $c_m = 0.5$, $C_0 = 150$ 兆円, $I = 60$ 兆円, $G = 0$ 兆円のとき，均衡所得 Y_e を求めよう。

(2) $c_m = 0.5$, $C_0 = 150$ 兆円, $I = 60$ 兆円, $G = 40$ 兆円のとき，均衡所得 Y_e を求めよう。

---

(1) $G = 0$ より，$c_m = 0.5$, $C_0 = 150$ 兆円, $I = 60$ 兆円を $(*\text{e}_0)$, $(*\text{f}_0)$ に代入すると，

$\begin{cases} Y^S = Y & \cdots\cdots\cdots\cdots\cdots\text{(a)} \\ Y^D = 0.5Y + 150 + 60 & \cdots\text{(b)} \end{cases}$ （ただし，単位は兆円）

ここで，三面等価の原則より，$Y^S = Y^D$ よって，(a), (b) から Y^S と Y^D を消去して，

$$Y = \frac{1}{2}Y + 210 \quad \frac{1}{2}Y = 210 \quad \therefore Y = 420 \,(兆円)$$

このときの Y が，Y_e となる。

以上より，求める均衡所得 Y_e は，$Y_e = 420(兆円)$ である。

(2) $c_m = 0.5$，$C_0 = 150$ 兆円，$I = 60$ 兆円，$G = 40$ 兆円を $(*e_0)$，$(*f_0)$ に代入して，Y^D の代わりに $Y^{D'}$ とおくと

$Y^S = Y$ ……………… $(*e_0)$
$Y^D = c_m Y + C_0 + I + G$ …$(*f_0)$
Ⓒ

$$\begin{cases} Y^S = Y \quad \cdots\cdots\cdots\cdots\cdots\cdots (a)' \\ Y^{D'} = 0.5Y + 150 + 60 + 40 \quad \cdots (b)' \end{cases} \text{ となる。}$$

ここで，三面等価の原則より，$Y^S = Y^{D'}$ となる。よって，$(a)'(b)'$ から Y^S と $Y^{D'}$ を消去して，Y の値，すなわち Y_e を求めると，

$$Y = \frac{1}{2}Y + 250 \quad \frac{1}{2}Y = 250$$

$\therefore Y = 500 \,(兆円)$

以上より，求める均衡所得 Y_e は $Y_e = 500(兆円)$ である。

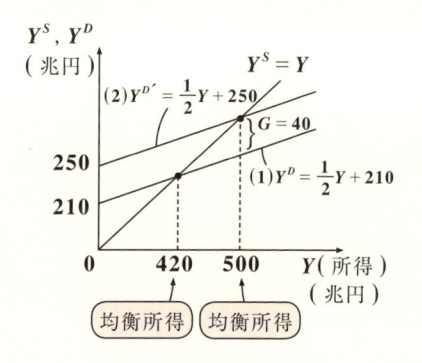

以上 (1) と (2) の結果を右上のグラフに示す。(1) と (2) の違いは，(1) では政府支出 $G = 0(兆円)$ であったものが，(2) では $G = 40(兆円)$ と，公共投資のような何か政府支出があった場合を想定している。

その結果，均衡所得 Y_e，すなわち GDI が，(1) の $420(兆円)$ から (2) の $500(兆円)$ へと，G の増分 $40(兆円)$ の 2 倍の $80(兆円)$ も増加したことが分かるんだね。

投資 I は，この後で解説するように，利子率 i の関数となるので，自由に変化させることはできない。しかし，政府が行う公共投資のような政府支出 G は，政府の意志と判断により，その額を決定できる。

そして，その結果，45°線分析で示すように，所得，すなわち国内総生産 GDP の規模に大きな影響，すなわち乗数効果を及ぼせることが分かったんだね。

● 生産物市場

●乗数効果を調べてみよう！

それでは次に、"乗数効果"（multiplier effect）について、順次解説していこう。ケインズの消費関数 $C = f(Y) = c_m Y + C_0$ ……($*d_0$) に租税 T を導入して、もう少し緻密化したものとして、次式を使うことにしよう。

消費 $C = f(Y) = c_m(Y - T) + C_0$ ……($*d_0$)′

社会人になれば、どなたでも実感されるはずだが、手にした所得（収入）の内実際に使えるものは、所得税や住民税などの租税を差し引いたものなんだね。したがって消費関数 ($*d_0$) の Y の代わりに、($*d_0$)′ では $Y - T$ を用いた。これを実際に使える所得、すなわち "可処分所得"（disposable income）と呼ぶ。

> 本当の "可処分所得" は、租税だけでなく経常的に支払われるものすべてを差し引いて残ったもののことをいうんだけれど、ここでは、$Y - T$ をこう呼ぶことにする。

したがって、これを用いて、($*f_0$) を書き変えて ($*f_0$)′ とすると、45°線分析の方程式は次のようになるんだね。

$$\begin{cases} Y^S = Y & \cdots\cdots(*e_0) \\ Y^D = c_m(Y - T) + C_0 + I + G & \cdots\cdots(*f_0)' \end{cases}$$

つまり、($*f_0$) は、($*f_0$)′ において $T = 0$ の特殊な場合と言えるんだね。そして、問題文に租税 T が入っていなければ、($*f_0$) を使い、T に 0 でない値が与えられていれば、($*f_0$)′ の式を用いればいいんだね。

また、($*f_0$)′ の場合でも、T は定数と考えていいので、($*f_0$)′ を

$$Y^D = \underline{c_m} Y + \underline{C_0 + I + G - c_m T}$$
（傾き（定数））　　（Y^D 切片（定数））

と変形すれば、図3に示すように、直線 ($*f_0$)′ の Y^D 切片に新たに $-c_m T$ の項が付け加えられるだけで、($*f_0$) のときと同様に均衡所得 Y_e が求められることも大丈夫だね。

図3　租税 T を含む 45°線分析

Y^S, Y^D

限界消費性向
傾き c_m
$Y^S = Y$
$Y^D = c_m(Y - T) + C_0 + I + G$
$C_0 + I + G - c_m T$
（この項が新たに加わる）
45°
0　　Y_e　　Y（所得）
均衡所得

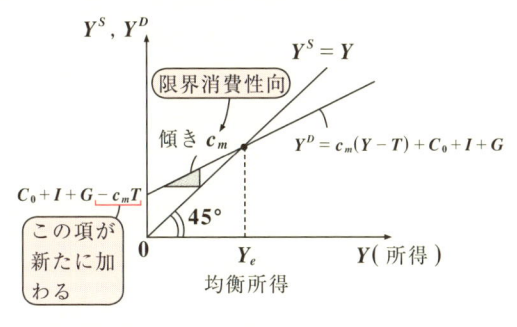

それでは、租税 T も考慮に入れた 45°線分析の例題を解いてみよう。

> **例題 2** 次の 45°線分析の方程式：
> $$\begin{cases} Y^S = Y & \cdots\cdots\cdots\cdots\cdots\cdots (*e_0) \\ Y^D = c_m(Y-T) + C_0 + I + G & \cdots (*f_0)' \end{cases}$$ において，
> $c_m = 0.6$, $C_0 = 100$ 兆円, $I = 40$ 兆円とする。このとき，次の T と G における均衡所得 Y_e を求めよう。
> (1) $T = G = 0$ 兆円　　　　(2) $T = 0$ 兆円, $G = 20$ 兆円
> (3) $T = 20$ 兆円, $G = 0$ 兆円　　(4) $T = G = 20$ 兆円

まず，$c_m = 0.6$, $C_0 = 100$ 兆円, $I = 40$ 兆円を $(*f_0)'$ に代入すると，
$Y^D = 0.6(Y - T) + 100 + 40 + G$ より，
$Y^D = 0.6Y + 140 + G - 0.6T$ …① となる。

(1) $T = G = 0$ 兆円のとき，これを①に代入して，
　$Y^D = 0.6Y + 140$ …② となる。
　$(*e_0)$ と②より，$Y^S = Y^D$ とおいて，Y^S と Y^D を消去すると，
　$Y = 0.6Y + 140$ より，　$0.4Y = 140$ ∴ $Y = \dfrac{140}{0.4} = 350$
　∴求める均衡所得 Y_e は，$Y_e = 350$(兆円) と求められるんだね。

(2) $T = 0$ 兆円, $G = 20$ 兆円のとき，これを①に代入して，
　$Y^D = 0.6Y + 140 + 20$ より，
　$Y^D = 0.6Y + 160$ …③ となる。
　$(*e_0)$ と③より，$Y^S = Y^D$ とおいて，Y^S と Y^D を消去すると，
　$Y = 0.6Y + 160$ より，　$0.4Y = 160$ ∴ $Y = \dfrac{160}{0.4} = 400$
　∴求める均衡所得 Y_e は，$Y_e = 400$(兆円) となる。

(3) $T = 20$ 兆円, $G = 0$ 兆円のとき，これを①に代入して，
　$Y^D = 0.6Y + 140 - 0.6 \times 20$ より，
　$Y^D = 0.6Y + 128$ …④ となる。
　$(*e_0)$ と④より，$Y^S = Y^D$ とおいて，Y^S と Y^D を消去すると，
　$Y = 0.6Y + 128$ より，　$0.4Y = 128$ ∴ $Y = \dfrac{128}{0.4} = 320$
　∴求める均衡所得 Y_e は，$Y_e = 320$(兆円) と算出できる。

(4) $T = G = 20$ 兆円のとき，これを①に代入して，
$Y^D = 0.6Y + 140 + 20 - 0.6 \times 20$ より，
$Y^D = 0.6Y + 148$ …⑤ となる。
$(*e_0)$ と⑤より，$Y^S = Y^D$ とおいて，Y^S と Y^D を消去すると，
$Y = 0.6Y + 148$ より， $0.4Y = 148$ ∴ $Y = \dfrac{148}{0.4} = 370$ (兆円)

∴ 求める均衡所得 Y_e は $Y_e = 370$(兆円) となることが分かったんだね。
これだけ計算をやれば，45°線分析にもずい分慣れて頂けたと思う。このように，T や G の値を変化させれば，均衡所得 Y_e が変化することも明らかとなった。よって，これからこれをより一般化して，その法則性，すなわち "**乗数効果**"(*multiplier effect*) について解説しよう。乗数効果については，その概略をプロローグ (**P33**) でもお話ししたが，ここでは，45°線分析の方程式を基に，より本格的に教えるつもりだ。
租税 T も含めた **45°線分析の連立方程式**：
$\begin{cases} Y^S = Y & \cdots\cdots\cdots\cdots\cdots\cdots\cdots\cdots (*e_0) \\ Y^D = c_m(Y-T) + C_0 + I + G & \cdots\cdots(*f_0)' \end{cases}$ に三面等価の原則を用いて
$Y^S = Y^D$ とおき，Y^S と Y^D を消去すると，
$Y = c_m Y - c_m T + C_0 + I + G$
$(1 - c_m)\underline{Y} = C_0 + \underline{I} + \underline{G} - c_m \underline{T}$ ……(a) が導かれる。
（従属変数） （独立変数）

ここで，限界消費性向 c_m と必要消費 C_0 は定数とする。そして，租税 T と投資 I と政府支出 G が変化すれば，所得 Y も変化するので，I と G と T を独立変数，Y を従属変数と考えることができるんだね。

ここで，まず $(I, G, T) = (I_1, G_1, T_1)$ のとき，$Y = \underline{Y_1}$ になったとすると，
（これは，$I = I_1$，$G = G_1$，$T = T_1$ のときの均衡所得のことだ。）

これらを(a)に代入して，
$(1 - c_m)Y_1 = C_0 + I_1 + G_1 - c_m T_1$ ……(b) が成り立つのは大丈夫だね。
ここで，(I, G, T) が (I_1, G_1, T_1) から (I_2, G_2, T_2) に変化したとすると，当然 Y も，Y_1 から Y_2 に変化する。よって，Y_2, I_2, G_2, T_2 を(a)に代入して，
$(1 - c_m)Y_2 = C_0 + I_2 + G_2 - c_m T_2$ ……(c) が成り立つのもいいね。

ここで, (b)と(c)を列挙しよう。

$$\begin{cases} (1-c_m)Y_1 = C_0 + I_1 + G_1 - c_m T_1 & \cdots\cdots\text{(b)} \\ (1-c_m)Y_2 = C_0 + I_2 + G_2 - c_m T_2 & \cdots\cdots\text{(c)} \end{cases}$$

そして, (c)−(b)を計算し, $Y_2 - Y_1 = \triangle Y$, $I_2 - I_1 = \triangle I$, $G_2 - G_1 = \triangle G$, および $T_2 - T_1 = \triangle T$ とおこう。すると,

$$(1-c_m)\underbrace{(Y_2 - Y_1)}_{\triangle Y} = \underbrace{(I_2 - I_1)}_{\triangle I} + \underbrace{(G_2 - G_1)}_{\triangle G} - c_m \underbrace{(T_2 - T_1)}_{\triangle T}$$

> この場合 $c_m \neq 1$ とする。

$(1-c_m)\triangle Y = \triangle I + \triangle G - c_m \triangle T$ ……(d) となる。

ここで, $0 < c_m < 1$ として, $1 - c_m > 0$ よって, (d)の両辺を $1-c_m$ で割ると,

$$\triangle Y = \frac{1}{1-c_m}\triangle I + \frac{1}{1-c_m}\triangle G - \frac{c_m}{1-c_m}\triangle T \quad \cdots\cdots(*g_0)$$

が導けるんだね。よって, この $(*g_0)$ から, 次の4つの乗数が定義できる。

(i) "投資乗数"(*investment multiplier*)

(ii) "政府支出乗数"(*government expenditure multiplier*)

(iii) "租税乗数"(*income tax multiplier*)

(iv) "均衡予算乗数"(*balanced budget multiplier*)

では, 1つ1つ見ていこう。

(i) まず, 投資乗数について,

$\triangle G = 0$ かつ $\triangle T = 0$, すなわち, 政府支出 G と租税 T の変動がないものとすると, $(*g_0)$ は

$\triangle Y = \dfrac{1}{1-c_m}\triangle I$ ……$(*h_0)$ となるね。

> 限界貯蓄性向 s_m は, $s_m = 1 - c_m$ より $(*h_0)$ は, $\triangle Y = \dfrac{1}{s_m}\triangle I$ と表してもよい。以下同様。

この $(*h_0)$ から, 投資 I が $\triangle I$ だけ変化したとき, これに乗数 $\dfrac{1}{1-c_m}$ をかけた分だけ増幅されて, 所得が $\triangle Y$ だけ変化することになる。そして, この $\dfrac{1}{1-c_m}$ を "投資乗数" と呼ぶんだね。

この $(*h_0)$ の右辺が実は, 初めに $\triangle I(>0)$ の投資資金を得た者 (主体) がその限界消費性向をかけた $c_m \triangle I$ の投資を行い, それを得た者 (主体) がさらに c_m をかけた $c_m^2 \triangle I$ の投資を行い, さらに, …と, 同

●生産物市場

様の経済行動を繰り返す結果，初期投資の増分が，増幅されて，

$$\triangle I + c_m \cdot \triangle I + c_m^2 \cdot \triangle I + \cdots = (1 + c_m + c_m^2 + c_m^3 + \cdots) \cdot \triangle I$$

$\underbrace{(1 + c_m + c_m^2 + c_m^3 + \cdots)}_{\dfrac{1}{1-c_m}}$ ← 初項 1，公比 $c_m (0 < c_m < 1)$ の無限等比級数の和

$$= \dfrac{1}{1-c_m} \cdot \triangle I$$ となり，これが，国内総所得 GDI (または GDP，GDE) の増加分 $\triangle Y$ をもたらすことになるんだね。このことについても，**P33** で既にお話した通りだ。

(ⅱ) 次に，政府支出乗数について，

$\triangle I = 0$ かつ $\triangle T = 0$，すなわち，投資 I と租税 T の変動がないものとすると，($*g_0$) は

$$\triangle Y = \dfrac{1}{1-c_m} \triangle G \quad \cdots\cdots (*i_0)$$ となるね。

この ($*i_0$) は，($*h_0$) と同様で，政府支出 G が $\triangle G$ だけ変化すると，これに乗数 $\dfrac{1}{1-c_m}$ をかけた分だけ増幅されて，所得が $\triangle Y$ だけ変化することになる。よって，この $\dfrac{1}{1-c_m}$ を "**政府支出乗数**" という。

そして，$\triangle I$ のときと同様に，($*i_0$) の右辺は

$$\triangle G + c_m \cdot \triangle G + c_m^2 \cdot \triangle G + \cdots = (1 + c_m + c_m^2 + c_m^3 + \cdots) \cdot \triangle G = \dfrac{1}{1-c_m} \cdot \triangle G$$

であることも大丈夫だね。

(ⅲ) さらに，租税乗数について，

$\triangle I = 0$ かつ $\triangle G = 0$，すなわち，投資 I と政府支出 G の変動がないものとすると，($*g_0$) は

$$\triangle Y = -\dfrac{c_m}{1-c_m} \triangle T \quad \cdots\cdots (*j_0)$$ となる。

・$\triangle T$ が正のとき，租税 T が $\triangle T$ だけ増加する，つまり増税する場合，この $\underline{\triangle T}_{\oplus}$ に $-\underline{\dfrac{c_m}{1-c_m}}_{\ominus \text{の数}}$ をかけた分，これは負より，国内総所得 GDI

95

は減少することになる。

$$\triangle Y = \frac{1}{1-c_m}\triangle I + \frac{1}{1-c_m}\triangle G - \frac{c_m}{1-c_m}\triangle T \quad \cdots(*g_0)$$

・$\triangle T$ が負のとき，租税

T が $\triangle T$ の絶対値分だけ減少する，つまり減税する場合，

この $\underline{\triangle T}$ に $\underline{-\dfrac{c_m}{1-c_m}}$ をかけた分，これは正なので，国内総所得
　　　⊖　　　⊖の数

GDI は増加することになるんだね。そして，この負の乗数 $-\dfrac{c_m}{1-c_m}$ を**租税乗数**と呼ぶ。

(iv) 最後に，均衡予算乗数について，

$\triangle I = 0$ とし，$\triangle G = \triangle T$，すなわち，投資 I の変動はないものとする。ここで，租税の増加分 $\triangle T$ をそのまま政府支出 $\triangle G$ にまわす，つまり均衡予算の場合について，その乗数効果を調べてみよう。

$(*g_0)$ に，$\triangle I = 0$ と $\triangle G = \triangle T$ を代入すると，

$$\triangle Y = \frac{1}{1-c_m}\triangle G - \frac{c_m}{1-c_m}\underbrace{\triangle G}_{\triangle T} = \frac{1-c_m}{1-c_m}\triangle G = 1\cdot\triangle G \quad \cdots\cdots(*k_0)$$

これが，均衡予算乗数になる

となる。

よって，この場合，$\triangle G(=\triangle T)$ の 1 倍だけ，国内総所得 GDI は増加することになるんだね。そして，この係数 1 を**均衡予算乗数**と呼ぶんだね。それでは，以上の乗数効果の公式をまとめて下に示そう。

乗数効果

国内総所得 GDI の変化分を $\triangle Y$ とおき，限界消費性向を c_m，また限界貯蓄性向を s_m とおく。$(c_m + s_m = 1)$

(i) 投資乗数について，

投資 I を $\triangle I$ だけ変化させると，$\triangle Y$ は，次のようになる。

$$\triangle Y = \frac{1}{1-c_m}\triangle I \quad \cdots\cdots(*h_0) \quad \left(\text{投資乗数} = \frac{1}{1-c_m} = \frac{1}{s_m}\right)$$

(ii) 政府支出乗数について，

政府支出 G を $\triangle G$ だけ変化させると，$\triangle Y$ は，次のようになる。

$$\triangle Y = \frac{1}{1-c_m}\triangle G \quad \cdots(*i_0) \quad \left(\text{政府支出乗数} = \frac{1}{1-c_m} = \frac{1}{s_m}\right)$$

● 生産物市場

(iii) 租税乗数について，

租税 T を $\triangle T$ だけ変化させると，$\triangle Y$ は，次のようになる。

$\triangle Y = -\dfrac{c_m}{1-c_m}\triangle T$ …($*j_0$) $\left(\text{租税乗数} = -\dfrac{c_m}{1-c_m} = -\dfrac{c_m}{s_m}\right)$

(iv) 均衡予算乗数について，

$\triangle I = 0$ とし，租税と政府支出のそれぞれの変化分 $\triangle T$ と $\triangle G$ が，$\triangle T = \triangle G$ (均衡予算)となるとき，$\triangle Y$ は，次のようになる。

$\triangle Y = 1 \cdot \triangle G$ ……($*k_0$) (均衡予算乗数 = 1)

ここで，投資乗数と政府支出乗数は，同じ $\dfrac{1}{1-c_m}$ であるけれど，これらを導くのに，ケインズの消費関数 $C = c_m(Y-T) + C_0$ ……($*d_0$)′ は必ずしも必要ない。45°線分析の方程式：

$\begin{cases} Y^S = Y & \cdots\cdots\cdots($*e_0$) \\ Y^D = \underline{C} + I + G & \cdots\cdots($*f_0$)'' \end{cases}$ について，

（これは，ケインズの消費関数 ($*d_0$)′ でなくてもいい。ここでは，C のままで扱う。）

$Y^S = Y^D$ とおいて，Y^S と Y^D を消去すると，

$Y = C + I + G$

ここで，この両辺の変化分をとって，

$\triangle Y = \triangle C + \triangle I + \triangle G$ …①

となる。そして，$\triangle Y (\neq 0)$ で両辺を割ると，

$1 = \boxed{\dfrac{\triangle C}{\triangle Y}} + \dfrac{\triangle I}{\triangle Y} + \dfrac{\triangle G}{\triangle Y}$

（これは，限界消費性向 c_m のこと。）

これは，
$Y_2 = C_2 + I_2 + G_2$ ……(a)
$Y_1 = C_1 + I_1 + G_1$ ……(b)
(a) − (b)
$Y_2 - Y_1 = (C_2 - C_1) + (I_2 - I_1) + (G_2 - G_1)$
  $\boxed{\triangle Y}$ $\boxed{\triangle C}$ $\boxed{\triangle I}$ $\boxed{\triangle G}$
から導ける。

$1 - c_m = \dfrac{\triangle I}{\triangle Y} + \dfrac{\triangle G}{\triangle Y}$ この両辺に $\dfrac{\triangle Y}{1-c_m}$ をかけると，

$\triangle Y = \dfrac{1}{1-c_m}\triangle I + \dfrac{1}{1-c_m}\triangle G$ となって，投資乗数と政府支出乗数が導けるんだね。面白かった？

これまでの例題 1 と 2 で，これらの乗数効果をもう 1 度確かめておこう。

$$\triangle Y = \frac{1}{1-c_m} \triangle I \quad \cdots\cdots (*h_0)$$
$$\triangle Y = \frac{1}{1-c_m} \triangle G \quad \cdots\cdots (*i_0)$$
$$\triangle Y = -\frac{c_m}{1-c_m} \triangle T \quad \cdots\cdots (*j_0)$$
$$\triangle Y = 1 \cdot \triangle G = 1 \cdot \triangle T \quad \cdots (*k_0)$$

まず，例題 1 の (1) で，$c_m = 0.5$, $C_0 = 150$ 兆円, $I = 60$ 兆円, $G = 0$ 兆円のとき，均衡所得 $Y_e = 420$ 兆円が求められたわけだけれど，

(2) では，他の条件は同じで，G を 0 から 40 兆円に変化させたんだね。よって，この場合 $\triangle G = 40$ 兆円であり，これに政府支出乗数 $\frac{1}{1-c_m}$ をかけた分だけ，均衡所得は増加する。よって，その増分 $\triangle Y$ は，$(*i_0)$ より

$$\triangle Y = \frac{1}{1-c_m} \triangle G = \frac{1}{1-0.5} \times 40 = 2 \times 40 = 80 \text{ 兆円}$$ となるので，

新たな (2) における均衡所得は $420 + 80 = 500$ 兆円となった。

次に例題 2 の (1) では，$c_m = 0.6$, $C_0 = 100$ 兆円, $I = 40$ 兆円, $T = G = 0$ 兆円のとき，均衡所得 $Y_e = 350$ 兆円が算出された。

(2) では，$T = 0$ 兆円, $G = 20$ 兆円と，政府支出のみが増えた。
よって，$\triangle G = 20$ 兆円より，このときの所得の増分は，$(*i_0)$ より，

$$\triangle Y = \frac{1}{1-c_m} \triangle G = \frac{1}{1-0.6} \times 20 = \frac{1}{0.4} \times 20 = 50 \text{ 兆円}$$ となる。

よって，新たな均衡所得は，$350 + 50 = 400$ 兆円となった。

(3) では，$T = 20$ 兆円, $G = 0$ 兆円と租税のみが増えた。
よって，$\triangle T = 20$ 兆円より，このときの所得の減少分は，$(*j_0)$ より，

$$\triangle Y = -\frac{c_m}{1-c_m} \triangle T = -\frac{0.6}{1-0.6} \times 20 = -30 \text{ 兆円}$$ となる。

よって，新たな均衡所得は，$350 - 30 = 320$ 兆円に減少したんだね。

(4)では，$T = G = 20$ 兆円と，新たに均衡予算がとられたことになる。よって，$\triangle T = \triangle G = 20$ 兆円となるので，所得の増分 $\triangle Y$ は，($*k_0$) より
$\triangle Y_0 = 1 \cdot \triangle G = 1 \times 20 = \underline{20}$ 兆円　となる。
（$1 \cdot \triangle T$ でもいい）
これから，新たな均衡所得は，$\underline{350} + \underline{20} = 370$ 兆円となるんだね。納得いった？

それでは，この乗数効果の例題をもう1解いておこう。

> **例題3**　ある年の均衡所得が 300 兆円であったとする。他の条件はすべて一定で，翌年，投資が 2 兆円，政府支出が 2 兆円，租税が 4 兆円だけ増加したとする。限界消費性向 $c_m = 0.8$ として，翌年の均衡所得を求めてみよう。

まず，ある年の均衡所得を $Y_e = 300$ 兆円とおこう。そして限界消費性向は，$c_m = 0.8$ と与えられているので，投資 I，政府支出 G，租税 T のそれぞれの増加による所得の変化分を $\triangle Y_1$，$\triangle Y_2$，$\triangle Y_3$ とおいて，計算してみると，

$\triangle Y_1 = \dfrac{1}{1-c_m} \triangle I = \dfrac{1}{1-0.8} \times 3 = \dfrac{1}{0.2} \times 3 = 15$ 兆円

$\triangle Y_2 = \dfrac{1}{1-c_m} \triangle G = \dfrac{1}{1-0.8} \times 2 = \dfrac{1}{0.2} \times 2 = 10$ 兆円

$\triangle Y_3 = -\dfrac{c_m}{1-c_m} \triangle T = -\dfrac{0.8}{1-0.8} \times 4 = -\dfrac{0.8}{0.2} \times 4 = -16$ 兆円

以上より，求める翌年の均衡所得を Y_e' とおくと，

$Y_e' = Y_e + \triangle Y_1 + \triangle Y_2 + \triangle Y_3$
　　$= 300 + 15 + 10 - 16 = 309$ 兆円　と，求まるんだね。

　以上で乗数効果の計算にもずい分慣れて頂けたと思う。では，次はデフレ・ギャップ，インフレ・ギャップの解説と完全雇用国内総所得の実現の仕方について解説しよう。これが，ケインズの有効需要の原理のキー・ポイントになるんだね。

●完全雇用所得とデフレ・ギャップ，インフレ・ギャップを押さえよう！

ケインズの労働市場分析については，プロローグ(**P25**)で詳しく解説したけれど，ここで，もう1度復習して，これと**45°線**分析との関係を明らかにしよう。

ケインズの労働市場分析では，賃金の下方硬直性が存在するものとするので，労働供給曲線は右図のように，労働量を表す横軸と水平な部分が生じるんだね。

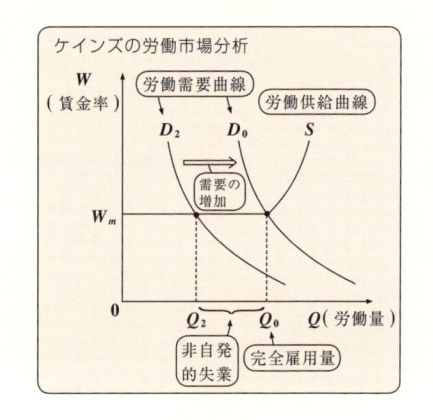

そして，国内総所得 GDI (または，国内総生産 GDP) が十分に大きくなければ，労働に対する需要曲線も上図の D_2 のように左側に位置し，その結果，最低賃金 W_m で職を得ることのできる労働量は，完全雇用量 Q_0 よりも小さい Q_2 となるため，$Q_0 - Q_2$ の非自発的失業が発生するんだね。

したがって，この非自発的失業を 0 として，完全雇用を実現するためには，国内総所得 GDI (または，国内総生産 GDP) をもっと大きくして，生産活動を活発化させ，労働需要曲線 D_2 を右にシフトさせて，D_0 となるようにしなければならない。

このように，労働需要曲線を D_0 とし，完全雇用量 Q_0 を達成できる GDI の水準を "**完全雇用所得水準**" (*full-employment level of income*) または，簡単に "**完全雇用所得**" と呼び，Y_f で表すことにしよう。

> 完全雇用 (*full-employment*) の f を下付き添字にした。

では次に，**45°線**分析について，その方程式は，租税 T を含んだ形のもので示すと，

$$\begin{cases} Y^S = Y & \cdots\cdots\cdots\cdots\cdots\cdots\cdots (*e_0) \\ Y^D = c_m(Y-T) + C_0 + I + G & \cdots\cdots (*f_0)' \end{cases}$$

で表すことができるんだね。そして，限界消費性向 c_m，必要消費 C_0，

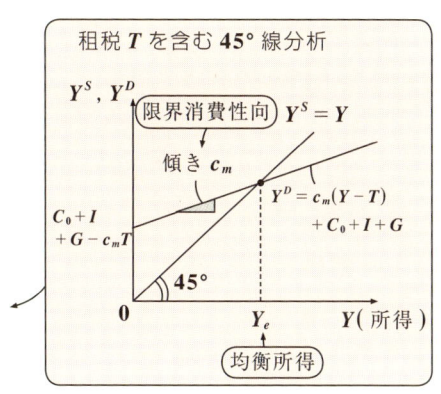

● 生産物市場

租税 T, 投資 I, 政府支出 G の値が与えられれば, $(*e_0)$ と $(*f_0)'$ の連立方程式を解いて, その所得 Y の解として, 均衡所得 Y_e が求まるんだったね。これをグラフで表すと右図のようになり, $(*e_0)$ と $(*f_0)'$ のグラフの交点の Y 座標として, Y_e が求まることも, 既に解説した通りだ。

租税 T を含む 45°線分析

そして, ここで, 完全雇用所得 Y_f と均衡所得 Y_e とが一致すれば, 何の問題もないわけなんだけれど, これが一致するとは限らない。たとえば $Y_e < Y_f$ であった場合, 実現された均衡所得 Y_e が Y_f に満たず十分でないため, 労働需要量が Q_2 と低くなって, 非自発的な失業 $Q_0 - Q_2$ を発生させることになるんだね。もちろん $Y_f < Y_e$ でも問題が生じる。このように, Y_e と Y_f が一致しないときの問題点を, (i)"**デフレ・ギャップ**" (*deflationary gap*), または (ii)"**インフレ・ギャップ**" (*inflationary gap*) という。これらの問題点と, その対策について, これから詳しく解説していくことにしよう。

(i) デフレ・ギャップについて

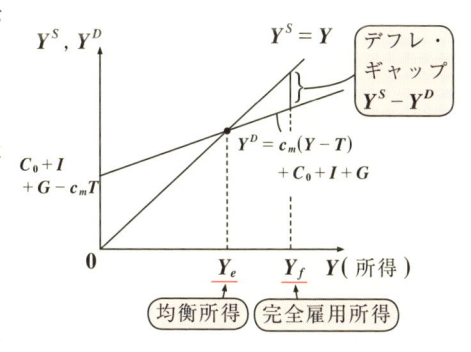

図1に示すように, 均衡所得 Y_e よりも完全雇用所得 Y_f の方が大きい場合, すなわち,

$Y_e < Y_f$

となった場合, 所得は Y_e に落ち着くんだけれど, これでは, 完全雇用を達成できる理想的な所得 Y_f に満たないので, 好ましくない非自発的失業が発生してしまうことになる。逆に, もし所得を Y_f までもっていくと,

図1 デフレ・ギャップ

101

図1に示すように，供給量Y^Sの方が需要量Y^Dより大きくなって，Y^S-Y^Dの超過供給が生じることになる。このY^S-Y^Dの超過供給のことを"**デフレ・ギャップ**"と呼ぶ。

このデフレ・ギャッ プを解消するにはどう すればいいか？…， そうだね。図2に示す ように，需要関数Y^Dの グラフを上にシフトさ せて，$Y^{D'}$とし，Y^Sと $Y^{D'}$のグラフの交点の 座標をY_e'とおくとき，

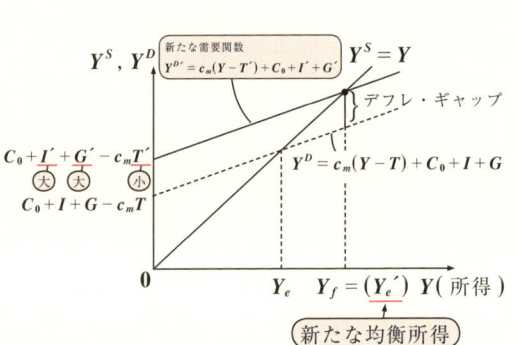

図2 デフレ・ギャップに対する対策

新たな均衡所得のこと

Y_e'と完全雇用所得Y_fが一致するようにもっていけばいいんだね。つまり，元の需要関数 $Y^D = c_m(Y-T) + C_0 + I + G$ ……($*\mathrm{f}_0$)′

において，租税Tを減少させるか，投資Iや政府支出Gを増加させ たものをそれぞれT'，I'，G'とおいて，
新たな需要関数 $Y^{D'} = c_m(Y-T') + C_0 + I' + G'$
を作り，この$Y^{D'}$とY^Sの交点の座標Y_e'がY_fと一致するように持ち 込めばいい。これが，ケインズの"**有効需要の原理**"の主な考え方で あり，政府支出Gを増加させるだけでなく，租税Tを減少させたり， 投資Iを増加させることにより，新たな需要を生み出し，均衡所得を 増加させて完全雇用所得Y_fを達成することができるんだね。グラフ と式を併用すれば，一目瞭然に御理解頂けたと思う。

ちなみに，デフレ・ギャップのデフレ(デフレーション)とは「物 価が継続的に下がる」ことだったんだけれど，この場合，需要Y^Dに 対して供給Y^Sの方が大きい，つまり，モノがあふれている状態であ るため，その価格が減少傾向に向かうことから，このように呼ばれる

ようになったんだろうね。そして、デフレ・ギャップが存在するときは、不景気なときに当たるので、経済を活性化させるための対策が、有効需要を増加させる施策(減税と、投資と政府支出の増加)だったんだね。納得いった？では次，

(ⅱ) インフレ・ギャップについて

図3に示すように、完全雇用所得 Y_f よりも均衡所得 Y_e の方が大きい場合，すなわち，

$Y_f < Y_e$

となった場合，所得は Y_e に落ち着くが，望ましい完全雇用所得よりも大きいので，これは経済が過熱している状態に相当する。

図3 インフレ・ギャップ

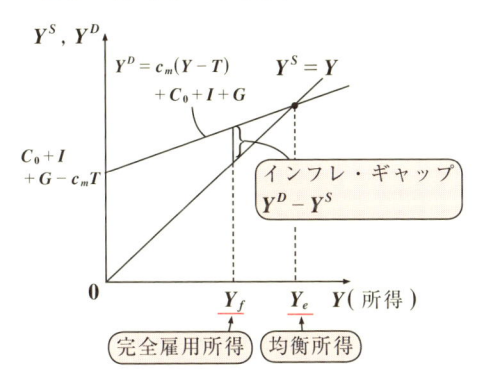

したがって，図3に示すように，もし所得が理想的な Y_f であったとすると，需要量 Y^D の方が供給量 Y^S より大きくなって，$Y^D - Y^S$ の超過需要が生じることになる。この $Y^D - Y^S$ の超過需要のことを"**インフレ・ギャップ**"と呼ぶ。今回は，所得を理想的な Y_f にもっていくには、景気が過熱し過ぎているので、デフレ・ギャップとは真逆の対策が必要となる。

図4 インフレ・ギャップに対する対策

この場合，図4に示すように，需要関数 Y^D のグラフを下にシフトさせて、$Y^{D''}$ とし，Y^S と $Y^{D''}$ のグラフの交点の Y 座標，すなわち新たな均衡所得 Y_e'' が Y_f と一致するように持ち込めばいいんだね。そのためには，

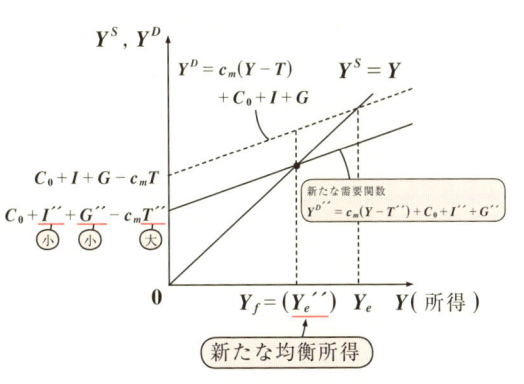

元の需要関数 $Y^D = \underline{c_m}(Y - \underline{T}) + \underline{C_0} + \underline{I} + \underline{G}$ …（＊f_0）′

（c_m：定数）（C_0：定数）
（T：大きくする）（I, G：小さくする）

$$\triangle Y = -\frac{c_m}{1-c_m}\triangle T \cdots (*j_0)$$
$$\triangle Y = \frac{1}{1-c_m}\triangle G \cdots (*i_0)$$
$$\triangle Y = \frac{1}{1-c_m}\triangle I \cdots (*h_0)$$

において，租税 T を増加させるか，投資 I や政府支出 G を減少させたものをそれぞれ T''，I''，G'' とおいて，

新たな需要関数 $Y^{D''} = c_m(Y - T'') + C_0 + I'' + G''$

を作り，この $Y^{D''}$ と Y^S の交点の Y 座標 Y_e'' が Y_f と一致するように持ち込めばいいんだね。

インフレ・ギャップが存在するときは，経済が過熱しているときだから，デフレ・ギャップのときとは反対に，増税，および，投資や政府支出の縮小によって景気を冷やす対策が有効なんだね。納得いった？

それでは，次の例題でデフレ・ギャップの具体的な対策の練習をしよう。

例題4 限界消費性向 $c_m = 0.8$ で，均衡所得 $Y_e = 130$ 兆円，完全雇用所得 $Y_f = 150$ 兆円のデフレ・ギャップが生じている国がある。この国において，Y_e を Y_f と等しくするための対策として，次の問いに答えよう。

(1) 減税のみによる場合，いくらの減税をすればよいか？
(2) 政府支出の増加のみによる場合，いくら増やせばよいか？
(3) 投資の増加のみによる場合，いくら増やせばよいか？

デフレ・ギャップ対策は，乗数効果で考えればいいんだね。限界消費性向 $c_m = 0.8$ で，Y_e を Y_f にするために所得を

$\triangle Y = Y_f - Y_e = 150 - 130 = 20$ 兆円　だけ増やさないといけないんだね。

(1) 減税のみで，これを達成するには，公式：

$$\triangle Y = -\frac{c_m}{1-c_m}\triangle T \quad \cdots\cdots(*j_0) \quad \text{を用いて，}$$

$$20 = -\frac{0.8}{1-0.8}\triangle T = -\frac{0.8}{0.2}\triangle T = -4\cdot\triangle T \quad \text{より，}$$

$$\therefore \triangle T = -\frac{20}{4} = -5 \text{ 兆円}$$

よって，**5 兆円の減税**を行えばよい。

(2) 政府支出のみで，これを達成するには，公式：

$$\triangle Y = \frac{1}{1-c_m}\triangle G \quad \cdots\cdots (\ast i_0) \quad \text{を用いて，}$$

$$20 = \frac{1}{1-0.8}\cdot\triangle G = \frac{1}{0.2}\triangle G = 5\cdot\triangle G \quad \therefore \triangle G = \frac{20}{5} = 4 \text{ 兆円}$$

よって，政府支出 G を **4 兆円増やせばよい**。

(3) 投資のみで，これを達成するには，公式：

$$\triangle Y = \frac{1}{1-c_m}\triangle I \quad \cdots\cdots (\ast h_0) \quad \text{を用いて，}$$

$$20 = \frac{1}{1-0.8}\cdot\triangle I = \frac{1}{0.2}\triangle I = 5\cdot\triangle I \quad \therefore \triangle G = \frac{20}{5} = 4 \text{ 兆円}$$

よって，投資 I を **4 兆円増やせばいいんだね**。大丈夫？

以上のように，小さな Y_e を Y_f の水準に持ち込むために，減税や政府支出 G の増加は政府の意志により行える。しかし，投資 I を増やすには具体的にどうすればよいか？疑問に思われる方もいらっしゃると思う。

　この疑問を解決するには，**"投資の限界効率"** や **"貯蓄のパラドクス"** などを理解する必要があるんだね。次の章で詳しく解説しよう。

実践問題 11　　●45°線分析●

次の45°線分析の連立方程式：

$$\begin{cases} Y^S = Y & \cdots\cdots\cdots① \\ Y^D = c_m(Y-T) + C_0 + I + G & \cdots② \end{cases}$$ について，

(1) $T = 20$ 兆円，$C_0 = 80$ 兆円，$I = 20$ 兆円，$G = 10$ 兆円のとき，均衡所得 $Y_e = 200$ 兆円であった。このときの限界消費性向 c_m の値を求めなさい。

(2) T，C_0，I，G は (1) と同じ条件で，限界消費性向 c_m のみが 0.1 だけ増加した場合の均衡所得 Y_e' を求めなさい。

ヒント！ ①，②より，$Y^S = Y^D$ として，Y^S と Y^D を消去して計算すればいいんだね。

解答＆解説

(1) ①，②より，$Y^S = Y^D$ として，Y^S，Y^D を消去すると，

$Y = c_m(Y-T) + C_0 + I + G \quad \cdots③$

この③をみたす Y が，均衡所得 Y_e なので，

$Y_e = c_m(Y_e - T) + C_0 + I + G \quad \cdots③'$ となる。
　　(200)　　(200)(20)　(80)(20)(10兆円)

この③´に，$Y_e = 200$ 兆円，$T = 20$ 兆円，$C_0 = 80$ 兆円，$I = 20$ 兆円，$G = 10$ 兆円を代入すると，

$200 = 180 \times c_m + 80 + 20 + 10$ （単位：兆円） より，$180 c_m = 90$

∴限界消費性向 $c_m = \dfrac{90}{180} = 0.5$ である。

(2) 限界消費性向のみ 0.1 増えて，$c_m = 0.6$ のとき，(1) の T，C_0，I，G の値を③´に代入して，新たな均衡所得を Y_e' とおくと，③´は，

$Y_e' = 0.6(Y_e' - 20) + 80 + 20 + 10$ より，

$0.4 Y_e' = 98 \quad \therefore Y_e' = \dfrac{98}{0.4} = 245$ 兆円

よって，$c_m = 0.6$ のときの均衡所得 Y_e' は 245 兆円である。

解答　(1) 限界消費性向 $c_m = 0.5$　(2) 均衡所得 $Y_e' = 245$ 兆円

● 生産物市場

実践問題 12　　●デフレ・ギャップ●

次の **45°線分析**の連立方程式について，下の空欄を埋めなさい。

$$\begin{cases} Y^S = Y & \cdots\cdots\cdots① \\ Y^D = c_m(Y - T) + C_0 + I + G & \cdots② \end{cases}$$ について，

$c_m = 0.4$，$T = 10$ 兆円，$C_0 = 40$ 兆円，$I = 14$ 兆円，$G = 10$ 兆円のとき，均衡所得 $Y_e =$ (ア) 兆円である。完全雇用所得 $Y_f = 120$ 兆円のとき，デフレ・ギャップは (イ) 兆円であり，G を $\triangle G$ だけ増加させて，デフレ・ギャップを解消するためには，$\triangle G =$ (ウ) 兆円とすればよい。

ヒント！ デフレ・ギャップとは，$Y = Y_f$ のときの超過供給 $Y^S - Y^D$ のことだ。

解答＆解説

①，②より，$Y^S = Y^D$ として，Y^S, Y^D を消去し，均衡所得を Y_e とおくと，

$Y_e = c_m(Y_e - T) + C_0 + I + G$　…③
　　　　0.4　　10　40　14　10

となり，これに，c_m, T, C_0, I, G の与えられた値を代入して，Y_e を求めると，

$Y_e = 0.4(Y_e - 10) + 40 + 14 + 10$

$0.6Y_e = 60$　∴ $Y_e = 100$ 兆円

ここで，完全雇用所得 $Y_f = 120$ 兆円より，このときのデフレ・ギャップ $Y^S - Y^D$ は，

$Y^S - Y^D = Y_f - c_m(Y_f - T) - C_0 - I - G = 120 - 0.4 \times 110 - 64 = 12$　より，
　　　　　　　120　0.4　120　10　40　14　10

デフレ・ギャップ $Y^S - Y^D = 12$ 兆円

また，このデフレ・ギャップを G の増分 $\triangle G$ のみで解消するには，グラフより，$\triangle G = 12$ 兆円であればよい。

公式：$\triangle Y = \dfrac{1}{1 - c_m} \triangle G$ を用いて，

$\overline{Y_f - Y_e}$

$20 = \dfrac{1}{1 - c_m} \cdot \triangle G$ から，$\triangle G = 12$ 兆円

と求めても，もちろん構わない。

解答　(ア) 100　　(イ) 12　　(ウ) 12

§2. 生産物市場（Ⅱ）

　生産物市場は，ケインズによるマクロ経済学において，最も重要なテーマの1つで，教えるべきボリュームも大きいので，前節に引き続き，この生産物市場についてさらに詳しく解説することにしよう。

　ここではまず，"**投資の限界効率**"（*marginal efficiency of investment*）（または，"**資本の限界効率**"（*marginal efficiency of capital*））と利子率の関係を調べることにより，利子率が下がれば投資量が増えるメカニズムについて解説する。また，新古典派が考えていた金融市場（投資曲線 I と貯蓄曲線 S）についても紹介する。

　そしてさらに，ケインズ経済学で最も興味深い $I=S$ の公式と，"**貯蓄のパラドクス**"（*paradox of saving*）についても教えよう。このパラドクスは，投資の増加 $\triangle I$ により所得が $\triangle Y$ だけ増加したとき，ミクロに各家計で見た場合，その貯蓄の増分 $\triangle S$ は，家計が選択する限界貯蓄性向 $\underline{s_m}(= 1 - c_m)$ により当然変化するはずだね。しかし，これをマクロな1国

　[限界消費性向]

の経済で見た場合，必ず $\triangle S = \triangle I$ が成り立って，「たとえ，限界貯蓄性向 s_m が変化しても，マクロな貯蓄の増分 $\triangle S$ は $\triangle I$ と必ず一致して変化しない」という，不思議なパラドクスのことなんだね。これについても，よく分かるように具体例を使って解説しよう。

　そして，この貯蓄のパラドクスからまた，ケインズの考えた金融市場が，新古典派が考えたものとは本質的に異なるものであることが明らかとなる。これも面白いテーマなので，シッカリマスターして頂きたい。

●投資の限界効率の計算法をマスターしよう！

　企業など，投資家がある資本を投資する場合，必ず将来的にある一定の利益率を見込んで投資することになる。この将来的な予想収益率のことを，ケインズは，"**投資の限界効率**"（または，"**資本の限界効率**"）と呼んだ。

　ここで，この投資の限界効率を x で表すことにしよう。この x の表し方は，たとえば，この投資の限界効率が 12% のとき，$x = 0.12$ と表し，また，

●生産物市場

これが 6% のときには，$x = 0.06\cdots$，などと表すことにしよう。

すると，利子率のところで既に解説したように，"時は金なり！"(P16) の考え方を適用できる。図1に示すように，投資の限界効率 x が見込めるあるプロジェクトに対して，ある企業が 0 年 (基準年) に I(円) の投資を行った場合，n 年後には $(1+x)^n \cdot I$(円) の資金を回収できることになるんだね。これは，名目利子率 i で預金した場合の複利計算と同じ原理なので，容易にお分かり頂けると思う。

図1 投資 I と投資の限界効率 x の関係

0 年 (基準年) $\longrightarrow$ n 年後
I $\longrightarrow$ $(1+x)^n \cdot I$

ここで，投資とは将来の資金の回収を見込んでなされるものなので，将来的な物価の予測が困難と考えて，利子率も投資の限界効率も共に名目で議論することにして，それぞれ i，x で表すことにする。

> もちろん，物価の変動を考慮に入れる場合には，利子率も投資の限界効率も共に実質で議論してもいい。この場合，フィッシャーの近似公式 ($*c_0$)′(P79) を使って実質利子率 $r = i - \pi$，実質投資の限界効率 $x' = x - \pi$ (π：インフレ率) を用いて，以下の議論を書き変えればいいだけだ。

それでは，これから，3 つのプロジェクト A，B，C について，具体的に投資の限界効率 x を求めてみよう。

(ⅰ) 投資プロジェクト A では，表1に示すように，0 年 (基準年) に 100 億円を投資し，2 年後に 144 億円を回収できるものとする。このときの投資の限界効率を x_1 とおいて，これを求めてみよう。図1から分かるように，$I = 100$(億円) とおくと，2 年後の 144(億円) は，$(1+x_1)^2 \cdot I$ のことなので

表1 プロジェクト A

投資		回収
0 年	1 年	2 年
100 億円		144 億円
I		$(1+x_1)^2 \cdot I$

$(1+x_1)^2 \cdot 100 = 144$ ……① となる。両辺を 100 で割って，$(1+x_1)^2 = 1.44 = (1.2)^2$ より，$1+x_1 = 1.2$ ∴ $x_1 = 0.2$ となる。（これは 20% のこと）

すなわち，プロジェクト A の投資の限界効率 x_1 は，20% であることが分かったんだね。

では，少し複雑になるが，次のプロジェクト B についても考えてみよう。

(ii) 投資プロジェクト B では，表 2 に示すように，0 年 (基準年) に 200 億円を投資し，1 年後に 80 億円，2 年後に 160 億円を回収できるものとする。このときの投資の限界効率を x_2 とおいて，これを求めてみよう。エッ，投資資金が 2 年に渡って回収されているので，どのように計算したらいいのか，分からないって？…，そうだね，確かにプロジェクト A のように簡単にはいかないね。この x_2 の計算法を模式図にして図 2 に示す。

表 2　プロジェクト B

投資	回収	
0 年	1 年	2 年
200 億円	80 億円	160 億円

図 2　プロジェクト B の投資の限界効率

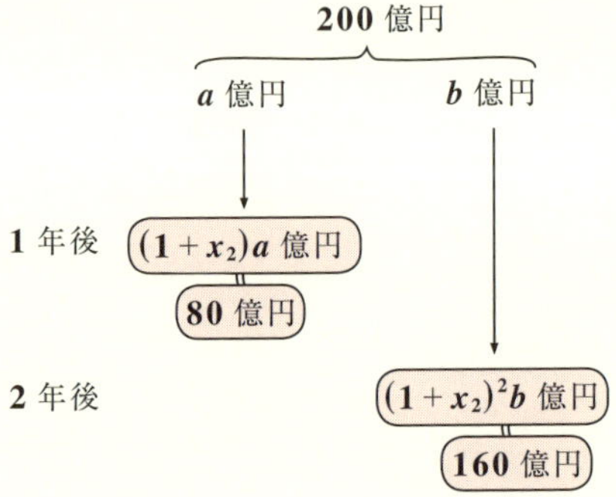

まず，0 年 (基準年) に投資される 200 億円を，a 億円と b 億円の 2 つの部分に分ける。つまり，

$200 = a + b$ ……①

（単位は億円 以下同様）

とおく。そして，a (億円) は，1 年後に回収する 80 億円に相当する投資額，b (億円) は 2 年後に回収する 160 億円に相当する投資額とすると，図 2 より明らかに，

$(1+x_2)a = 80$ …②　　$(1+x_2)^2 b = 160$ …③　となる。

よって，②，③より

$a = \dfrac{80}{1+x_2}$ …②´，$b = \dfrac{160}{(1+x_2)^2}$ …③´として

②´，③´を①に代入すれば，

$200 = \dfrac{80}{1+x_2} + \dfrac{160}{(1+x_2)^2}$ …④　となって，x_2 を求める方程式が導ける。ここで，$1 + x_2 = X$ とおくと，④は，

$200 = \dfrac{80}{X} + \dfrac{160}{X^2}$ …④´　となる。

④´の両辺に $\dfrac{X^2}{40}$ をかけると，

$5X^2 = 2X + 4$ ， $5X^2 - 2X - 4 = 0$

この 2 次方程式を解いて，

$X = \dfrac{1 \pm \sqrt{1^2 + 5 \times 4}}{5} = \dfrac{1 \pm \sqrt{21}}{5}$

> 2 次方程式：
> $ax^2 + 2b'x + c = 0$
> の解 $x = \dfrac{-b' \pm \sqrt{b'^2 - ac}}{a}$
> の公式を使った！

ここで，$X > 1$ より，

$X = 1 + x_2 = \dfrac{1 + \sqrt{21}}{5} ≒ 1.117$ となる。 ∴ $x_2 ≒ 0.117$

よって，プロジェクト B の投資の限界効率 x_2 は，11.7% であることが分かったんだね。面白かった？

それでは，さらに複雑な次のプロジェクト C の投資の限界効率も求めよう。

(iii) 投資プロジェクト C では，表 3 に示すように，0 年 (基準年) に 400 億円を投資し，2 年後に 80 億円，3 年後と 4 年後に 160 億円，そして 5 年後に 80 億円を回収できるものとする。このときの投資の限界効率を x_3 についても求めてみよう。プロジェクト B よりもさらに複雑になってはいるけれど，考え方はプロジェクト B で解説したものと同様なんだね。

表 3　プロジェクト C

投資		回収				
0 年		1 年	2 年	3 年	4 年	5 年
400 億円			80 億円	160 億円	160 億円	80 億円

まず，0 年 (基準年) に投資される 400 億円を，2 年，3 年，4 年，5 年後に回収される資金に相当する 4 つにそれぞれ分解して，a 億円，b 億円，c 億円，d 億円とする。よって，

$400 = a + b + c + d$ ……(a) （単位は億円，以下同様）であり，また，

$(1 + x_3)^2 a = 80$ …(b)　　$(1 + x_3)^3 b = 160$ …(c)

（a 億円は，2 年後に 80 億円として回収）　（b 億円は，3 年後に 160 億円として回収）

$(1 + x_3)^4 c = 160$ …(d)　　$(1 + x_3)^5 d = 80$ …(e)　となるのも大丈

（c 億円は，4 年後に 160 億円として回収）　（d 億円は，5 年後に 80 億円として回収）

夫だね。ここで，(b)～(e)より

$a = \dfrac{80}{(1+x_3)^2} = \dfrac{80}{X^2}$ …(b)′

$b = \dfrac{160}{(1+x_3)^3} = \dfrac{160}{X^3}$ …(c)′

$c = \dfrac{160}{(1+x_3)^4} = \dfrac{160}{X^4}$ …(d)′

$d = \dfrac{80}{(1+x_3)^5} = \dfrac{80}{X^5}$ …(e)′　$\left(\begin{array}{l}\text{ここで，}1+x_3=X\text{と}\\ \text{おいた。}\end{array}\right)$となる。

$\boxed{\begin{array}{l} 400 = a+b+c+d \quad\cdots\text{(a)}\\ (1+x_3)^2 a = 80 \quad\cdots\text{(b)}\\ (1+x_3)^3 b = 160 \quad\cdots\text{(c)}\\ (1+x_3)^4 c = 160 \quad\cdots\text{(d)}\\ (1+x_3)^5 d = 80 \quad\cdots\text{(e)} \end{array}}$

以上(b)′～(e)′を(a)に代入すると，

$400 = \dfrac{80}{X^2} + \dfrac{160}{X^3} + \dfrac{160}{X^4} + \dfrac{80}{X^5}$ …(f)　となる。

この(f)の両辺に $\dfrac{X^5}{80}$ をかけると

$5X^5 = X^3 + 2X^2 + 2X + 1$　より，X の 5 次方程式：

$5X^5 - X^3 - 2X^2 - 2X - 1 = 0$ …(g)　が導ける。

この(g)を解く公式はないので，これは数値解法によって，近似的にその解を求めないといけないんだね。一般に 5 次方程式の場合，**代数学の基本定理**より，実数解だけでなく重解や虚数解まで含めて 5 つの解が存在するんだけれど，今回我々が欲しい解は，$X = 1.\triangle\bigcirc\cdots$ の形の実数解のみなんだね。これは，関数電卓や表計算ソフトなどを利用して数値解法により求めることができる。結果を示すと，

$X = 1 + x_3 \fallingdotseq 1.054$　となる。　∴ $x_3 \fallingdotseq 0.054$

よって，このプロジェクト C の投資の限界効率 x_3 は，約 **5.4%** であることも分かったんだね。

　それでは以上の投資例を使って，利子率と投資量との関係について解説することにしよう。

●利子率が下がれば，投資は増える！

これまで解説した3つの投資プロジェクト A, B, C について，その投資の限界効率 $x(\%)$ と投資量 I(億円)をまとめて，表4に示す。

ここで，この3つの投資対象 A, B, C しかない国について考えてみよう。

表4　投資量 I と投資の限界効率 x

投資プロジェクト	投資の限界効率 $x(\%)$	投資量 I(億円)
A	20	100
B	11.7	200
C	5.4	400

一般に，銀行の定期預金などの利子率を想定して，これを i とおくと，利子率 i と投資の限界効率 x との間には次の関係があるこは，納得頂けると思う。

(Ⅰ) $x \leqq i$ ならば，
　　利子率の方が投資の限界効率以上なので，企業は資金を預金しておいた方が有利なので，投資を行わない。
(Ⅱ) $i < x$ ならば，
　　投資の限界効率の方が利子率を上まわっているので，たとえ資金を借り入れたとしても，$x - i(\%)$ の利益が見込めるので，企業は，その投資を実行する。

以上より，表4に示す3つの投資プロジェクトしかない国においては
(i) $20(\%) \leqq i$ のとき，
　　利子率は A, B, C いずれの投資の限界効率よりも以上なので，投資は行われない。よって，$I = 0$(億円)となるんだね。
(ⅱ) $11.7(\%) \leqq i < 20(\%)$ のとき，
　　A の投資の限界効率のみ利子率 i より大きく，他の B, C のそれは，利子率 i 以下なので，100億円の投資 A のみが実行される。
　　　よって，$I = 100$(億円)となる。
(ⅲ) $5.4(\%) \leqq i < 11.7(\%)$ のとき，
　　A と B の投資の限界効率が利子率 i より大きく，C のみは，利子率 i 以下なので，100億円と200億円の投資 A と B が実行される。
　　　よって，$I = 100 + 200 = 300$(億円)となる。
(ⅳ) $i < 5.4(\%)$ のとき，
　　A, B, C いずれの投資の限界効率も利子率 i より大きくなるので，

100億円と200億円と400億円のすべての投資 A, B, C が実行される。
よって，$I = 100 + 200 + 400 = 700$(億円) となる。

以上をまとめると，
(ⅰ) $20(\%) \leqq i$ のとき，$I = 0$(億円)
(ⅱ) $11.7(\%) \leqq i < 20(\%)$ のとき，$I = 100$(億円)
(ⅲ) $5.4(\%) \leqq i < 11.7(\%)$ のとき，$I = 300$(億円)
(ⅳ) $i < 5.4(\%)$ のとき，$I = 700$(億円) となるんだね。

これを，横軸に投資量 I をとり，縦軸に利子率 i をとって，グラフで表すと図3(ⅰ)のようになるんだね。

ここで，投資プロジェクト A, B, C の3つだけでなくたく山存在すれば，図3(ⅱ)のような多少ギザギザの残るグラフになり，さらに，日本や米国のように無数の投資対象が存在する国においては，図3(ⅲ)に示すように，利子率 i が下がれば，それにつれて，投資の限界効率の低い投資も可能となり，その結果，投資量 I が増加するはずなので，右下がりの滑らかな曲線が描けるはずだ。これを**投資曲線**と呼ぶんだね。

図3 投資量 I と利子率 i のグラフ

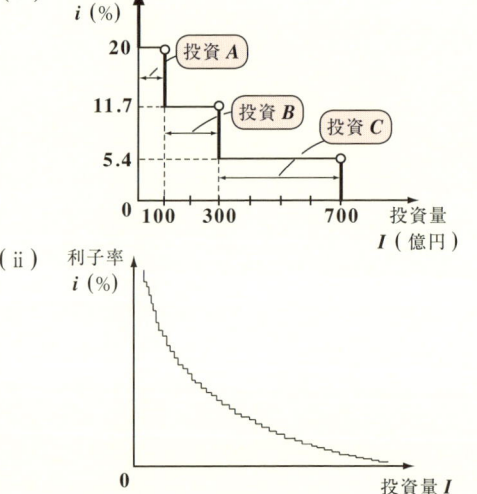

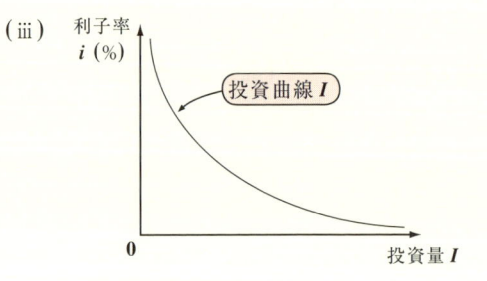

●貯蓄のパラドクスも押さえておこう！

利子率 i が減少すれば，投資 I は増加する投資曲線 I に付随して，新古典派が考える金融市場についても，ここで紹介しておこう。

新古典派の考えでは，投資曲線 I に，貯蓄曲線 S を加えて金融市場を分析する。利子率 i が低いときには貯蓄量 S も少なく，利子率が高くなれば，それにつれて貯蓄量 S も増加すると考えて，貯蓄曲線 S は図4に示すように右上がりの増加関数(曲線)になるんだね。

図4 新古典派の考える金融市場

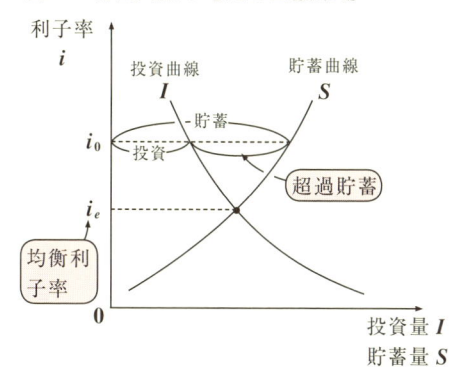

そして，金融市場において，この投資曲線 I と貯蓄曲線 S の交点から，利子率が決定されることになる。この利子率のことを**均衡利子率**と呼び，i_e で表すことにしよう。「したがって，利子率は政府などの組織が人為的に決定するものではなく，市場における投資曲線 I と貯蓄曲線 S によって均衡利子率 i_e として決定されるべきものである。」というのが新古典派の主張なんだね。

たとえば，利子率が i_e より大きい i_0 に決められたとすると，このとき図4に示すように，貯蓄 S の方が投資 I より大きくなり，$S-I$ の資金が超過貯蓄としてだぶつくことになる。逆に，i_e より利子率が低い場合は，投資するのに資金が不足状態になることも，お分かりになると思う。

では，ケインズ経済学ではどうなるのか？興味がおありだろう？結論から先に言うと，
「利子率 i に関わりなく，投資 I と貯蓄 S は常に等しくなる。」
ということなんだね。

これは2つの意味で奇妙に思われるかも知れない。まず1つ目は，投資と貯蓄という異質なものが本当に常に一致するのか？という疑問だね。投資とは企業や資本家が大規模に行うものであり，他方，貯蓄とは個々の個人や家計がささやかにコツコツと行うものだからだ。

従って，これらを集計した貯蓄 S が投資 I と常に一致するなんて，あり得るのだろうか？という，もっともな疑問が生まれる。

さらにもう1つの疑問は，投資が $\triangle I$ だけ増加したとき，それにより乗数効果が働いて，所得が $\triangle Y$ だけ増加することは既に教えた。このとき，貯蓄の増分 $\triangle S$ は限界貯蓄性向 $s_m(=1-\underline{c_m})$ を $\triangle Y$ にかけたもの，すなわ

（限界消費性向）

ち $\triangle S = s_m \cdot \triangle Y$ で表されるはずだね。しかし，ケインズ理論では，限界貯蓄性向 s_m の値に関わらず，常に $\underline{\triangle I = \triangle S}$ が成り立つと言っているんだね。

（$I=S$ が成り立つならば，当然 $\triangle I = \triangle S$ も成り立つからね。）

何だか，キツネにだまされたような気がするって!? そうだね。実は，これが"**貯蓄のパラドクス**"と呼ばれるものなんだ。この後，これについては具体例を使って詳しく説明しようと思う。

（Ⅰ）ではまず，次の (投資) = (貯蓄) の公式：

$I = S$ …($*1_0$)

が，恒等的に成り立つことを示そう。

まず，**45°線分析の需要関数の式 (P97)**：

$\underline{\underline{Y^D}} = C + \underline{I} + \underline{G}$ …($*f_0$)″ を思い出してみよう。

（国内総支出 **GDE**）（政府支出）

Y^D は，GDE(国内総支出) のことだけれど，三面等価の原則より，これを GDI(国内総所得)Y と置きかえてもかまわないので，($*f_0$)″ は，

$Y = C + I + G$ …① となる。

プロローグ (**P34**) で，所得の内，消費されなかったものが貯蓄にまわされることを話した。しかし，国内総所得 Y について考えるとき，消費は家計による C だけでなく，政府による支出 G も消費の1種とみなすことができる。従って，国内総所得 Y の内，政府支出も含めて消費された $(C+G)$ 以外のものが，貯蓄 S にまわされると考えられるんだね。

よって，次式が成り立つ．

$Y = C + G + S$ ……②

この②の右辺の S を "**国民貯蓄**"（*national saving*）と呼ぶ．そして，この①，②より，$I = S(= Y - C - G)$ となるので，恒等的に，公式 $I = S$ ……($*1_0$) が成り立つことが導けた．このように，常に投資 I と貯蓄 S が等しくなることが導けたわけだから，ケインズが考える金融市場のグラフは，図5に示すように，「利子率 i に関わりなく，投資曲線 I と貯蓄曲線 S は一致する．」ことになるんだね．

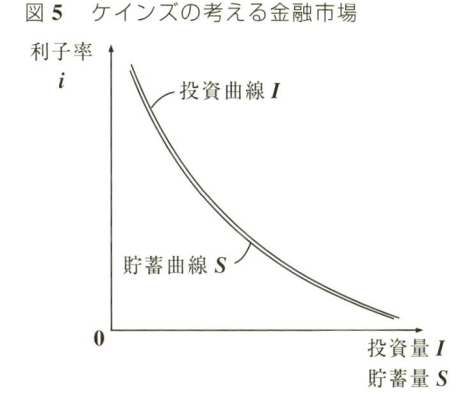

図5 ケインズの考える金融市場

新古典派によれば，金融市場において，均衡利子率 i_e が決まるんだった．でも，ケインズによれば，$I = S$ が成り立つわけだから，利子率は特に市場によって決定されるわけではなく，人為的に政府や中央銀行などが決めてもかまわないということになるんだね．

ここで，国民貯蓄 S について，さらに解説しておこう．②を変形して，

$$\underbrace{S}_{国民貯蓄} = Y - C - G = \underbrace{(Y - C - T)}_{民間貯蓄} + \underbrace{(T - G)}_{政府貯蓄} \quad \cdots ②'$$

(租税 T を引いて，その分たした)

とする．

すると，②´の右辺第1項 $Y - C - T$ は，家計が所得から税を払って消費した後に残る貯蓄なので，"**民間貯蓄**"（*private saving*）という．また，②´の右辺第2項 $T - G$ は，政府が税収から政府支出を支払った後に残る貯蓄なので，これを "**政府貯蓄**"（*public saving*）と呼ぶ．このように，国民貯蓄 S は，民間貯蓄と政府貯蓄に分類されるんだね．そして，政府貯蓄 $T - G$ が，正のときは**財政黒字**であり，これが負のときは**財政赤字**ということも覚えておこう．

では次，貯蓄のパラドクス（$\triangle I = \triangle S$）についても解説しよう．

(Ⅱ) 貯蓄のパラドクスの公式は，
　($*l_0$) を用いて，
　　$\triangle I = \triangle S$　…($*l_0$)′
　と表すことができる。

　これは，投資が I_1 から I_2 に変化したとき，その変化分 $\triangle I$ は，限界貯蓄性向 s_m に関わらず常に，貯蓄の変化分 $\triangle S$ と等しくなるということを意味している。

> $I = S$　…($*l_0$)　より，
> $I_1 = S_1$　…③
> $I_2 = S_2$　…④
> （ただし，$I_1 \neq I_2$ とする。）
> ここで，④－③を実行すると，
> $I_2 - I_1 = S_2 - S_1$
> 　　$\triangle I$　　　$\triangle S$
> ここで，$I_2 - I_1 = \triangle I$, $S_2 - S_1 = \triangle S$
> とおくと ($*l_0$)′ が導ける。

　具体例で示そう。次の例題を解いてみてごらん。

例題5　投資が $\triangle I = 9$ 兆円だけ増加したとき，次のそれぞれの限界貯蓄性向 s_m における，所得の増分 $\triangle Y$ と貯蓄の増分 $\triangle S$ を求めてみよう。
　　(1) $s_m = 0.1$　　　(2) $s_m = 0.9$

　限界消費性向を c_m とおくと，$c_m + s_m = 1$　…($*d$) (P34) より，$c_m = 1 - s_m$ となる。

　また，投資の変化分 $\triangle I$ による所得の変化分 $\triangle Y$ の計算には

$\triangle Y = \dfrac{1}{1-c_m}\triangle I = \dfrac{1}{s_m}\triangle I$　……($*h_0$) (P96)　を用い，

この所得の変化による貯蓄の変化分 $\triangle S$ は

$\triangle S = s_m \cdot \triangle Y$　……($*f$) (P35) を用いればいいんだね。

> $\triangle Y = \triangle G + \triangle S$
> $= c_m \triangle Y + s_m \triangle Y$
> の関係式が成り立つ。

(1) $\triangle I = 9$ 兆円に対して，$s_m = 0.1$ ($c_m = 0.9$) のとき，
　　所得の変化分 $\triangle Y$ は，($*h_0$) より，
　　$\triangle Y = \dfrac{1}{s_m} \cdot \triangle I = \dfrac{1}{0.1} \times 9 = 90$(兆円)　となる。

　　よって，貯蓄の増加分 $\triangle S$ は，($*f$) より，
　　$\triangle S = s_m \cdot \triangle Y = 0.1 \times 90 = 9$(兆円)　となる。

> $\triangle I = 9$ 兆円と同じになった。

(2) $\triangle I = 9$ 兆円に対して，$s_m = 0.9$ ($c_m = 0.1$) のとき，
　　所得の変化分 $\triangle Y$ は，($*h_0$) より，

●生産物市場

$$\triangle Y = \frac{1}{s_m} \cdot \triangle I = \frac{1}{0.9} \times 9 = 10 (兆円)$$ となる。

よって、貯蓄の増加分$\triangle S$は、($*$f)より、
$$\triangle S = s_m \cdot \triangle Y = 0.9 \times 10 = 9 (兆円)$$ となる。

(これも、$\triangle I = 9$兆円と同じになった。)

どう？面白い結果になったでしょう？ミクロな家計単位で見ると、所得が$\triangle y$だけ増加したとき、それを<u>消費</u>と<u>貯蓄</u>に振り分ける際、限界貯蓄性向

(これは、限界消費性向c_mにより、) (これは、限界貯蓄性向s_mにより決まる)

s_mが、例題5のように0.1と0.9で異なれば、その貯蓄の増分$\triangle S$も当然$0.1 \times \triangle y$, $0.9 \times \triangle y$となって異なるはずだ。たとえば、臨時収入があって、$\triangle y = 100$万円の場合、$s_m = 0.1$ならば、貯蓄は10万円しか増えないが、$s_m = 0.9$ならば貯蓄は90万円も増えることになる。

しかし、これをマクロに1国の経済で見た場合、投資の増加$\triangle I$による貯蓄の増分$\triangle S$は、限界貯蓄性向s_mの値に関わらず、一定で$\triangle I$に一致することになる。例題5で示したように、$\triangle I = 9$兆円の投資の増加に対して、貯蓄の増加分$\triangle S$も、s_mの値が0.1, 0.9と異なるにも関わらず、同じく9兆円になるんだね。つまり、ミクロな家計の貯蓄の増分集計が、必ずしもマクロな貯蓄の場合とは一致しないことになる。これを、"**貯蓄のパラドクス**"と呼ぶ。

でも、これはパラドクスでもなんでもないことが、次のように式の上から確認できる。

まず、投資の増加$\triangle I$による、所得の増加$\triangle Y$は、乗数効果の式を使って、
$$\triangle Y = \frac{1}{1-c_m}\triangle I = \frac{1}{s_m}\triangle I \quad \cdots\cdots (*h_0)$$ となる。($\because c_m + s_m = 1$)

次に、この所得の増分$\triangle Y$の内、貯蓄にまわる部分$\triangle S$は、これに限界貯蓄性向s_mをかければ求まるわけだから
$$\triangle S = s_m \cdot \triangle Y = \cancel{s_m} \cdot \frac{1}{\cancel{s_m}}\triangle I \quad ((*h_0)より)$$ となり、公式：
$$\triangle I = \triangle S \quad \cdots (*l_0)'$$ が導かれるんだね。

ケインズは，この投資と貯蓄が等しくなること，すなわち

$$\begin{cases} I = S & \cdots\cdots(*1_0) \\ \triangle I = \triangle S & \cdots(*1_0)' \end{cases} \text{および}$$

が成り立つことを，特に強調したと言われる。何故なら，それは，金融市場で投資曲線 I と貯蓄曲線 S の交点から均衡利子率 i_e が決まると考えていた，当時の新古典派の経済学者達にとって，常に投資と貯蓄が恒等的に等しくなるというケインズの考え方を受け入れることがとても難しかったからなんだね。

それでは，このケインズの考え方を，新古典派の考える金融市場に当てはめて考えるとどうなるのか？検討してみよう。

図 6 に示すように，まず新古典派の考える金融市場において，投資曲線 I と貯蓄曲線 S_1 があり，その交点として，利子率 i_1 と投資量 I_1 が決まるものとする。

新古典派によると，この利子率 i_1 こそ均衡利子率であり，市場が決定した安定した利子率である，ということになる。

しかし，ケインズは，図 6 に示

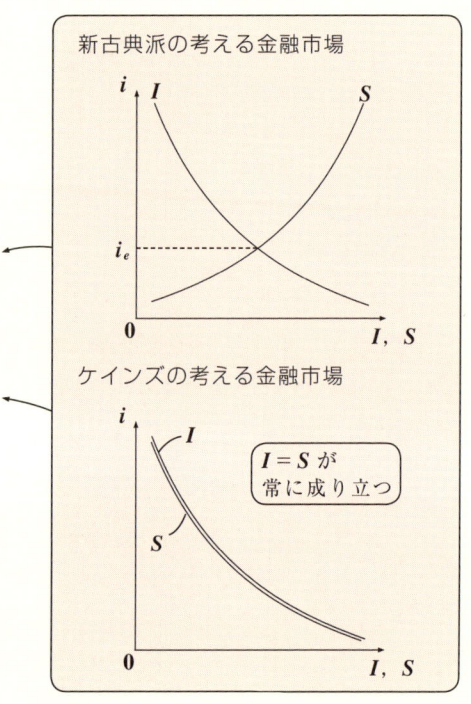

図 6　ケインズ経済学の新古典派の金融市場への応用（Ⅰ）

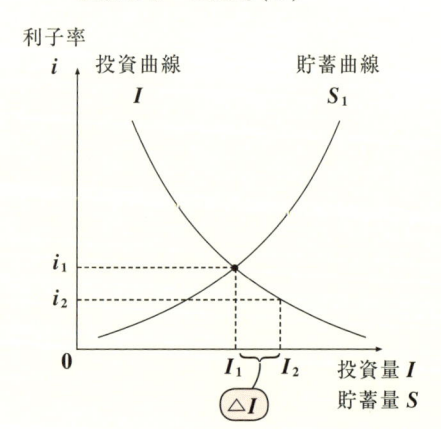

すように，利子率をi_2に下げることも可能であると考える。すると，このとき，投資曲線Iにより，投資量もI_1からI_2に$\triangle I(=I_2-I_1)$だけ増加することになる。その結果，乗数効果により，所得Yも，次のように$\triangle Y$だけ増加する。

$$\triangle Y = \frac{1}{1-c_m}\triangle I = \frac{1}{s_m}\triangle I \quad (c_m：限界消費性向, \ s_m：限界貯蓄性向)$$

そして，さらに，この$\triangle Y$にs_mをかけたものが貯蓄の増加分$\triangle S$となるので，

$$\triangle S = s_m \cdot \triangle Y = s_m \cdot \frac{1}{s_m}\triangle I = \triangle I$$

となって，貯蓄もS_1からS_2に$\triangle S(=S_2-S_1=\triangle I)$だけ増えることになるんだね。

したがって，これは図7に示すように，利子率のi_1からi_2への低下に伴って，所得が$\triangle Y$だけ増加するため，貯蓄曲線もS_1からS_2へ右側にシフトすることになる。その結果，利子率i_2においても，$I_2=S_2$となり，投資と貯蓄は等しくつり合うことになるんだね。

逆に，利子率がi_1より高くなった場合は，所得が減少するため，貯蓄曲線S_1が左にシフトして，その利子率の点で投資と貯蓄が等しくなると，考えればいいんだね。このように，利子率の値に関わらず，常に$I=S$が成り立つことが，ご理解頂けたと思う。新古典派による金融市場では，利子率が変化すれば，所得も変化することを考慮に入れていなかったことを，ケインズは明らかにしたんだね。面白かった？

図7　ケインズ経済学の新古典派の金融市場への応用（Ⅱ）

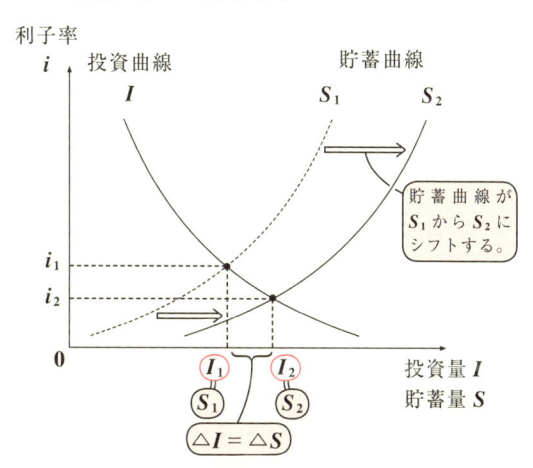

さらに、公式：$I = S$ …($*l_0$) と関連するグラフについても解説しておこう。

$Y = C + G + S$ …② (P117)

(Ⅰ) S と I の関係のグラフ：

($*l_0$) より、$S = I$ …(a)

とおき、横軸に I 軸、縦軸に S 軸をとって、この(a)のグラフを描くと、当然、原点 0 を通る傾き 1 の直線となるのは大丈夫だね。

図8　S と I の関係のグラフ

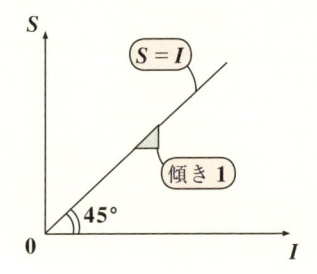

(Ⅱ) S と Y の関係のグラフ：

では次、②より、

$S = Y - C - G$ …(b)　とし、

この(b)の消費 C に、ケインズの消費関数：

$C = c_m Y + C_0$ …($*d_0$) ← P86

(c_m：限界消費性向, C_0：必要消費)

を代入してまとめると、

$S = Y - \underline{(c_m Y + C_0)} - G = \underline{(1 - c_m)}Y - C_0 - G$
　　　　　　C(消費)　　　　　　s_m(限界消費性向)

よって、S と Y の関係式として、

$S = s_m Y - C_0 - G$ …(c)　(s_m：限界貯蓄性向)

が導ける。

ここで、$S \geqq 0$ とすると、

(c) より、

$s_m Y - C_0 - G \geqq 0$

よって、

$Y \geqq \dfrac{C_0 + G}{s_m}$ となる。

以上より、図9に示すように、横軸に Y 軸、縦軸に S 軸をとって、(c)のグ

図9　S と Y の関係のグラフ

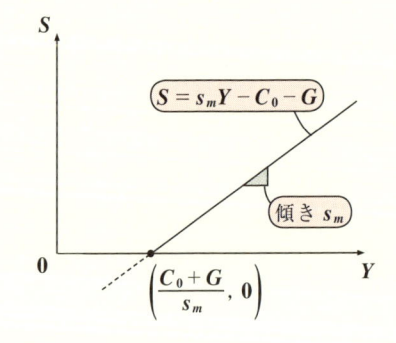

ラフを描くと，これは，点 $\left(\dfrac{C_0+G}{s_m}, 0\right)$ を通る傾き s_m の半直線となることが，お分かり頂けると思う。

(Ⅲ) i と I の関係のグラフ：
　ここで，さらに，利子率 i と投資 (量) I との関係のグラフについても復習しておこう。そう…，これは，**P114** で既に解説した投資曲線のことで，そのグラフは右図のようになるんだったね。

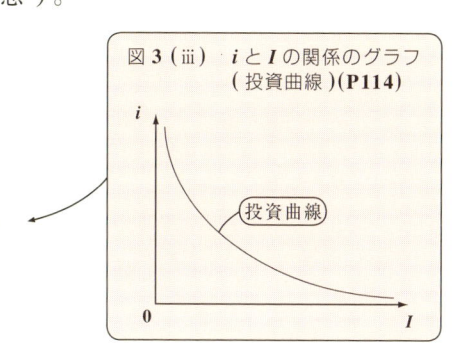

図3(ⅲ)　i と I の関係のグラフ（投資曲線）**(P114)**

投資曲線

以上3つのグラフ，すなわち，
- (Ⅰ) S と I の関係のグラフ
- (Ⅱ) S と Y の関係のグラフ
- (Ⅲ) i と I の関係のグラフ　を示した。

これから何が導けるか，分かるだろうか？…そう，まず，(Ⅰ) S と I の関係のグラフと (Ⅱ) S と Y の関係のグラフから，S を消去して"I と Y のグラフ (関係)"が導けるはずだ。そして，この"I と Y のグラフ"と (Ⅲ) i と I の関係のグラフから I を消去して，"i と Y のグラフ (関係)"が導けるはずなんだね。

　そして，この"利子率 i と所得 Y のグラフ"こそ，"**IS-LM 図表による分析**"で利用される"**IS 曲線**"に他ならない。この IS 曲線のテクニカルな求め方など…，IS-LM 分析の詳細については，**P168** 以降で解説するけれど，ここでは，その準備の1つが整ったことを心にとめておいて頂きたい。
　ちなみに，IS 曲線の IS とは，
公式：I(投資) $= S$(貯蓄)　…($*1_0$)　の I と S であることも，覚えておかれるといい。
　それでは，この後は，IS-LM 分析の"**LM 曲線**"を求めるための基礎準備として，"**貨幣市場**"(*money market*) について勉強していくことにしよう。

実践問題 13　●投資の限界効率●

右表に示すように，初年度に 40 億円投資して，1 年後に 18 億円，2 年後に 36 億円を回収する投資プロジェクトがある。この投資の限界効率を百分率(%)で示しなさい。

投資プロジェクト

投資	回収	
0 年	1 年	2 年
40 億円	18 億円	36 億円

ヒント！ 投資の限界効率を x で表すと，$40 = \dfrac{18}{1+x} + \dfrac{36}{(1+x)^2}$ の方程式が導かれるんだね。ここで，$X = 1+x$ とおいて，まず X を求めればいい。

解答 & 解説

この投資の限界効率を x (ただし，$100 \cdot x$ (%) とする。) とおき，また 40(億円) の内，1 年後に回収する分を a(億円)，2 年後に回収する分を b(億円) とおくと，次式が成り立つ。(ただし，単位は億円とする。)

$40 = a + b$ ……①　$(1+x) \cdot a = 18$ ……②　$(1+x)^2 \cdot b = 36$ ……③

②，③より，$a = \dfrac{18}{1+x}$ ……②´, $b = \dfrac{36}{(1+x)^2}$ ……③´ となる。

②´と③´を①に代入して，

$40 = \dfrac{18}{1+x} + \dfrac{36}{(1+x)^2}$ 　　ここで，$1+x = X$ とおいて，

$40 = \dfrac{18}{X} + \dfrac{36}{X^2}$ 　　両辺に $\dfrac{X^2}{2}$ をかけて

$20X^2 = 9X + 18$ 　　$20X^2 - 9X - 18 = 0$ 　　これを解いて，

$\begin{array}{cc} 5 & -6 \\ 4 & 3 \end{array}$

$(5X - 6)(4X + 3) = 0$ 　ここで，$X > 0$ より，$X = 1 + x = \dfrac{6}{5} = 1.2$

よって，$x = 0.2$ より，この投資プロジェクトの投資の限界効率は **20%** である。

解答　投資の限界効率は，**20%**

● 生産物市場

実践問題 14　● 貯蓄のパラドクス ●

次の空欄を埋めなさい。
貯蓄のパラドクスは，$\triangle I$(投資の増分)と$\triangle S$(貯蓄の増分)を用いて，
（ア）　……(＊)　と表される。
これは，限界貯蓄性向をs_mとおくと，投資の増分$\triangle I$による所得の増加$\triangle Y$は，
$\triangle Y =$ （イ）　………①　と表され，
この所得の増分$\triangle Y$による貯蓄の増加$\triangle S$は
$\triangle S =$ （ウ）$\triangle Y$　……②　と表される。
よって，①を②に代入することにより，(＊)が導ける。

ヒント！　限界貯蓄性向s_mに関わらず，貯蓄の増分$\triangle S$は投資の増分$\triangle I$に一致する。これが，貯蓄のパラドクスなんだね。

解答＆解説

貯蓄のパラドクスとは，限界貯蓄性向$s_m(0 < s_m < 1)$の値に関わらず，投資の増分$\triangle I$と貯蓄の増分$\triangle S$が一致することより，
$\triangle I = \triangle S$　……(＊)　と表すことができる。
この(＊)は，次のように証明できる。
まず，投資の増加$\triangle I$による所得の増加$\triangle Y$は，乗数効果により，
$\triangle Y = \dfrac{1}{1-c_m}\triangle I = \dfrac{1}{s_m}\triangle I$　……①　（c_m：限界消費性向）
と表すことができる。また，
$\triangle Y = \triangle C + \triangle S = c_m \cdot \triangle Y + s_m \cdot \triangle Y$　より，
この所得の増加$\triangle Y$による貯蓄の増分$\triangle S$は，
$\triangle S = s_m \cdot \triangle Y$　……②　と表される。
①を②に代入して，　$\triangle S = s_m \cdot \dfrac{1}{s_m}\triangle I = \triangle I$　より，
$\triangle I = \triangle S$　……(＊)　が導かれる。

解答　（ア）$\triangle I = \triangle S$　（イ）$\dfrac{1}{s_m}\triangle I$　（ウ）s_m

講義 3 ● 生産物市場　公式エッセンス

1. 45°線分析

$Y^S = GDP$, $Y^D = GDE$, $Y = GDI$

とおくと，三面等価の原則より，

$\underbrace{Y^S = Y}_{(\text{i})} = \underbrace{Y^D = c_m Y + C_0 + I + G}_{(\text{ii})}$

この(i)(ii)のグラフを重ね合わせることにより，均衡所得 Y_e が求まる。

45°線分析

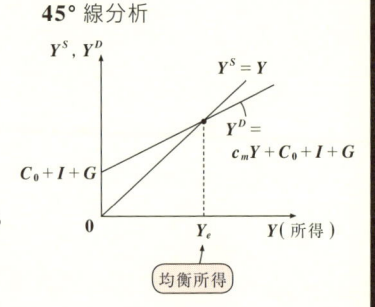

2. 乗数効果

国内総所得 GDI の変化分を $\triangle Y$ とおくと，

$\triangle Y = \underbrace{\dfrac{1}{1-c_m}}_{\text{投資乗数}} \triangle I + \underbrace{\dfrac{1}{1-c_m}}_{\text{政府支出乗数}} \triangle G - \underbrace{\dfrac{c_m}{1-c_m}}_{\text{租税乗数}} \triangle T$ 　 (c_m：限界消費性向)

($\triangle I$：投資の変化分，$\triangle G$：政府支出の変化分，$\triangle T$：租税の変化分)

3. デフレ・ギャップの解消

デフレ・ギャップを解消するには，右図に示すように，租税 T を減らし，投資 I や政府支出 G を増やせばよい。

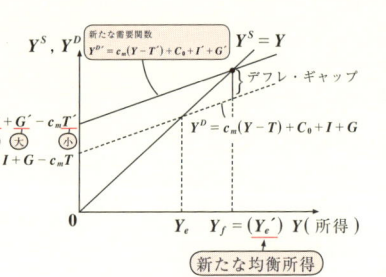

4. 投資の限界効率 (例)

右表の投資プログラム B について，この投資の限界効率 x は，

$200 = \underbrace{\dfrac{80}{X}}_{a} + \underbrace{\dfrac{160}{X^2}}_{b}$ 　 $(X - 1 = x)$

を解いて求めることができる。

投資プロジェクト B

投資	回収	
0 年	1 年	2 年
200 億円	80 億円	160 億円

5. (i)(投資) = (貯蓄)の公式，(ii)貯蓄のパラドクス

(i)(投資) I = (貯蓄) S

(ii)(投資の増分) $\triangle I$ = (貯蓄の増分) $\triangle S$

講義 Lecture 4

貨幣市場

テーマ

▶ **貨幣市場（Ⅰ）**

$$\left(\begin{array}{l}貨幣需要量\ L = L_1 + L_2,\ 貨幣供給量\ \dfrac{M}{P} \\ 流動性選好説：L = \dfrac{M}{P}\end{array}\right)$$

▶ **貨幣市場（Ⅱ）**

$$\left(\begin{array}{l}ハイパワード・マネーと貨幣乗数 \\ M = \dfrac{\dfrac{C}{D}+1}{\dfrac{C}{D}+\dfrac{R}{D}}H \\ 金融政策とその効果\end{array}\right)$$

§1. 貨幣市場（Ⅰ）

　サァ、これから、"貨幣市場"(money market) の講義に入ろう。生産物市場と同様に、この貨幣市場も解説すべき内容が多いので、（Ⅰ）と（Ⅱ）の2節に分けて講義しよう。

　まず、"貨幣"(money) とは何か？と問われたとき、意外と答えられないものだと思う。従って、ここではまず、貨幣の定義や、貨幣が持つ機能、および貨幣を所有するための動機など…、貨幣についての基礎知識から解説することにしよう。

　貨幣とは、価値が安定していて、かつ自由にモノと交換することができるものなんだね。ケインズは、この貨幣の利便性について、完全な"流動性"(liquidity) があると表現した。この便利な貨幣をもつ動機を考える際に、貨幣と交換可能な"債券"(bond) を考えることにする。債券とは、国や地方公共団体や企業などが、市場を通じて利子を支払うことにより、大量の資金を調達する際に発行する有価証券のことなんだ。そして、この債券市場は、貨幣市場とコインの裏・表の関係で存在しているんだね。

　このように、利子率 i に応じて、貨幣と債券との取引きが行われることを考えることにより、ケインズは、貨幣の"投機的な需要"が存在することを明らかにした。これが、貨幣市場における貨幣需要の重要な要素となるので詳しく解説するつもりだ。

　さらに、貨幣市場における貨幣の供給については、"中央銀行"(central

> 日本では、日銀がこれに相当する。

bank) が重要な役割を演じる。中央銀行は、インフレ率や完全雇用などに注意を払いながら、貨幣量が一定となるように調整する。したがって、この貨幣の供給量は、利子率 i とは無関係に決定される定数と考えていいんだね。

　以上のような貨幣市場における需給関係から、利子率 i が決定されるメカニズム、すなわち、ケインズが名付けた"流動性選好説"(liquidity preference theory) について詳しく教えよう。

● 貨幣の定義と機能を押さえよう！

"貨幣"（$money$）とは何か？を考えてみよう。すると，まず頭に浮かぶのは，サイフの中の 50 円玉や 100 円玉などの硬貨と，千円札や 1 万円札などの紙幣だろうね。これらは，"現金"（$cash$）と呼ばれ，確かに貨幣の 1 種なんだね。そして，この現金があるからこそ，みかん 20 個とりんご 10 個の物々交換などしないでも済むんだね。たとえば，みかん 1 個が 50 円，りんご 1 個が 100 円と価格が与えられていると，みかん 20 個とりんご 10 個は同じ 1000 円で買うことができる。

また，当分使う必要のない現金として，たとえば 100 万円を持っているとき，物価の変動を無視できるのであれば，この 100 万円は 100 万円としての価値を保ち続け，いつでも好きなときに使うことができる。また，この 100 万円は普通預金や当座預金などの"預金"（$deposit$）として銀行に預けておいてもいい。何故なら，キャッシュカードを使えば全国にある銀行の支店やコンビニの ATM で必要なときにいつでも，これを引き出して使うことが出来るからだ。つまり，預金も現金と同様に貨幣の 1 種と考えることができるんだね。

以上より，貨幣量を M とおくと，M は次式で定義できる。

$$M = C + D \quad \cdots\cdots (*m_0)$$
（ただし，C：現金，D：預金）

（$*m_0$）の C は消費ではなく，$Cash$（現金）の C のことだ。

しかし，実は，この（$*m_0$）の預金 D については，定期預金や外貨預金などを含めるか否か，また，ゆうちょ銀行の預金を含めるか否か，によって，貨幣 M の定義は複数存在するんだね。でも，ここでは現金と同様に自由に使えるものとして，定期預金などは含めず，ゆうちょ銀行については普通預金はこれも現金と同様なので含めるものとして，M を定義することにしよう。

資産には貨幣だけでなく，不動産や株式や債券など様々なものがある。しかし，様々なモノ（財やサービス）と自由にすぐに交換できるものは貨幣のみなんだね。このようにモノとの交換のしやすさの度合いを，ケインズはまるで液体のように"流動性"（$liquidity$）と呼んだ。したがって，様々な資産の中で，貨幣は最も流動性が高いと言えるので，この貨幣そのものを流動性と呼ぶこともあるので，覚えておこう。

それでは，貨幣がもつ3つの重要な機能をまとめて下に示そう。

貨幣の3つの機能

(ⅰ) 交換手段としての機能 ← 様々なモノを，貨幣を支払うことにより買える。（モノと貨幣を交換できる）

(ⅱ) 価値尺度としての機能 ← 貨幣を支払う量（価格）によりモノの価値の尺度が分かる。

(ⅲ) 価値貯蔵手段としての機能 ← 物価の変動が無視できれば，貨幣のもつ価値はほぼ一定に貯蔵される。

これら3つの機能の具体例については，簡単に前述しているので，問題はないと思う。そして，逆にこの3つの機能をもつものを貨幣と呼んでいいと思う。

● **債券についても，その基本を押さえよう！**

これから，貨幣（＝現金＋預金）の需要について考えていこう。その際，貨幣を貨幣のままで持つか？貨幣を別の資産に変えて保有するか？が重要な問題になるんだね。もし，貨幣のままで保有したい人の数が増えれば貨幣の需要が増すことになり，逆に貨幣を別の資産に変えた形で保有したい人の数が増えれば当然貨幣の需要は減少する。

この資産には，不動産や株式や債券など…，様々なものがあるが，ここでの分析の対象として，貨幣に代わって保有する資産としては，"**債券**"（*bond*）に絞って解説することにしよう。この債券とは，国や地方公共団体や企業などが，市場を通じて大量の資金を借り入れるために発行する借用書のことで，有価証券の1種なんだね。

そして，この債券は次の(ⅰ) **利付債**と(ⅱ) **割引債**の2種類に大別される。

(ⅰ) 利付債：たとえば，1万円のものは1万円の額面のまま発行され，所有者には毎年決まった時期に決まった利息が支払われる債券のこと。

(ⅱ) 割引債：発行時には，額面よりも低い金額で発行され，所有者には償還期日に額面価格が支払われる債券のこと

つまり、割引債とは、所有者に利息が支払われることはないが、その分額面より低い（安い）金額で発行されている債券のことなんだね。

これから解説する債券としては、利付債、すなわち所有者に毎年一定の期日に決まった利息が支払われる債券に絞って話を進めていくことにする。この利付債には、(ⅰ)発行者、(ⅱ)発行日、(ⅲ)償還日、(ⅳ)金額、(ⅴ)決まった利子率

　　　　　　国や地方公共団体など　　資金を調達した日　　資金の返済日　　額面　　確定利子率

が記載されている。この予め決まった利子率を、"確定利子率"（$fixed\ interest\ rate$）と呼び、これを i_f と表すことにしよう。これだけだと、満期の定められた銀行の定期預金と同じだと考える方もいらっしゃるかも知れない。しかし、債券は定期預金とは異なり、債券市場において、発行日から償還日までの間に自由に売買できるんだね。

とすると、ここで、この売買される債券の価格は額面のままなのか？否か？の問題が生じる。債券が発行されるとき、その債券の確定利子率 i_f は発行時の現実の利子率 i が反映されて決定されるはずだね。しかし、この

> これは、たとえば市中銀行の定期預金の金利と考えて頂いたらいい。ここでは、物価の変動は無視できるものとして、名目利子率 i を用いることにし、以後、これを"市場利子率"と呼ぶことにしよう。物価（インフレ率π）を考慮する場合は、i や i_f の代わりに、それぞれ $r = i - \pi$, $r_f = i_f - \pi$ として、実質の利子率で議論すればいい。

後、債券の確定利子率 i_f は、償還日まで一定だけれど、市場利子率 i は日々変動することになる。これが、実際に債券が売買される価格に影響を及ぼすことになるんだね。

具体例で解説しよう。今、あなたが $i_f = 0.05$（5%）の額面 100 万円の債券の所有者であるとしよう。このとき市場利子率 i が、(ⅰ)$i = 0.05$（= 5%）のとき、(ⅱ)$i = 0.04$（= 4%）のとき、(ⅲ)$i = 0.06$（= 6%）のときについて、それぞれどうなるか？解説しよう。

(ⅰ)$i = 0.05$（= 5%）のままで、変化しないとき、

　市場利子率 i と債券の確定利子率 i_f は等しいので、

　債券の価値は額面通り 100 万円で、1 年後に 5 万円の利子も受けとって、

100万円 + 5万円 = 105万円の資金を手にすることができる。
   （債券の価値）（債券の利子）

(ⅱ) $i = 0.04$（= 4%）に変化したとき，すなわち，

債券の確定利子率 $i_f = 0.05$（= 5%）よりも，市場利子率 i が 0.01（= 1%）下がった場合なんだね。このとき，1年後の債券による 5万円の利子は確定されている。しかし，市場金利 i は 0.04（= 4%）なので，この 5万円を利子を生み出す元金は，債券の額面の 100万円ではなく，

$$100 万円 \times \frac{0.05}{0.04} = 125 万円になる。$$

（実際に，この 125万円に，市場利子率 $i = 0.04$ をかけると，125万円 × 0.04万円 = 5万円となるからね。）

つまり，この場合の債券の価値は額面の 100万円より高い，この 125万円になるんだね。よって，これと利子の 5万円を併せて，あなたは，1年後に 125万円 + 5万円 = 130万円分もの資金を手に入れることができる。
          （債券の価値）（債券の利子）

(ⅲ) $i = 0.06$（= 6%）に変化したとき，すなわち，今回は逆に，

債券の確定利子率 $i_f = 0.05$（= 5%）よりも，市場利子率 i が 0.01（= 1%）上がった場合なんだね。このとき，1年後の債券による 5万円の利子は決まっている。しかし，市場金利 i は 0.06（= 6%）なので，この 5万円の利子を生み出す元金は，債券の額面の 100万円ではなく，

$$100 万円 \times \frac{0.05}{0.06} \fallingdotseq 83.3 万円になる。$$

（実際に，この 83.3万円に，市場利子率 $i = 0.06$ をかけると，83.3万円 × 0.06 ≒ 5万円となるからね。）

つまり，この場合の債券の価値は額面の 100万円より低い，この 83.3万円になるんだね。よって，これと利子の 5万円を併せても，あなたは，1年後に 83.3万円 + 5万円 = 88.8万円分の資金しか手に入れることができない。
       （債券の価値）（債券の利子）

このように，債券の確定利子率 i_f により得られる利子の 5万円よりも，市

●貨幣市場

場利子率 i の変動による債券の価値の変動の方がはるかに大きいことが分

> これが，債券市場における債券の理論的な売買価格と考えることにしよう。

かったと思う。

ここで，市場利子率 i と債券の価格との関係をまとめて示しておこう。

$\begin{cases}(\text{i})\text{ 市場利子率 } i \text{ が下がると，債券価格は増加する。}\\ (\text{ii})\text{ 市場利子率 } i \text{ が上がると，債券価格は減少する。}\end{cases}$

これまで，貯蓄 S について論ずるとき，これは，$Y = C + G + S$ のようにフロー

（所得）（消費）（政府支出）（貯蓄）

として扱ってきた。つまり「1年間に得られる所得 Y は，消費 C か，政府支出 G か，貯蓄 S にまわされる」のように，S はフローな量だったわけだね。しかし，ケインズが活躍した20世紀前半のイギリスや21世紀に入った日本のように，資本主義の歴史の長い国では，何世代にも渡って貯蓄されたストックとしての巨大な貯蓄（大きな金融資産など）が存在し，たくさんの投資家階級としての資産家が存在するんだね。

したがって，この資産家が貨幣のままで資産を保有するか，債券に投資するかは，市場利子率 i に大きく左右されることが分かった。たとえば，1億円の資金をもつ資産家が前述の確定利子率 $i_f = 0.05$（$=5\%$）の債券に投資した場合，その後の市場利子率 i が

$\begin{cases}(\text{i}) i = 0.04\text{（}= 4\%\text{）に下がれば，債券価格は1億2千5百万円にも}\\ \quad\text{増加するので，債券で持っておいた方が得になるが，他方，}\\ (\text{ii}) i = 0.06\text{（}= 6\%\text{）に上がれば，債券価格は，約8千3百3十万円に}\\ \quad\text{減少してしまうので，債券に投資せず貨幣のままで持っておいた方がいい}\\ \quad\text{ことになる。}\end{cases}$

このように，債券はリスク（危険）も大きいが，リターン（見返り）も大きい，ハイリスク・ハイリターンの金融商品であることが，ご理解頂けたと思う。

それでは，債券価格を大きく左右する利子率 i の正体とは，果たしてどのようなものであるのか？これについても，新古典派とケインズとの考え方の違いが際立って面白いので，併記しておこう。

新古典派は，「消費すれば，購入した財（または，サービス）により効用が生まれ満足が得られるはずだが，それを我慢・節欲して貯蓄するのであるから，そ

の節欲に対する代償として利子が得られなければならない。」，つまり「利子は節欲の代償である。」と考えたんだね。これに対して，ケインズは，「節欲しても，その節欲した分のお金をタンスにしまっておいては利子など付くはずもない。つまり，利子は節欲の代償ではない。」と考えた。それでは，利子とは，何か？そこで，ケインズは流動性に言及する。流動性とは，モノとの交換のしやすさの度合のことで，安定した価値を保持する貨幣がもつ最大の長所でもあるんだね。そして，ケインズは，「貨幣を定期預金に預けたり，債券を購入したりして，その流動性を手離す代償として，利子を得ることになる。」と考えたんだね。つまり，貨幣の形で持っていれば，流動性をいう利便性があるのに，これを放棄して債券などに投資するには，その代償としての利子が支払われる必要がある，と主張した。逆に言えば，このように，何らかの代償がなければ，人は流動性（貨幣）を好むことになる。これを，ケインズの"**流動性選好**"(*liquidity preference*)と呼ぶので，覚えておこう。

● 3つの貨幣の需要動機から貨幣の需要曲線を導こう！

それでは準備も整ったので，ケインズが唱えた，貨幣の3つの需要動機，すなわち

(ⅰ)取引動機，(ⅱ)予備的動機，そして，(ⅲ)投機的動機について解説しよう。

(ⅰ)"**取引動機**"(*transactions motive*)について，

　　財（または，サービス）を購入（取引き）する際の支払いに貨幣を利用するので，取引きのために貨幣を持とうとする（需要）動機のことを，**取引動機**という。

(ⅱ)"**予備的動機**"(*precautionary motive*)について，

　　たとえば，1万円の財（または，サービス）を購入しようとする場合でも，何か予備的な費用が必要となるかも知れないので多少多めに1万5千円位持って行くのは，日常よくあることだね。この余分な5千円のように予備的費用のために貨幣を持とうとする（需要する）動機のことを，**予備的動機**というんだね。

以上，この(ⅰ)取引動機と(ⅱ)予備的動機とを併せた実質的な貨幣需要のことを"**貨幣の取引需要**"(*transactions demand for money*)と呼び，

これを L_1 で表すことにしよう。

> この貨幣の取引需要量 L_1 は，物価指標 P（P139参照）も考慮に入れた実質的な貨幣量としよう。

すると，この貨幣の取引需要量 L_1 は，図1に示すように所得 Y に比例して

> これは，GDI（国内総所得）のこと

増加すると考えていいだろう。所得 Y が増えれば，国内経済の取引が活発化して，貨幣の取引需要量 L_1 もそれに伴って増えるはずだからね。

図1 貨幣の取引需要量 L_1 と所得 Y の関係

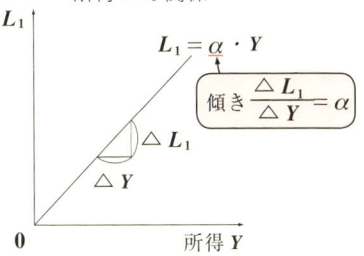

$L_1 = \alpha \cdot Y$

傾き $\dfrac{\triangle L_1}{\triangle Y} = \alpha$

∴ $L_1 = \alpha Y$ ……($*n_0$)　（α：正の比例定数（直線の傾き））

(ⅲ)では次，"**投機的動機**"（*speculative motive*）について，

貨幣で持つための投機的動機とは，これは，金融資産を，貨幣でもつか？債券でもつか？の問題に帰着するんだね。

前述したように，確定利子率 i_f の付いた確定利付債券は，債券市場で売買でき，その債券価格については，

$\begin{cases}(ⅰ)将来，市場利子率 i が下がれば，債券価格は上昇し，\\ (ⅱ)将来，市場利子率 i が上がれば，債券価格は下降するんだった。\end{cases}$

将来の市場利子率 i が下がるのか，上がるのか，市場で債券を取引する人達の意見は，本来まちまちのはずだね。反対の意見を持っている人がいるからこそ，債券の売買が成立するわけだからね。では，どのような状況のときに，

$\begin{cases}(ⅰ)より多くの人が，将来の市場利子率 i が下がると考えるのだろうか？また，\\ (ⅱ)より多くの人が，将来の市場利子率 i が上がると考えるのだろうか？\end{cases}$

このことについて考えてみよう。市場利子率 i は，上昇と下降を繰り返し，一方的に永遠に上昇（または下降）し続けたりすることはないと考えていいだろう。つまり，上がった利子率はいずれは下がるし，下がった利子率はいずれは上昇に転ずるはずだね。これから言えることは，(ⅰ)市場利子率 i が高いとき程，貨幣の需要は小さく，(ⅱ)市場利子率 i が低いとき程，貨幣の需要は大きいということになる。何故なら，

$\begin{cases}\text{(i)}\text{市場利子率}i\text{が高いとき，より多くの人が将来の}i\text{は減少すると考える}\\\quad\text{ため，確定利付債券の価格は大きく上昇すると予想するはずだ。したが}\\\quad\text{って，貨幣で保有するより，これで債券を買って保有する人の割合が高}\\\quad\text{くなるはずだ。よって，貨幣の需要は小さくなるはずだね。逆に，}\\\text{(ii)}\text{市場利子率}i\text{が低いとき，より多くの人が将来の}i\text{は増加すると考える}\\\quad\text{ため，確定利付債券の価格は大きく減少すると予想するはずだ。}\\\quad\text{したがって，債券を売って貨幣で保有する人の割合が高くなるはずだ。}\\\quad\text{よって，貨幣の需要は大きくなることになるはずなんだね。}\end{cases}$

どう？すべてがスッキリまとまったって感じでしょう。このように，債券との関係から，市場利子率iの高・低により貨幣を持とうとする（需要する）動機のことを，ケインズは，**投機的動機**と呼んだ。そして，この投機的動機に基づく貨幣需要のことを "**貨幣の投機的需要**" (*speculative demand for money*) と呼び，これをL_2で表すことにしよう。すると，

> このL_2も，物価指標Pを考慮に入れた実質的な貨幣量とする。

$\begin{cases}\text{(i)}\text{市場利子率}i\text{が高いとき}\\\quad\text{貨幣の投機的需要量}L_2\\\quad\text{は減少し，}\\\text{(ii)}\text{市場利子率}i\text{が低いとき，}\\\quad\text{貨幣の投機的需要量}L_2\\\quad\text{は増加する}\end{cases}$

図2　市場利子率iと
　　　貨幣の投機的需要量L_2との関係

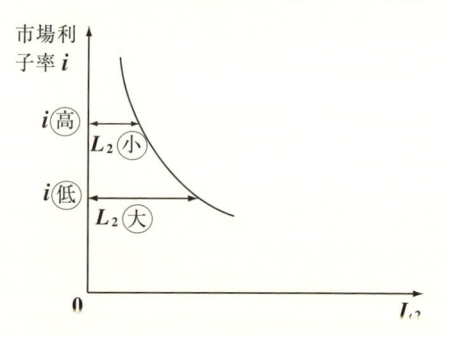

ことになるので，図に示すようにL_2はiの減少関数になるんだね。

しかし，さらにケインズは市場利子率iがある程度まで低下すると，ほとんどすべての投資家が「もうこれ以上，利子率iが下がることはなく，上昇する以外ない。したがって，将来的に債券価格は減少するはずだ。」と考えるようになる，と主張した。つまり，市場利子率iには，それより下がることのないある下限値が存在し，その点では貨幣の投機的需要量L_2は無限大のように極端に大

きくなる，と考えたんだね。これをケインズは "**流動性の罠**" (*liquidity trap*) と呼んだ。この流動性の罠も含めた，i と L_2 との関係のグラフを図3 に示す。このように，i の下限になると，実質的な貨幣の投資的需要曲線が横軸の L_2 軸と平行になって，これ以上，i が減少することはないことを示しているんだね。

図3　i と L_2 との関係

以上で，貨幣に対する
(i)(ii) 取引需要量：L_1
　（取引動機と予備的動機）
(iii) 投機的需要量：L_2
を解説したので，これらの需要量を足し合わせた実質的な全貨幣の需要量を L とおくと

$$L = \underbrace{L_1}_{(\text{i})(\text{ii})} + \underbrace{L_2}_{(\text{iii})} \cdots (*_{0})$$

図1　L_1 と Y の関係 (P135)

$L_1 = \alpha Y$

(Y が Y_e に決まれば，これから L_1 も決まる。)

となる。よって，この貨幣需要量 L と i との関係を図示すると，図4 のようになるんだね。これは，図3 に示した投機的需要量 L_2 の曲線を右に L_1 だけシフトさせた形のグラフになることが，お分かり頂けると思う。このすべての貨幣需要量 L の

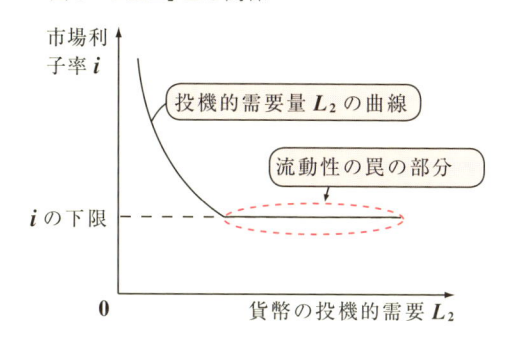

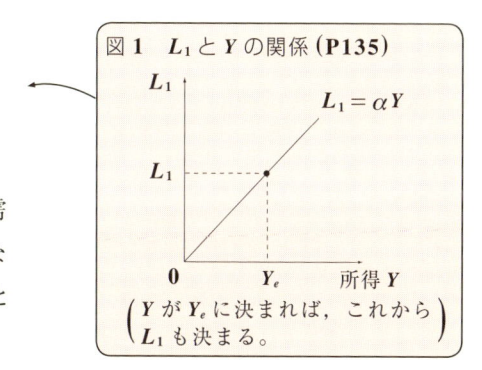

図4　i と貨幣需要量 L との関係

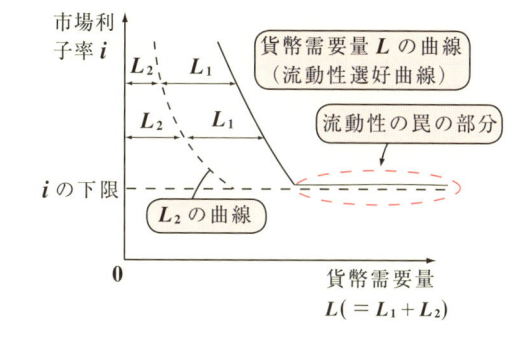

曲線のことを，"**流動性選好曲線**" と呼ぶこともあるので，覚えておこう。

　以上で，貨幣の需要曲線についての解説が終わったので，次は貨幣の供給について解説し，利子率の決定メカニズムを調べてみよう。

● **流動性選好説をマスターしよう！**

国全体に流通する貨幣の量は M で表し，それは，現金 C と預金 D の合計として，

$M = C + D \cdots (*\mathrm{m}_0)$

と表せるんだね。(**P129**)

$$\cdot \frac{GDP デフレーター}{100} = \frac{名目 GDP}{実質 GDP} \cdots(*\mathrm{u})'$$

$$\cdot M = C + D \cdots\cdots\cdots\cdots\cdots(*\mathrm{m}_0)$$

（C：現金，D：預金）

したがって，名目の貨幣の供給量は，この M で表すことにしよう。そして，この名目の貨幣の供給量をコントロールしているのが，"**中央銀行**" (central bank) なんだね。

日本では，"**日本銀行**"（略称：日銀）がこれに当たる

この中央銀行は，一般の市中銀行と異なり，(i) 発券銀行，(ii) 銀行の銀行，(iii) 政府の銀行という，**3** つの特殊な機能をもつ銀行のことなんだね。それぞれの機能を具体的に示すと，次の通りだ。

(i) 発券銀行：銀行券（現金の紙幣）を発行する。
(ii) 銀行の銀行：市中銀行に対して，預金や貸出し取引きを行ったり，また債券等の売買を行う。
(iii) 政府の銀行：政府の当座預金口座をもち，政府の収入と支出の事務を行う。

つまり，中央銀行とは，紙幣を発行し，我々個人が市中銀行と取引してい

たとえば，三菱 **UFJ** やりそな銀行など

る内容を，一般の市中銀行や政府に対して行っている銀行のことで，**1** つの国にただ **1** つしか存在しない特別な銀行のことなんだね。

そして，詳しくは次の "**貨幣市場**(**Ⅱ**)" の章で解説するけれど，この中央銀行が貨幣の名目の供給量 M を管理・調整しているので，これは定数と考えていいんだね。しかし，前述した貨幣の需要量 $L(= L_1 + L_2)$ は，実質ベースで考えているので，この名目の貨幣の供給量 M も実質ベースに書き変える必要があるんだね。

したがって，物価指標の **1** つとして，GDP デフレーターを利用することにしよう。ここでは，GDP デフレーターを **100** で割ったものを P とおく。すると，P は次式 ($*\mathrm{u}$)′ で表されるのはいいね。

●貨幣市場

$$P = \frac{GDP デフレーター}{100} = \frac{名目 GDP}{実質 GDP} \quad \cdots\cdots (*u)'$$

これは、たとえば、物価（GDP デフレーター）が 112% のとき、1.12 と表す指標だ。

よって名目の貨幣供給量 M を、この P で割った $\frac{M}{P}$ を実質の貨幣供給量とみなすことができるんだね。ここで、話を単純化するために、P も定数と考えることにしよう。すると、以上より、次式が成り立つ。

実質の貨幣供給量 $\frac{M}{P} = （定数）\quad \cdots\cdots (*p_0)$

つまり、この $\frac{M}{P}$ は市場利子率 i とも無関係な定数なので、横軸に $\frac{M}{P}$ 軸、縦軸に i 軸をとってグラフで表すと、図5に示すような、縦軸に平行な半直線の形で表されることになるんだね。

それでは、この貨幣の供給直線のグラフ（図5）と貨幣の需要曲線のグラフ（図4, P137）とを重ね合わせたものを、図6に示す。この図6に示すように、貨幣の需要曲線 L と供給直線 $\frac{M}{P}$ の交点から、市場利子率 i_e が定まる。この i_e は、次のように貨幣の需要 L と供給 $\frac{M}{P}$ が一致する、

図5　i と貨幣供給量 $\frac{M}{P}$ の関係

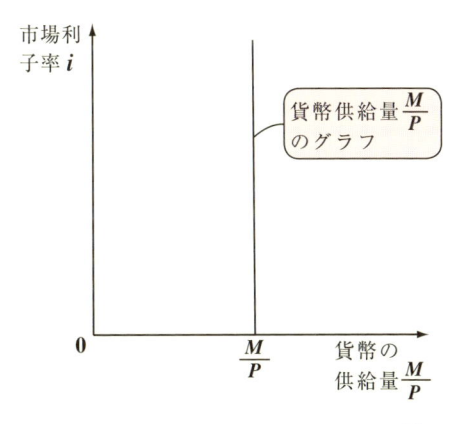

図6　貨幣の需要曲線 L と供給直線 $\frac{M}{P}$

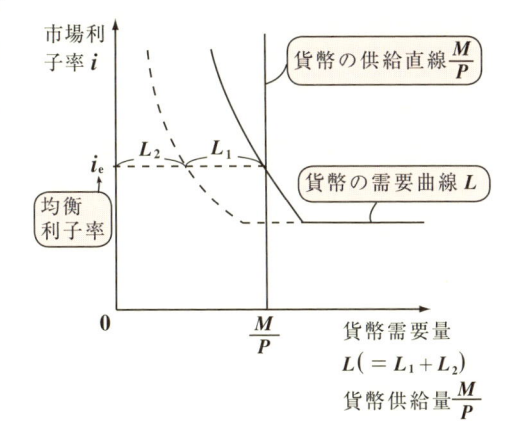

すなわち

$$L = \frac{M}{P} \quad \cdots\cdots ①$$
$L_1 + L_2$

から

導かれる市場利子率のことなので、これを "**均衡利子率**" i_e と呼ぶことにする。

ここで、図7に示すように、

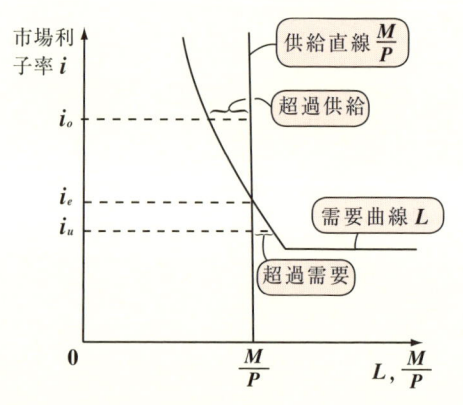

(ⅰ) 市場利子率が i_e より高い i_o になったとすると、貨幣の超過供給となって、資金がだぶつくので、利子率は下がって i_e になる。

(ⅱ) 逆に市場利子率が i_e より低い i_u になったとすると貨幣の超過需要が生じ、資金不足になるので、利子率が上昇して、やはり、均衡利子率 i_e に落ち着くことになるんだね。

図7　貨幣の需要曲線 L と供給直線 $\frac{M}{P}$

以上のように、貨幣の需要曲線 L と供給直線 $\frac{M}{P}$ との交点で、均衡利子率 i_e が決定される理論を、ケインズの "**流動性選好説**" と呼ぶので覚えておこう。

● ヘリコプターから貨幣をまき散らせば…！？

「中央銀行は、貨幣を発行する権限をもっているので、大量の紙幣を刷って、これをヘリコプターから全国にまき散らせばどうなるか？」というテーマはよくいろんな経済学の本でご覧になっていると思う。

お金を余分にいくらまき散らしても、その国の財やサービスを生産する能力はすぐに増大するわけでもないので、限られた財やサービスの量に対して、貨幣量が余計に増えるだけなので、この答えは、「間違いなく、イン

フレが発生する。」ということになるんだね。

このことを，数学的にも確認しておこう。まず，①の貨幣の需要量 L は
$L = L_1 + L_2 \cdots (*_{o_0})$　（L_1：取引需要，L_2：投機的需要）

- L_1：所得 Y に比例する
- L_2：i が比較的大きいと無視できる。

と表すことができた。

ここで，右図に示すように貨幣の取引需要量 L_1 は所得 Y に比例して，

$L_1 = \alpha Y \cdots\cdots (*_{n_0})$
　　（α：正の比例定数）

と表された。

また，貨幣の投機的需要量 L_2 は，i_e が比較的高いとき，L_1 に対して小さくなるので，これを無視してもいいだろうね。

以上より，$(*_{n_0})$ を $(*_{o_0})$ に代入し，i_e は比較的高いとして L_2 を無視すると，

$L = \alpha Y \cdots\cdots$ ② となる。

②を①に代入すると，

$\alpha Y = \dfrac{M}{P}$

よって，$M = \alpha P Y \cdots\cdots (*_{q_0})$ が導ける。

図1　L_1 と Y の関係（P135）

図4　貨幣の需要曲線 L（P137）
　　　$(L = L_1 + L_2)$

需要曲線 L
$(L = L_1 + L_2)$

$\begin{pmatrix} M：名目の貨幣量 & \alpha：正の比例定数 \\ P：物価指標 \left(\dfrac{GDP デフレーター}{100}\right) & Y：実質の GDP \end{pmatrix}$

Y は，実質の国内総所得 GDI のことだけれど，三面等価の原則

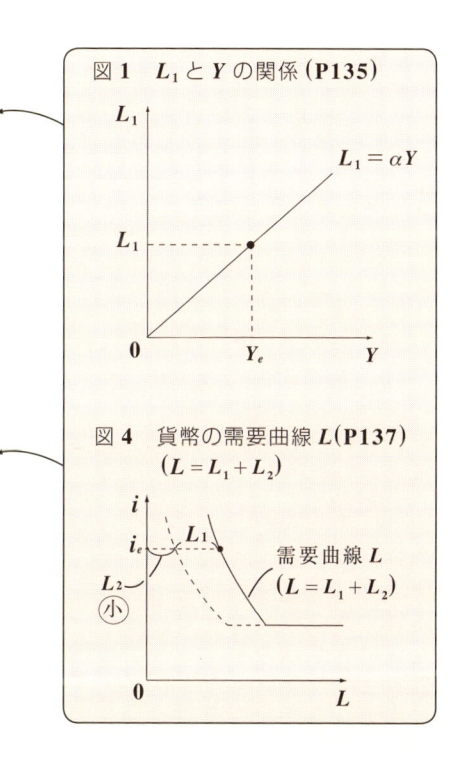

より，ここでは，Y を実質の国内総生産 GDP とおくことにしよう。

$$\boxed{\begin{aligned} M &= \alpha PY \quad \cdots\cdots(*q_0) \\ L &= \frac{M}{P} \quad \cdots\cdots① \\ L &= L_1 + L_2 \cdots\cdots(*o_0) \end{aligned}}$$

そして，実質の GDP は一定のままで，名目貨幣量のみを M_1 から M_2 に増加させたとき，どうなるか調べてみよう。

> つまり「$M_2 - M_1$ の貨幣をヘリコプターから全国にまき散らしたとき」ってことだね。

ここでは，α と Y を定数と考えるので，まず

(ⅰ) $M = M_1$ のとき，$P = P_1$ であったとすると，

これらを $(*q_0)$ に代入して，

$M_1 = \alpha P_1 Y \cdots\cdots③$ となる。

(ⅱ) 次に $M = M_2 (>M_1)$ のとき，$P = P_2$ であったとすると，

同様にこれらを $(*q_0)$ に代入して，

$M_2 = \alpha P_2 Y \cdots\cdots③'$ となるんだね。

ここで，③$'$ − ③ を求めると，

$M_2 - M_1 = \alpha Y(P_2 - P_1) \quad \cdots\cdots④$ となる。

④の両辺を $M_1(=\alpha P_1 Y)$ で割ると，

$$\frac{M_2 - M_1}{M_1} = \frac{\cancel{\alpha Y}(P_2 - P_1)}{\cancel{\alpha Y} \cdot P_1}$$

$$\therefore \underbrace{\frac{M_2 - M_1}{M_1}}_{\text{貨幣量の増加率}} = \underbrace{\frac{P_2 - P_1}{P_1}}_{\text{インフレ率}\pi} \quad \cdots\cdots⑤ \quad が導ける。$$

⑤の左辺は，当然貨幣量の増加率を表しているのは大丈夫だね。これに対して⑤の右辺は，P_1 と P_2 をそれぞれ 1 年次と 2 年次の物価指標 $\left(= \dfrac{GDP デフレーター}{100}\right)$ と考えると，これは P76 で解説したインフレ率 π そのものなんだね。したがって，i_e が比較的高い値のときという前提条件はつくんだけれど，このように実質の GDP は一定で成長していないにも関わらず，貨幣量 M のみを増加させると，必ずインフレが発生することが，数式の上からも確認できたんだね。

そして，これとは逆に $M_1 > M_2$ として，M_1 から M_2 に貨幣量を減少させた場合

> これは，お話としては「全国に貨幣のみを吸い込む掃除機を配置した」と考えたらいいかもしれない。

物価指標 P も P_1 から P_2 に減少するので，⑤式は，貨幣の減少率が負のインフレ率と等しいこと，すなわち，貨幣量の減少がデフレを発生させることも示しているんだね。納得いった？

中央銀行による貨幣量 M の具体的なコントロール法の解説は意外とこみ入っているので，次節の"貨幣市場(Ⅱ)"で丁寧に行うことにしよう。しかし，以上より，中央銀行が実質の GDP を無視して，むやみに，

- 貨幣量 M を増加させると，インフレが生じ
- 貨幣量 M を減少させると，デフレが生じる ことになるんだね。

このように，中央銀行は貨幣の供給量の調整を通して，物価をコントロールするという重要な役割を担っていることをご理解頂けたと思う。

● IS-LM 図表による分析の準備も整った！

生産物市場(Ⅱ)の講義の最後に，(Ⅰ)S と I のグラフと，(Ⅱ)S と Y のグラフ，それに(Ⅲ)i と I のグラフから，"IS-LM 図表による分析"に必要な"i と Y のグラフ"，すなわち，IS 曲線が求められることをお話した。(P122)

これと同様に，貨幣市場(Ⅰ)のこれまでの講義で，今度は"IS-LM 図表による分析"に必要な LM 曲線を導く準備も実は整っていることを，これから解説しよう。

貨幣量の需・給が一致するときの方程式：

$L = \dfrac{M}{P}$ （定数）……①

に，$L = L_1 + L_2$ ……($*_{o_0}$) を代入すると，

$L_1 + L_2 = \dfrac{M}{P}$ （定数） ……($*_{r_0}$) が導ける。

L_1 は貨幣の取引需要量で，$L_1 = \alpha Y$ …($*_{n_0}$) かつ $L_1 \geqq 0$ をみたし，また，L_2 は貨幣の投機的需要量で，$L_2 \geqq 0$ をみたす。そして，$\dfrac{M}{P}$ は

定数なので，横軸に L_2 軸，縦軸に L_1 軸をとって，($*r_0$) のグラフを描くと，図8に示すように，2点 $\left(\dfrac{M}{P}, 0\right)$ と $\left(0, \dfrac{M}{P}\right)$ を端点に持つ線分となるんだね。

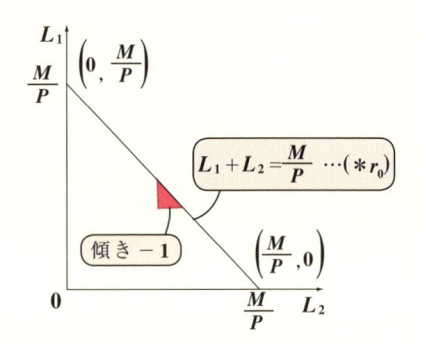

以上より，4つの変数 L_1, L_2, Y, i の関係を表すグラフ（または式）をまとめると次のようになる。

(Ⅰ) L_1 と L_2 の関係式とグラフは

$L_1 + L_2 = \dfrac{M}{P}$ ……($*r_0$)

と図8のグラフ，

(Ⅱ) L_1 と Y の関係式とグラフは，

$L_1 = \alpha Y$ ……($*n_0$)

と右のグラフのように半直線になるんだったね。

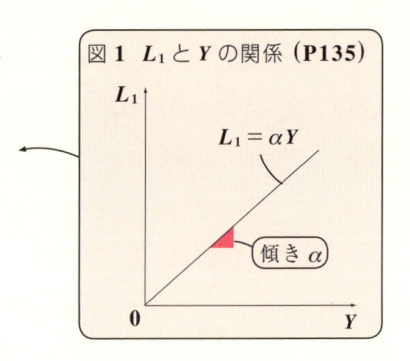

(Ⅲ) i と L_2 の関係については，方程式は明示していないけれど，そのグラフは流動性の罠の部分も含めて，右図のようになる。これも大丈夫だね。

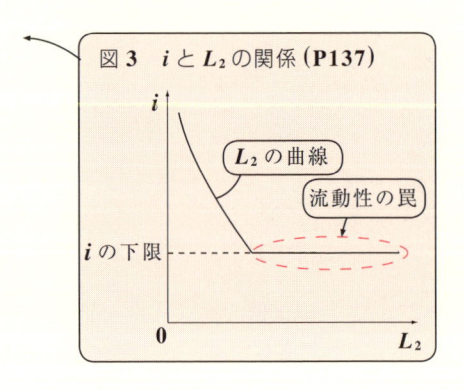

以上3つのグラフ，すなわち
$\begin{cases}(Ⅰ) L_1 と L_2 のグラフ \\ (Ⅱ) L_1 と Y のグラフ \\ (Ⅲ) i と L_2 のグラフ\end{cases}$ が分かっているんだね。

$L_1 + L_2 = \dfrac{M}{P}$ （定数）……($*r_0$)
$L_1 = \alpha Y$ ……………………($*n_0$)

図8　L_1 と L_2 の関係

図1　L_1 と Y の関係 (P135)

図3　i と L_2 の関係 (P137)

● 貨幣市場

これから，何が導けるか？ **P123** で考えたことと同様のことを行えばいいんだね。

まず（Ⅰ）L_1 と L_2 のグラフと（Ⅱ）L_1 と Y のグラフから L_1 を消去して，"L_2 と Y のグラフ（関係）" が導ける。また，この "L_2 と Y のグラフ（関係）" と（Ⅲ）i と L_2 のグラフから L_2 を消去して "i と Y のグラフ（関係）" が導けるはずなんだね。

そして，この "利子率 i と所得 Y の関係のグラフ" こそ，"**IS-LM 図表による分析**" で利用される "**LM 曲線**" に他ならないんだね。この LM 曲線の具体的な求め方の詳細については，**P176** 以降で分かりやすく教えるつもりだ。

しかし，いずれにせよ，**P122** で紹介した IS 曲線と，ここで，導き方の概略を説明した LM 曲線を使えば，生産物市場と貨幣市場の 2 つを合体させた，より緻密な分析が可能となるんだね。

ちなみに，この LM 曲線の L は貨幣の需要量を，また M は貨幣の供給量を表しており，方程式：

$L_1 + L_2 = \dfrac{M}{P}$ （定数）…($*r_0$) から導かれる曲線を意味しているんだね。

以上で，**IS-LM 図表**による分析で必要な IS 曲線と LM 曲線を求めるための準備が整ったわけだけれど，この **IS-LM 図表**による分析を解説する前に，まだ貨幣市場について学ぶべきテーマがたく山残っている。したがって，次節の "**貨幣市場（Ⅱ）**" で分かりやすく教えようと思う。

実践問題 15 　●貨幣需要 L●

次の空欄を適当な語句で埋めなさい。

(ア)　は，貨幣を需要する動機として，(イ)　動機，(ウ)　動機，(エ)　動機の3つを考えた。

(ⅰ) そして，(イ)　動機と(ウ)　動機に基づく貨幣需要を(オ)　需要と呼び，これを L_1 で表すと，L_1 は (カ)　の増加関数と考えられる。

(ⅱ) これに対して，(エ)　動機に基づく貨幣需要を(キ)　需要と呼び，これを L_2 で表すと，L_2 は (ク)　の減少関数と考えられる。しかし，(ク)　には，それより下がることのない下限が存在する。これを，(ア)　は (ケ)　と呼んだ。

以上 (ⅰ)，(ⅱ) より，全貨幣需要量を L とおくと，

$L = $ (コ)　で表される。

ヒント! ケインズによると，全貨幣需要 L は，3つの動機に基づく2つの貨幣需要 L_1 と L_2 の和で表されるんだね。

解答 & 解説

ケインズは，貨幣を保有しようとする3つの動機として，取引動機と予備的動機，そして投機的動機を考えた。

(ⅰ) 取引動機と予備的動機に基づく貨幣需要を取引需要と呼び，これを L_1 で表すと，L_1 は（国内総）所得 GDP の増加関数と考えられる。

(ⅱ) これに対して，投機的動機に基づく貨幣需要を投機的需要と呼び，これを L_2 で表すと，L_2 は市場利子率 i の減少関数と考えられる。しかし，市場利子率 i には，それより下がることのない下限が存在する。これを，ケインズは，流動性の罠と呼んだ。

以上 (ⅰ)，(ⅱ) より，全貨幣需要量 L は，$L = L_1 + L_2$ で表される。

解答　(ア) ケインズ　(イ) 取引　(ウ) 予備的　(エ) 投機的　(オ) 取引
(カ) 所得 GDP　(キ) 投機的　(ク) 市場利子率　(ケ) 流動性の罠　(コ) $L_1 + L_2$

貨幣市場

実践問題 16 ●流動性選好説●

次の空欄を適当な語句で埋めなさい。

右図に貨幣市場における貨幣の (ア) 曲線 L と (イ) 直線 $\frac{M}{P}$ を示す。そして，この2つのグラフの交点から (ウ) 利子率 i_e が決まる。このように，$L = \frac{M}{P}$ から (ウ) 利子率 i_e が決定される理論をケインズの (エ) という。

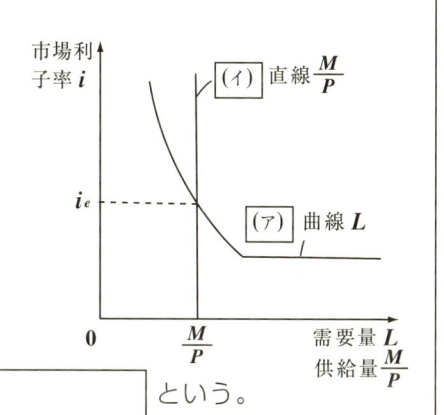

ヒント！ 貨幣の需要曲線 L と供給直線 $\frac{M}{P}$ から均衡利子率 i_e が決定される理論をケインズの流動性選好説というんだね。

解答＆解説

貨幣市場において，

取引動機，予備的動機，投機的動機に基づく

貨幣の需要曲線 $L = L_1 + L_2$ 　　(L_1：取引需要，L_2：投機的需要) と，

中央銀行によってコントロールされる

貨幣の供給直線 $\frac{M}{P}$ 　$\left(M：名目の供給量，P = \dfrac{GDP デフレーター}{100}\right)$ との

交点により，均衡利子率 i_e が決定される。

このように，$L = \dfrac{M}{P}$ 　$\left(\text{または，} L_1 + L_2 = \dfrac{M}{P}\right)$ から
均衡利子率 i_e が決定される理論を，ケインズの流動性選好説という。

解答 (ア) 需要　　(イ) 供給　　(ウ) 均衡　　(エ) 流動性選好説

§2. 貨幣市場 (Ⅱ)

前回の講義では，貨幣市場の基本として，ケインズの流動性選好説を中心に解説した。その際に，名目の貨幣供給量 M は中央銀行によってコントロールされることもお話した。しかし，実は，中央銀行は，この貨幣供給量 M を直接的ではなく，間接的にしか調節できないんだね。

これからは，この M のことを "マネー・サプライ" (money supply) とも呼ぶ。

中央銀行が市場に直接供給する貨幣は "ハイパワード・マネー" H(high-powered money) と呼ばれるもので，この H はマネー・サプライ M とは異なる。中央銀行は，この "ハイパワード・マネー" H と "法定準備率" $\frac{R}{D}$(required reserve ratio) を通して，ハイパワード・マネー H より何倍も大きくなるマネー・サプライ M を間接的にコントロールすることになるんだね。この H にかかる乗数のことを "貨幣乗数" (money multiplier) という。ここでは，H に貨幣乗数がかかって M に変化するメカニズムを具体的に詳しく説明しよう。

次に，中央銀行がこのマネー・サプライを調節することにより行われる "金融政策" (monetary policy) についても教えよう。

貨幣の投機的需要 L_2 を無視するという前提条件は付いたけれど，マネー・サプライ M の量をコントロールすることにより，物価を調節できることは，前回の講義で既に解説した通りだね。ここでは，さらに，完全雇用達成のための金融政策についても教えよう。流動性選好説に基づくと，マネー・サプライ M を変化させることにより，市場利子率 i をコントロールできる。そして，利子率 i の変化により，投資 I を変化させることができるので，その結果国内総所得 Y をコントロールして，完全雇用所得にもち込むことも理論上可能なんだね。このメカニズムについても詳しく解説するつもりだ。

今回も，盛りだく山な内容だけれど，また分かりやすく教えよう！

●貨幣市場

●日銀(中央銀行)が行う金融操作を押さえよう！

中央銀行とは，(ⅰ)発券銀行，(ⅱ)銀行の銀行，および(ⅲ)政府の銀行としての3つの側面をもつことは既に解説した。そして日本においては日本銀行(略して，日銀)がこの中央銀行に当たるんだね。

ここで，この日銀が行う主な金融操作として，(Ⅰ)"**公開市場操作**"(*open market operations*) と (Ⅱ)"**法定準備率操作**"(*required reserve ratio operation*) があるので，これをまず解説しよう。

(Ⅰ)公開市場操作について：

日銀(中央銀行)が，市中銀行との間で国債などを売買することを公開市場操作というんだね。これは，次のように(ⅰ)"**買いオペ**" と (ⅱ)"**売りオペ**" の2つがある。

(ⅰ)買いオペ("**買いオペレーション**"(*buying operation*)の略)とは，日銀が市中銀行から国債などを購入することなんだね。これにより，市中銀行に支払われる代金が，"**ハイパワード・マネー**" H として貨幣市場に供給されることになる。

何故，"マネー"(貨幣)に"ハイパワード"(強力なパワーのある)という形容詞が付いているのか，お知りになりたいって？それは，日銀から市中銀行に供給されたこのおカネが廻り廻って，何倍もの大きさのマネー・サプライ M に変貌を遂げる，つまり強い力をもったおカネだからなんだね。ということは，投資や政府支出の増分 ($\triangle I$ や $\triangle G$) に乗数をかけて，所得の増分 $\triangle Y$ を導いた "**乗数効果**" と似た現象が，ハイパワード・マネー H とマネー・サプライ M の間にも存在するのではないかって？…，その通り！いい勘をされている！この信用が次々と創造されるメカニズムについては，これから詳しく解説していくけれど，このように，ハイパワード・マネー H は，マネー・サプライ M の基となるおカネなので，これを "**ベース・マネー**"(*base money*)や "**マネタリー・ベース**"(*monetary base*) と呼ぶこともあるので覚えておこう。

(ⅱ)売りオペ("**売りオペレーション**"(*selling operation*)の略)とは，逆に，日銀が市中銀行に国債などを売却することなんだね。した

がって，その代金として，日銀は市中銀行からハイパワード・マネー H を吸い上げることになるので，貨幣市場におけるマネー・サプライ M の減少を招くことになるんだね。

このように，公開市場操作には，(ⅰ)買いオペと(ⅱ)売りオペの 2 つの操作があり，

(ⅰ)買いオペにより，ハイパワード・マネー H が市場に供給され，

(ⅱ)売りオペにより，ハイパワード・マネー H が市場から吸収されることを頭に入れておこう。

(Ⅱ) 法定準備率操作について：

市中銀行は，預かった預金はすべて貸し出して運用したほうが効率がいいわけだけれど，預金者からの支払い要求に備えて，ある一定のおカネは貸し出さずに準備しておく必要があるんだね。

ここで，預金 (D) に対する，支払準備 (R) の比 $\dfrac{R}{D}$ を"**支払準備率**"

("*deposit*"(預金)の頭文字) ("*reserves*"(支払準備)の頭文字)

(*reserve ratio*) と呼ぶ。そして，この支払準備 $\dfrac{R}{D}$ は，法令で定められた"**法定準備率**"以上でないといけない。つまり，次の不等式が成り立つんだね。

　　　支払準備率 $\dfrac{R}{D} \geq$ (法定準備率)　……($*s_0$)

しかし，前述した通り，市中銀行にとって，支払準備率 $\dfrac{R}{D}$ は低ければ低い程，運用益が得られるわけだから，一般には，($*s_0$) の不等式ではなく，次の ($*s_0$)' の等式が成り立つと覚えておいていい。

　　　支払準備率 $\dfrac{R}{D} =$ (法定準備率)　……($*s_0$)'

では，この法定準備率，すなわち支払準備率を変化させることにより，何が変わるのか，についても示しておこう。

ハイパワード・マネー H に貨幣乗数をかけたものがマネー・サプ

(たとえば，H は，$H = 1000$ 億円でも，$H = 10$ 兆円でも何でも構わない。)

● 貨幣市場

ライ (貨幣供給量) M になるといったけれど，この貨幣乗数を m とおくと，次式が成り立つ。

$$M = m \cdot H \quad \cdots (*t_0) \quad \begin{pmatrix} M：マネー・サプライ (名目の貨幣供給量) \\ m：貨幣乗数 \quad H：ハイパワード・マネー \end{pmatrix}$$

ここで，預金を D，支払準備を R，そしてさらに，現金を C とおくと，その導き方は後で詳しく解説することにするけれど，この貨幣乗数 m は，次式で表されるんだね。

$$m = \frac{\dfrac{C}{D} + 1}{\dfrac{C}{D} + \dfrac{R}{D}} \quad \cdots (*u_0) \quad (D：預金，C：現金，R：\underline{準備})$$

"支払準備" は略して "準備" と呼んでもいい。

支払準備率
(ⅰ) これが大きいと，m は小さくなる。
(ⅱ) これが小さいと，m は大きくなる。

$(*u_0)$ の右辺について，現金と預金の比 $\dfrac{C}{D}$ が一定とするならば，支払準備率 $\dfrac{R}{D}$ は分母にあるので，

(ⅰ) 支払準備率 $\dfrac{R}{D}$ が大きいと，貨幣乗数 m は小さくなり，

(ⅱ) 支払準備率 $\dfrac{R}{D}$ が小さいと，貨幣乗数 m は大きくなる

ことが，お分かり頂けると思う。

つまり，ハイパワード・マネー H が同じであったとしても，支払準備率 $\dfrac{R}{D}$ (法定準備率) の大きさを変えることにより，市場におけるマネー・サプライ M の量を変化させることができるんだね。

これら以外に，日銀 (中央銀行) が行う金融政策として，現在ではあまり有効ではなくなったが，公定歩合操作についても紹介しておこう。

(Ⅲ) 公定歩合 (基準金利) 操作について：

"公定歩合" (*bank rate*) とは，日銀が市中銀行におカネを貸し出すときの基準となる金利(利子率)のことなんだね。そして，**1994**年までは，預金金利などの市中金利が，この公定歩合に連動していたので，この公定歩合は資金の調達コストに大きな影響力を持っていた。しかし，**1994**年以降，金利の自由化により，市中金利は貨幣市場における需給関係で決まる

$$M = m \cdot H \quad \cdots\cdots\cdots (*t_0)$$
$$m = \frac{\dfrac{C}{D}+1}{\dfrac{C}{D}+\dfrac{R}{D}} \quad \cdots (*u_0)$$

> つまり，**市場金利**は，ケインズの "**流動性選好説**" によって決まると考える。

ことになり，現在では公定歩合の影響は非常に弱まったと言える。しかし，公定歩合 (基準貸出金利) の変化は，将来的に金利を上げたいのか下げたいのか，日銀の金融政策の方向性を占う上で重要な要素であるので，"**アナウンス効果**" (*announcement effect*) としての役割は，まだ残っているんだね。

●貨幣乗数 *m* の公式を導いてみよう！

日銀 (中央銀行) の買いオペにより，市中銀行に供給されたハイパワード・マネー *H* は，銀行から企業への貸し出し，借りた企業による別の銀行への預け入れ，…などなどの操作を経て，貨幣乗数 *m* による乗数効果が現われ，マクロ経済学的には，貨幣市場にマネー・サプライ *M* の貨幣量が供給されることになる。つまり，公式 ($*t_0$) が成り立つんだね。

そしてさらに，貨幣乗数 *m* は，預金 (*D*)，現金 (*C*)，準備 (*R*) により，($*u_0$) で表される。この ($*u_0$) をまず，形式的に導いてみよう。

P129 で示したように，マネー・サプライ (貨幣供給量)*M* は，現金 *C* と預金 *D* の和で表される。すなわち

$M = C + D$ ……($*m_0$) が成り立つ。

次に，ハイパワード・マネー *H* は初めに現金の形で市中銀行に供給さ

れ，その内，支払準備 R として日銀(中央銀行)に保有されることになるので，$H-R$ が市中に存在する現金 C ということになる。すなわち，
$H-R=C$ より，
$H=C+R$ ……($*v_0$) が導ける。
よって，($*m_0$)÷($*v_0$)を実行すると，

$\dfrac{M}{H}=\dfrac{C+D}{C+R}$ 〔分子・分母を D で割って〕 $\dfrac{M}{H}=\dfrac{\dfrac{C}{D}+1}{\dfrac{C}{D}+\dfrac{R}{D}}$ ……① が導ける。

〔これを，貨幣乗数 m とおく〕

よって，①の右辺を，貨幣乗数 m とおくと，ハイパワード・マネー H とマネー・サプライ M と貨幣乗数 m の公式($*t_0$)と($*u_0$)が導けるんだね。これらは重要公式なので，もう1度下にまとめて示しておこう。

ハイパワード・マネー H とマネー・サプライ M

ハイパワード・マネー H とマネー・サプライ M の関係式は次のようになる。

$$M=m\cdot H \quad \cdots(*t_0) \qquad m=\dfrac{\dfrac{C}{D}+1}{\dfrac{C}{D}+\dfrac{R}{D}} \quad \cdots(*u_0)$$

$\left(\begin{array}{l}m：貨幣乗数，C：現金，D：預金，R：支払準備\\ \dfrac{C}{D}：現金・預金比率，\dfrac{R}{D}：支払準備率\end{array}\right)$

ここで，$\dfrac{C}{D}$ を新たに"**現金・預金比率**"と呼ぶことにしよう。すると，H と $\dfrac{R}{D}$ は，日銀中央銀行により直接的に決定できるのはいいね。しかし，この現金・預金比率 $\dfrac{C}{D}$ だけは，所有している貨幣を現金でもつか，預金で保有するかは，そのおカネを持っている企業などが決めることなので，日銀には調節できない。これが，日銀が直接的にはマネー・サプライ M をコントロールできない理由なんだね。

●マネー・サプライ M を計算してみよう！

ハイパワード・マネー H とマネー・サプライ M の公式（$*t_0$）と（$*u_0$）が導けたので，実際に貨幣乗数 m を，次の例題で求めてみることにしよう。

$$M = m \cdot H \quad \cdots\cdots (*t_0)$$

$$m = \frac{\dfrac{C}{D} + 1}{\dfrac{C}{D} + \dfrac{R}{D}} \quad \cdots (*u_0)$$

例題6 現金・預金比率 $\dfrac{C}{D} = \dfrac{1}{4}$，支払準備率 $\dfrac{R}{D} = \dfrac{1}{10}$ のとき，貨幣乗数 m を求めて，ハイパワード・マネー H の何倍がマネー・サプライ M になるのか，調べてみよう。

現金・預金比率 $\dfrac{C}{D} = \dfrac{1}{4}$，支払準備率 $\dfrac{R}{D} = \dfrac{1}{10}$ より，公式（$*u_0$）を用いると，貨幣乗数 m は次のように求まるんだね。

$$m = \frac{\dfrac{C}{D} + 1}{\dfrac{C}{D} + \dfrac{R}{D}} = \frac{\dfrac{1}{4} + 1}{\dfrac{1}{4} + \dfrac{1}{10}} = \frac{\dfrac{1+4}{4}}{\dfrac{5+2}{20}} = \frac{\dfrac{5}{4}}{\dfrac{7}{20}}$$

繁分数の計算
$$\frac{\dfrac{d}{c}}{\dfrac{b}{a}} = \frac{ad}{bc}$$

$$= \frac{5 \times 20}{4 \times 7} = \frac{25}{7} \fallingdotseq 3.57$$

これから，日銀（中央銀行）の買いオペにより，ハイパワード・マネー H が供給された場合，マネー・サプライ M は $M \fallingdotseq \underline{3.57} \cdot H$ となって，3.57倍に増加することが分かったんだね。（m）

これで，確かに H から M への計算もできるようになったんだけれど，果して，これがどのような具体的なメカニズムで，貨幣乗数 m 倍に拡大されるのか？ピンとこないって!?…当然な疑問だね。

これから詳しく解説しよう。このハイパワード・マネー H が，廻り廻って，マネー・サプライ M になるまでの具体的な流れには，日銀（中央銀行）だけでなく，複数の市中銀行と企業が関与することになる。したがって，日銀を CB，市中銀行を B_0，B_1，B_2，…，そして，企業を A_1，A_2，A_3，…

（"*central bank*" の頭文字をとった）

と表すことにして，例題6の条件：

現金・預金比率 $\dfrac{C}{D}=\dfrac{1}{4}$，支払準備率 $\dfrac{R}{D}=\dfrac{1}{10}$ を使って，マネーの流れを追跡していくことにしよう。

まず，日銀 CB から，市中銀行 B_0 にハイパワード・マネー H が供給され，B_0 は，全額 H を企業 A_1 に貸し出す。すると，

(ⅰ) A_1 は，$\dfrac{1}{5}H$ だけを現金で持ち，残り $\dfrac{4}{5}H$ を銀行 B_1 に預金する。

> $\dfrac{C}{D}=\dfrac{1}{4}$ より，$C:D=1:4$，すなわち，A_1 は取得した H の内の $\dfrac{1}{5}$ を現金でもち，$\dfrac{4}{5}$ を預金するんだね。

すると，B_1 は預かった $\dfrac{4}{5}H$ の内，支払準備として，$\dfrac{1}{10}\cdot\dfrac{4}{5}H$ を CB に預け，残りの $\dfrac{9}{10}\cdot\dfrac{4}{5}H$ を企業 A_2 に貸し出す。

> $\dfrac{R}{D}=\dfrac{1}{10}$ より，B_1 は預金されたものの $\dfrac{1}{10}$ を支払準備とし，$\dfrac{9}{10}$ を別の企業 A_2 に貸し出すんだね。

(ⅱ) 同様に，A_2 は，借りた $\dfrac{9}{10}\cdot\dfrac{4}{5}H$ の内，$\dfrac{1}{5}\cdot\dfrac{9}{10}\cdot\dfrac{4}{5}H$ だけを現金で持ち，残り $\dfrac{4}{5}\cdot\dfrac{9}{10}\cdot\dfrac{4}{5}H$ を銀行 B_2 に預金する。すると，B_2 は預かった $\dfrac{4}{5}\cdot\dfrac{9}{10}\cdot\dfrac{4}{5}H$ の内，支払準備として，$\dfrac{1}{10}\cdot\dfrac{4}{5}\cdot\dfrac{9}{10}\cdot\dfrac{4}{5}H$ を CB に預け，残りの $\dfrac{9}{10}\cdot\dfrac{4}{5}\cdot\dfrac{9}{10}\cdot\dfrac{4}{5}H$ を企業 A_3 に貸し出す。

$$\left(\dfrac{9}{10}\cdot\dfrac{4}{5}\right)^2 H$$

(ⅲ) 同様に，A_3 は，借りた $\left(\dfrac{9}{10}\cdot\dfrac{4}{5}\right)^2 H$ の内，$\dfrac{1}{5}\left(\dfrac{9}{10}\cdot\dfrac{4}{5}\right)^2 H$ だけを現金で持ち，残り $\dfrac{4}{5}\left(\dfrac{9}{10}\cdot\dfrac{4}{5}\right)^2 H$ を銀行 B_3 に預金する。すると，B_3 は預かった $\dfrac{4}{5}\left(\dfrac{9}{10}\cdot\dfrac{4}{5}\right)^2 H$ の内，支払準備として，

$\dfrac{1}{10}\cdot\dfrac{4}{5}\left(\dfrac{9}{10}\cdot\dfrac{4}{5}\right)^2 H$ を CB に預け,

残りの $\dfrac{9}{10}\cdot\dfrac{4}{5}\left(\dfrac{9}{10}\cdot\dfrac{4}{5}\right)^2 H$ を企業 A_4 に貸し出す。

以下同様のプロセスが繰り返されて…,

$$M = m \cdot H \quad \cdots\cdots (*t_0)$$
$$m = \dfrac{\dfrac{C}{D}+1}{\dfrac{C}{D}+\dfrac{R}{D}} \quad \cdots (*u_0)$$

その結果, (i), (ii), (iii) より, 現金 C と預金 D は次のようになる。

$$\begin{cases} C = \underbrace{\dfrac{1}{5}H}_{(\text{i})} + \underbrace{\dfrac{1}{5}\cdot\dfrac{9}{10}\cdot\dfrac{4}{5}H}_{(\text{ii})} + \underbrace{\dfrac{1}{5}\left(\dfrac{9}{10}\cdot\dfrac{4}{5}\right)^2 H}_{(\text{iii})} + \cdots \quad \cdots\cdots ① \\ D = \underbrace{\dfrac{4}{5}H}_{(\text{i})} + \underbrace{\dfrac{4}{5}\cdot\dfrac{9}{10}\cdot\dfrac{4}{5}H}_{(\text{ii})} + \underbrace{\dfrac{4}{5}\left(\dfrac{9}{10}\cdot\dfrac{4}{5}\right)^2 H}_{(\text{iii})} + \cdots \quad \cdots\cdots ② \end{cases}$$

この C と D の和が, マネー・サプライ M より, ①+② を実行すると。

$$\begin{aligned} M &= C + D \\ &= \dfrac{1}{5}H\left\{1+\dfrac{9}{10}\cdot\dfrac{4}{5}+\left(\dfrac{9}{10}\cdot\dfrac{4}{5}\right)^2+\cdots\right\} + \dfrac{4}{5}H\left\{1+\dfrac{9}{10}\cdot\dfrac{4}{5}+\left(\dfrac{9}{10}\cdot\dfrac{4}{5}\right)^2+\cdots\right\} \\ &= H\left\{1+\dfrac{9}{10}\cdot\dfrac{4}{5}+\left(\dfrac{9}{10}\cdot\dfrac{4}{5}\right)^2+\cdots\right\} \\ &= \dfrac{1}{\frac{7}{25}}H = \dfrac{25}{7}H \fallingdotseq 3.57H \end{aligned}$$

$$\dfrac{1}{1-\frac{9}{10}\cdot\frac{4}{5}} = \dfrac{1}{1-\frac{18}{25}}$$

無限等比級数の和 $(-1<r<1)$
$a+ar+ar^2+\cdots = \dfrac{a}{1-r} \quad \cdots(*c)$
(P32 参照)
ここでは, $a=1$, $r=\dfrac{9}{10}\cdot\dfrac{4}{5}$ より,
$\dfrac{a}{1-r} = \dfrac{1}{1-\frac{9}{10}\cdot\frac{4}{5}}$ となった。

よって, $M \fallingdotseq 3.57H$ より, $m \fallingdotseq 3.57$ となって, $(*u_0)$ を使って計算した例題 6 の結果と一致することが分かったんだね。

以上のハイパワード・マネー H の流れを一般化すれば, $(*t_0)$ や $(*u_0)$ の公式そのものも導くことができる。少し大変だけど, 頑張って, これからやってみよう！

● 貨幣市場

まず，日銀 CB から，銀行 B_0 にハイパワード・マネー H が供給され，B_0 は全額 H を企業 A_1 に貸し出す。すると，

（ⅰ）A_1 は，$\dfrac{C}{C+D}H$ だけを現金で持ち，残り $\dfrac{D}{C+D}H$ を銀行 B_1 に預金する。すると，B_1 は預かった $\dfrac{D}{C+D}H$ の内，支払準備として $\dfrac{R}{D} \cdot \dfrac{D}{C+D}H$ を CB に預け，残り $\left(1-\dfrac{R}{D}\right)\dfrac{D}{C+D}H$ を企業 A_2 に貸し出す。

（ⅱ）同様に，A_2 は，借りた $\left(1-\dfrac{R}{D}\right)\dfrac{D}{C+D}H$ の内，$\dfrac{C}{C+D}\left(1-\dfrac{R}{D}\right)\dfrac{D}{C+D}H$ だけを現金で持ち，残り $\dfrac{D}{C+D}\cdot\left(1-\dfrac{R}{D}\right)\dfrac{D}{C+D}H$ を銀行 B_2 に預金する。すると，B_2 は預かった $\left(1-\dfrac{R}{D}\right)\left(\dfrac{D}{C+D}\right)^2 H$ の内，支払準備として $\dfrac{R}{D}\left(1-\dfrac{R}{D}\right)\left(\dfrac{D}{C+D}\right)^2 H$ を CB に預け，残り $\left(1-\dfrac{R}{D}\right)^2\left(\dfrac{D}{C+D}\right)^2 H$ を企業 A_3 に貸し出す。

（ⅲ）同様に，A_3 は，借りた $\left(1-\dfrac{R}{D}\right)^2\left(\dfrac{D}{C+D}\right)^2 H$ の内，$\dfrac{C}{C+D}\left(1-\dfrac{R}{D}\right)^2\left(\dfrac{D}{C+D}\right)^2 H$ だけを現金で持ち，残り $\dfrac{D}{C+D}\cdot\left(1-\dfrac{R}{D}\right)^2\left(\dfrac{D}{C+D}\right)^2 H$ を銀行 B_3 に預金する。すると，B_3 は預かった $\left(1-\dfrac{R}{D}\right)^2\left(\dfrac{D}{C+D}\right)^3 H$ の内，支払準備として $\dfrac{R}{D}\left(1-\dfrac{R}{D}\right)^2\left(\dfrac{D}{C+D}\right)^3 H$ を CB に預け，残り $\left(1-\dfrac{R}{D}\right)^3\left(\dfrac{D}{C+D}\right)^3 H$ を企業 A_4 に貸し出す。

以下同様のプロセスが繰り返されて…，

かなり抽象的な記述に感じたかも知れないけれど，例題 6 についての具体例を既に検討しているので，このプロセスの意味はご理解頂けたと思う。それでは，（ⅰ），（ⅱ），（ⅲ），…より，現金 C と預金 D の集計を行おう。

$$\begin{cases} \underline{\underline{C}} = \dfrac{C}{C+D}H + \dfrac{C}{C+D}\left(1-\dfrac{R}{D}\right)\dfrac{D}{C+D}H + \dfrac{C}{C+D}\left(1-\dfrac{R}{D}\right)^2\left(\dfrac{D}{C+D}\right)^2 H + \cdots \\ \qquad = \dfrac{C}{C+D}H\left\{1+\left(1-\dfrac{R}{D}\right)\dfrac{D}{C+D}+\left(1-\dfrac{R}{D}\right)^2\left(\dfrac{D}{C+D}\right)^2+\cdots\right\} \quad \cdots\cdots ③ \\ \underline{D} = \dfrac{D}{C+D}H + \dfrac{D}{C+D}\left(1-\dfrac{R}{D}\right)\dfrac{D}{C+D}H + \dfrac{D}{C+D}\left(1-\dfrac{R}{D}\right)^2\left(\dfrac{D}{C+D}\right)^2 H + \cdots \\ \qquad = \dfrac{D}{C+D}H\left\{1+\left(1-\dfrac{R}{D}\right)\dfrac{D}{C+D}+\left(1-\dfrac{R}{D}\right)^2\left(\dfrac{D}{C+D}\right)^2+\cdots\right\} \quad \cdots\cdots ④ \end{cases}$$

そして，マネー・サプライ M は，現金 C と預金 D の和より，

$$\begin{aligned} M &= \underline{\underline{C+D}} \\ &= \dfrac{C}{C+D}H\left\{1+\left(1-\dfrac{R}{D}\right)\dfrac{D}{C+D}+\left(1-\dfrac{R}{D}\right)^2\left(\dfrac{D}{C+D}\right)^2+\cdots\right\} \\ &\qquad + \dfrac{D}{C+D}H\left\{1+\left(1-\dfrac{R}{D}\right)\dfrac{D}{C+D}+\left(1-\dfrac{R}{D}\right)^2\left(\dfrac{D}{C+D}\right)^2+\cdots\right\} \\ &= \left(\dfrac{C}{C+D}+\dfrac{D}{C+D}\right)H\cdot\left\{1+\left(1-\dfrac{R}{D}\right)\dfrac{D}{C+D}+\left(1-\dfrac{R}{D}\right)^2\left(\dfrac{D}{C+D}\right)^2+\cdots\right\}\end{aligned}$$

$\boxed{\dfrac{C+D}{C+D}=1}$ $\boxed{\dfrac{1}{1-\left(1-\dfrac{R}{D}\right)\dfrac{D}{C+D}}=\dfrac{C+D}{C+D-(D-R)}}$

> これは，初項 $a=1$，公比 $r=\left(1-\dfrac{R}{D}\right)\dfrac{D}{C+D}$ の無限等比級数の和より，$\dfrac{a}{1-r}=\dfrac{1}{1-\left(1-\dfrac{R}{D}\right)\dfrac{D}{C+D}}$ ←分子・分母に $C+D$ をかけた

$$= 1\cdot H\cdot\dfrac{C+D}{C+\cancel{D}-(\cancel{D}-R)} = \underline{\dfrac{C+D}{C+R}H}$$

$\boxed{\text{この分子・分母を } D \text{ で割る}}$

以上より，M と H と m の公式：

$$M = \frac{\frac{C}{D}+1}{\frac{C}{D}+\frac{R}{D}} H \quad \cdots\cdots (*t_0) \qquad m = \frac{\frac{C}{D}+1}{\frac{C}{D}+\frac{R}{D}} \quad \cdots\cdots (*u_0)$$

（これは，貨幣乗数 m のこと）

が導かれるんだね。

少し，複雑な式変形ではあったけれど，ハイパワード・マネー H が廻り廻って大きくなって，マネー・サプライ M になる公式が実質的に証明できたんだね。

それでは，日銀が買いオペにより，ハイパワード・マネー $H=10$ 兆円を市場に供給したとき，

現金・預金比率 $\frac{C}{D}=\frac{1}{9}$，支払準備率 $\frac{R}{D}=\frac{1}{100}$ とすると，

$(*t_0)$，$(*u_0)$ より，マネー・サプライ M は，

$$M = \frac{\frac{1}{9}+1}{\frac{1}{9}+\frac{1}{100}} \times 10(兆円) = \frac{\frac{10}{9}}{\frac{109}{900}} \times 10(兆円) = \frac{9000}{9 \times 109} \times 10(兆円)$$

$$= \frac{1000}{109} \times 10(兆円) \fallingdotseq 9.17 \times 10(兆円) = 91.7(兆円)$$

（貨幣乗数 m）

となって，ハイパワード・マネー H の 9.17 倍にも大きくなることが分かるんだね。

$\frac{C}{D}$ の値は，各民間の企業が決定することで，日銀 (中央銀行) は，これを調節することはできないが，ハイパワード・マネー H の量と法定準備率 $\frac{R}{D}$ を操作することにより，日銀はマネー・サプライ M の量を間接的に

（これは，実質的に支払準備率と同じなんだね。）

コントロールしているんだね。納得いった？

●中央銀行による金融政策もマスターしよう！

　中央銀行(日銀)は，マネー・サプライ(貨幣供給量)Mを間接的にコントロールできるので，この調節機能を使って，物価の安定や完全雇用の達成など，マクロ経済上の政策を実行できる。この中央銀行による経済政策を"**金融政策**"(*monetary policy*)というんだね。

　マネー・サプライMの増減が，直接物価(インフレ率)に影響することについては，既にP140で解説したので，ここでは，完全雇用を達成するための具体的な金融政策について解説しよう。

　不況下の経済では，図1の45°線分析に示すようなデフレ・ギャップが存在するんだったね。(P102参照) つまり，45°線分析で決定される均衡所得Y_eの方が完全雇用所得Y_fより小さいため，非自発的な失業が生じている状態なんだね。

図1　デフレ・ギャップ

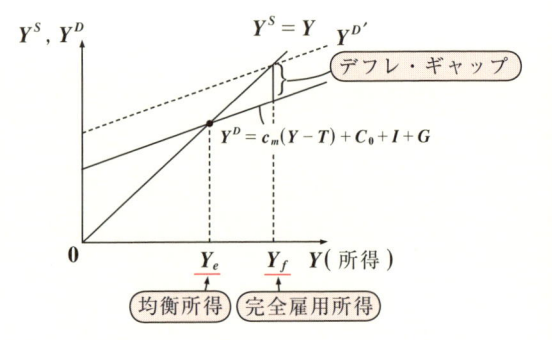

　これを解決するには，

需要関数　$Y^D = c_m(Y - T) + C_0 + I + G$　……①

（T：小さくする，I・G：大きくする）

の租税Tを小さくするか，投資Iまたは政府支出Gを大きくして，Y^Dの直線のグラフを上方にシフト(平行移動)させて，破線で示した$Y^{D'}$に変化させればいいんだね。

　ここで，租税Tを下げたり，政府支出Gを大きくしたりする主体は政府で，これは"**財政政策**"(*public-finance policy*)の問題となる。

　これに対して，投資Iは，これまで，民間企業の合理的な経営判断に基づいて決定されるので，政府はこれをコントロールできないと解説してきた。しかし，中央銀行(日銀)はマネー・サプライMをコントロールすることにより，この投資Iを間接的に変化させることができるんだね。

● 貨幣市場

そのメカニズムを解説しておこう。

図2(ⅰ)に貨幣市場における需要曲線Lと供給直線$\dfrac{M}{P}$のグラフを，また，図2(ⅱ)に，市場金利iと投資Iの関係のグラフを示す。

図2(ⅰ)　iおよびLと$\dfrac{M}{P}$の関係 (P139)　　(ⅱ)　iとIの関係 (P114)

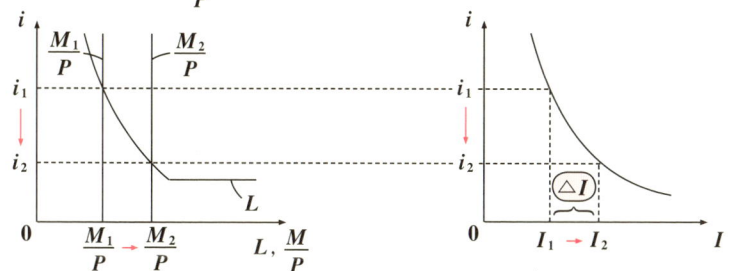

ここでは，話を簡単にするために，物価指標$P\left(=\dfrac{GDP\text{デフレーター}}{100}\right)$は一定とおく。

(ⅰ) まず，中央銀行(日銀)が，初めにM_1に調節していたマネー・サプライ(貨幣供給量)をM_2に増加させる。

(ⅱ) すると，図2(ⅰ)のグラフより，市場金利(均衡利子率)が，i_1からi_2に下がる。

(ⅲ) その結果，図2(ⅱ)のグラフから，投資量がI_1からI_2に，$\triangle I(=I_2-I_1)$だけ増加する。

(ⅳ) 乗数効果により，所得$(GDP)Y$が，$\triangle Y=\dfrac{1}{1-c_m}\triangle I\left(=\dfrac{1}{s_m}\triangle I\right)$

　　(c_m：限界消費性向，s_m：限界貯蓄性向)だけ増加する。

したがって，$Y_f-Y_e=\triangle Y$となるように，中央銀行(日銀)が，マネー・サプライの増加分をうまくコントロールすれば，デフレ・ギャップを解消して，完全雇用所得Y_fを実現できることになるんだね。

このように，マネー・サプライを増やして金利(利子率)を下げ，その結果，投資を増加させて，国内総所得GDPを増やす金融政策のことを"**金融緩和**"(*monetary ease*)という。

逆に，経済が過熱して，均衡所得Y_eが完全雇用所得Y_fより大きくなっている，つまり，インフレ・ギャップが生じている場合は，上述したものと逆の金融政策をとればいい。すなわち，マネー・サプライを減らして，

金利を上げ，その結果，投資を減少させて，国内総所得 GDP を減らせばいいんだね。このような金融政策を"**金融引締め**"($monetary\ tight$)と呼ぶ。

以上が，金融政策の教科書的な説明だったわけだけれど，この解説に疑問を持たれた方も当然いらっしゃるはずだ。

図3に示すように，貨幣市場のグラフにおいて，実質の供給量 $\dfrac{M_1}{P}$ が需要曲線 L の流動性の罠の部分と交わると，M_1 を M_2 に増加させても，逆に M_0 に減少させても，利子率 i は，その下限値 i_m のままで変化はしないんだね。

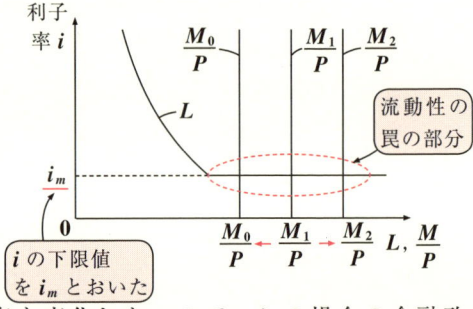

図3 流動性の罠(貨幣市場)

よって，i が変化しなければ，投資も変化しないので，この場合の金融政策は機能しないことが，分かるんだね。

さらに，デフレ・ギャップを埋めるための金融緩和の政策，すなわち，マネー・サプライ M を増やして，金利 i を下げ，投資 I を増やして，所得 Y を増やす政策が，有効である場合でも，問題があることに，お気付きだろうか？

そう，…，Y が増えれば，貨幣の総需要：

$L = L_1 + L_2$ ……①

（取引需要）（投機的需要）

の内，取引需要 L_1 は，所得 Y の増加関数なので，Y が $\triangle Y$ だけ増

（ここでは特に，$L_1 = \alpha Y$ とおいた）

えれば，L_1 も $\triangle L_1$ だけ増加する。

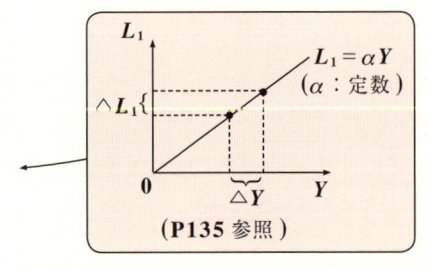

● 貨幣市場

その結果，図4に示すように，貨幣の需要曲線Lは，$\triangle L_1$の分だけ右にシフトしたグラフになるんだね。

したがって，利子率iも，マネー・サプライをM_1からM_2に増やした結果，i_1からi_2に下がっていたものが，再び，i_3に上昇することになる。

図4　$\triangle L_1$によるLの右へのシフト

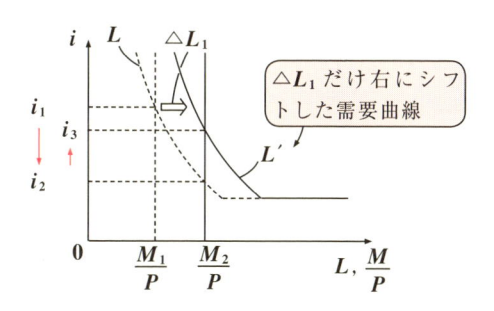

ということは，…，利子率iが上がると今度は，投資Iが減り，所得Yが減少する。すると，L_1が減り，需要曲線Lが今度は左にシフトして…と，議論が循環を始めてしまうんだね。

これでは，利子率iと所得Yがどのような値に落ち着くのか？はっきりと分からない。では，どうすればよいのか？ここで登場するのが，**IS-LM**図表による分析なんだね。

これは，次の講義で詳しく解説するので，ここでは簡単にその概略を話しておこう。すなわち，**IS-LM**図表による分析とは，生産物市場での分析結果と，貨幣市場での分析結果を合体させて，利子率iと所得Yについての2つのグラフ（または，関係式）を導き，均衡する利子率と所得を決定する便利な手法のことなんだね。ケインズのマクロ経済学の集大成と言えるものなので，次回の講義でまた分かりやすく解説するつもりだ。グラフも多用してヴィジュアルに教えるので，楽しみながら学んでいって頂きたい。

163

実践問題 17　　　　●貨幣乗数●

支払準備率 $\frac{R}{D}=\frac{1}{10}$ の条件の下で，供給した 10 兆円のハイパワード・マネーが 50 兆円のマネー・サプライになったという。このとき，現金・預金比率 $\frac{C}{D}$ を求めなさい。

ヒント！ $H=10$ 兆円に対して，$M=50$ 兆円となったので，貨幣乗数 $m=5$ だと分かる。したがって，貨幣乗数の公式を利用すればいいんだね。

解答&解説

ハイパワード・マネー H とマネー・サプライ M，および貨幣乗数 m の公式：

$$M = mH \quad \cdots\cdots (*t_0) \qquad m = \frac{\frac{C}{D}+1}{\frac{C}{D}+\frac{R}{D}} \quad \cdots\cdots (*u_0)$$

を用いる。

$H=10$(兆円)，$M=50$(兆円) より，$(*t_0)$ を用いると，

$50 = m \times 10$　　∴ $m = 5$　……①

また，支払準備率 $\frac{R}{D}=\frac{1}{10}$ …② であり，現金・預金比率 $\frac{C}{D}=x$ …③

とおいて，①，②，③を公式 $(*u_0)$ に代入すると，

$5 = \dfrac{x+1}{x+\frac{1}{10}}$ ……$(*u_0)$ 　　$5x + \dfrac{1}{2} = x + 1$ 　　$4x = \dfrac{1}{2}$

∴ $x = \dfrac{1}{8} = 0.125$

以上より，現金・預金比率 $\dfrac{C}{D} = 0.125$ である。

解答　現金・預金比率 $\dfrac{C}{D} = 0.125 \left(=\dfrac{1}{8}\right)$

実践問題 18 ● 金融政策 ●

次の空欄を適当な語句で埋めなさい。

デフレ・ギャップが存在するとき，中央銀行(日銀)は，(ア)□を増加させて，利子率を(イ)□させ，投資を(ウ)□させる。その結果，乗数効果により，所得を(エ)□させて，均衡所得を(オ)□所得に一致させるように調節する。このような金融政策を(カ)□という。

ヒント！ 不況で，均衡所得 Y_e が完全雇用所得 Y_f より小さい場合，中央銀行(日銀)はマネー・サプライ M を増加させる金融緩和を行うんだね。

解答＆解説

均衡所得 Y_e が完全雇用所得 Y_f より小さい，すなわち，デフレ・ギャップが存在するとき，中央銀行(日銀)は，

(ⅰ) マネー・サプライ(または，貨幣供給量)を増加させる。
(ⅱ) そして，市場利子率を低下させて，
(ⅲ) 投資を増加させる。
(ⅳ) その結果，乗数効果により国内総所得 GDP を増加させることになる。

このように，マネー・サプライを増加させて，均衡所得 Y_e を増やし，完全雇用所得 Y_f と一致させるような金融政策のことを，金融緩和という。

解答 (ア)マネー・サプライ(または，貨幣供給量) (イ)低下
(ウ)増加 (エ)増加 (オ)完全雇用
(カ)金融緩和

講義 4 ● 貨幣市場　公式エッセンス

1. **市場利子率 i と債券価格の関係**
   - (i) 市場利子率 i が下がると，債券価格は増加する。
   - (ii) 市場利子率 i が上がると，債券価格は減少する。

2. **貨幣の取引需要量 L_1 と所得 Y の関係**

   $L_1 = \alpha Y$

   （α：正の定数）

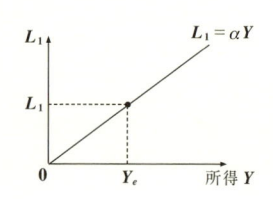

3. **市場利子率 i と貨幣の投機的需要量 L_2 の関係**

   (i) i が高いとき L_2 は減少し，

   (ii) i が低いとき L_2 は増加する。

   (iii) i には，それより下がることないある下限値 i_m が存在し，その点では L_2 は無限大のように極端に大きくなる。(流動性の罠)

4. **ケインズの流動性選好説**

   市場利子率 i は，貨幣の需要量 $L(=L_1+L_2)$ と供給量 $\dfrac{M}{P}$ が一致する，すなわち，$L=\dfrac{M}{P}$ が成り立つ水準で決定される。

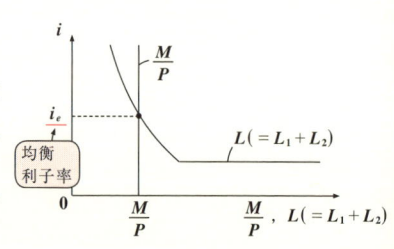

   M：名目の貨幣量，P：物価指標 $\left(\dfrac{GDP \text{デフレーター}}{100}\right)$

5. **ハイパワード・マネー H とマネー・サプライ M の関係**

   $M = mH$ （m：貨幣乗数）

   $m = \dfrac{\dfrac{C}{D}+1}{\dfrac{C}{D}+\dfrac{R}{D}}$ （$\dfrac{C}{D}$：現金・預金比率，$\dfrac{R}{D}$：支払準備率）

   $\begin{pmatrix} C：\text{現金}, D：\text{預金} \\ R：\text{支払準備} \end{pmatrix}$

講義 5
Lecture

IS-LM 図表による分析

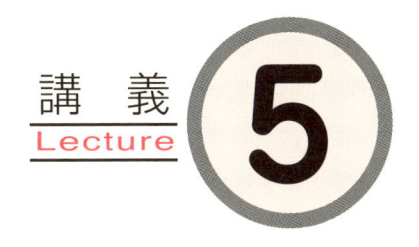

テーマ

▶ IS 曲線と LM 曲線

$$\left(i = \frac{\beta'}{Y - \dfrac{C_0 + G}{s_m}} \ , \ i = \frac{\gamma'}{Y - M_r'} + i_m \right)$$

▶ IS-LM 図表による分析

$$\begin{pmatrix} 財政政策とクラウディング・アウト \\ 金融政策の有効性の有無 \end{pmatrix}$$

§1. IS曲線とLM曲線

　ケインズによるマクロ経済学の講義もいよいよ最終章に入ろう。最後のテーマは，"*IS-LM 図表*" (*IS-LM diagram*) による経済分析で，これによって，所得 Y と利子率 i の値を同時に決定することができるんだね。この手法は，イギリスの経済学者 "**ヒックス**" (*Hicks*) によって考案されたもので，この IS-LM 図表のことを，"**ヒックス-ハンセン図表**" (*Hicks-Hansen diagram*) とも呼ばれる。

　この IS-LM 図表による分析は，これまで生産物市場においては "**45°線分析**" で，また貨幣市場においては "**流動性選好説**" で，それぞれ個別に分析していたものを，併せて1つにまとめて分析するものであり，ケインズ経済学の集大成としての性格をもつ重要な分析手法なんだね。ここでは，その前段階として，IS 曲線と LM 曲線をそれぞれ求めてみよう。

　第3章で解説した "**生産物市場**" では，(Ⅰ) S と I の関係，(Ⅱ) S と Y の関係，および (Ⅲ) i と I の関係を導いた。そして，これらを基に導かれる i と Y の関係のグラフを IS 曲線と呼ぶ。この IS 曲線の I と S は，それぞれ投資 I と貯蓄 S のことなんだね。

　また，第4章で説明した "**貨幣市場**" においても，(Ⅰ) L_1 と L_2 の関係，(Ⅱ) L_1 と Y の関係，および (Ⅲ) i と L_2 の関係を導いた。そして，これらを基に導かれる i と Y の関係のグラフを LM 曲線と呼ぶ。この LM 曲線の L と M が，それぞれ貨幣の需要量 L と供給量 M を表すことも，大丈夫だと思う。

　ここでは，この IS 曲線と LM 曲線の求め方を，グラフを利用してテクニカルに分かりやすく教えよう。また，近似関数も利用して，これらを方程式の形で表現することにもチャレンジしてみよう。

　これまで学習してきたケインズ経済学の総仕上げの講義になるけれど，また分かりやすく解説するので，シッカリマスターして頂きたい。

● 分数関数の基本をマスターしておこう！

これから，*IS* 曲線や *LM* 曲線のグラフだけでなく，近似的にではあるけれど，これらの方程式についても解説しようと思う。そのためには "**関数**" (*function*)，特に "**分数関数**" の知識が必要となるので，ここではまず，関数の "**平行移動**" (*translation*) と分数関数の基本について解説しておこう。

xy 座標平面上に，関数 $y = f(x)$ が与えられたとき，これを x 軸方向に p，y 軸方向に q だけ平行移動した関数は，次の公式で得られることは既に御存知だと思う。

$$y = f(x) \xrightarrow{(p,\ q)\text{だけ}\atop\text{平行移動}} y - q = f(x - p)$$

(y の代わりに $y - q$ を代入)　(x の代わりに $x - p$ を代入)

たとえば，2 次関数：
$y = (x - 2)^2 + 1$ が与えられた場合，

$y - 1 = (x - 2)^2$ と変形すれ

(y の代わりに $y - 1$ を代入)　(x の代わりに $x - 2$ を代入)

ば，これは原点 O を頂点とする 2 次関数 $y = x^2$ を，x 軸方向に 2，y 軸方向に 1 だけ，すなわち $(2, 1)$ だけ平行移動した関数であることが分かるんだね。

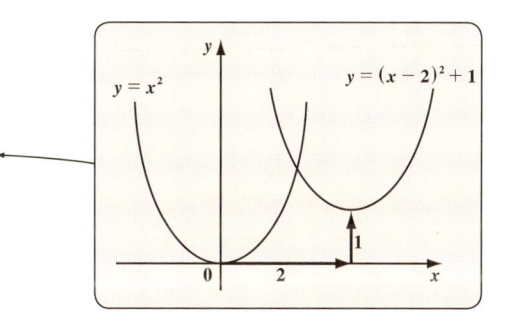

それでは次，分数関数について，まず，その基本形を示そう。

・分数関数の基本形：$y = \dfrac{k}{x}$ ……($*w_0$)　　($x \neq 0$)

k は定数で，k の正・負により，グラフの概形が異なるんだね。

(i) $k > 0$ のとき，分数関数 ($*w_0$) のグラフは第 1 象限と第 3 象限にのみ現れる。このグラフの概形を，次の図 1(i) に示す。

これに対して，

(ⅱ) $k<0$ のとき，分数関数 ($*w_0$) のグラフは，第2象限と第4象限のみに現われるんだね。そして，このグラフの概形は，図1(ⅱ)のようになる。

このように，分数関数の基本形 ($*w_0$) のグラフは，右辺の分子の定数 k の正・負により，2種類のまったく異なるグラフになることを頭に入れておこう。

そして，この基本形：$y=\dfrac{k}{x}$ を，<u>x 軸方向に p，y 軸方向に q</u>
　　　　　　　　　　　↑
　　　　　　これを，"(p, q)" と表す

だけ平行移動したものを，分数関数の標準形という。これは，平行移動の公式より，

$$y-q=\dfrac{k}{x-p}$$

　　　↑　　　　　　↑
y の代わりに　　x の代わりに
$y-q$ を代入　　$x-p$ を代入

よって，分数関数の標準形は，

$$y=\dfrac{k}{x-p}+q \cdots\cdots (*w_0)'$$

となるんだね。

$k>0$ のときについて，($*w_0$)' のグラフの概形は，図2のようになる。

図1　分数関数の基本形　$y=\dfrac{k}{x}$

(ⅰ) k が正の定数のとき

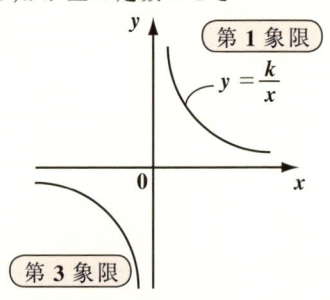

[第1象限]　$y=\dfrac{k}{x}$
[第3象限]

(ⅱ) k が負の定数のとき

[第2象限]
[第4象限]　$y=\dfrac{k}{x}$

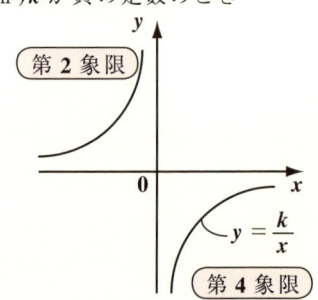

図2　分数関数の標準形

$y=\dfrac{k}{x-p}+q$

漸近線 $y=q$
漸近線 $x=p$

この分数関数は，利子率 i と投資 I の関係式や，利子率 i と貨幣の投機的需要量 L_2 との関係式を表す近似公式として利用することになるんだね。

● まず，IS 曲線を求めよう！

それではまず，IS 曲線を求めるために，生産物市場の講義の最後 (**P122**) に解説した（Ⅰ）S と I の関係，（Ⅱ）S と Y の関係，および（Ⅲ）i と I の関係について復習しておこう。

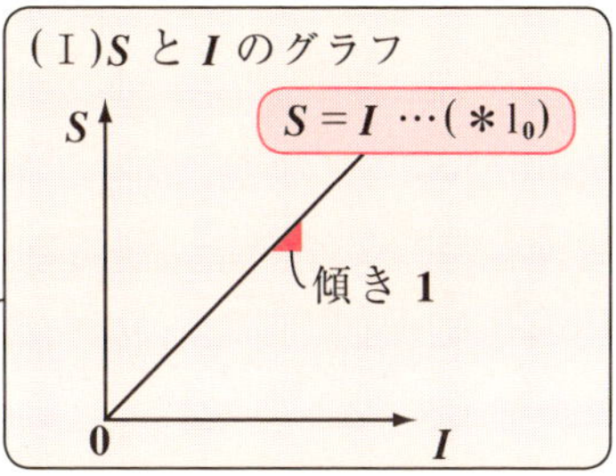

（Ⅰ）S と I の関係について，

　　これは，公式：$\underset{\text{投資}}{I} = \underset{\text{貯蓄}}{S}$ … ($*1_0$) のことで，

　　グラフの上では，$S = I$ として描く。

（Ⅱ）S と Y の関係について，

　　これは 45°線分析の方程式：

　　$Y = \underset{c_mY+C_0}{C} + G + \underset{S}{I}$ … ① に，$I = S$ と，消費関数 $C = \underset{\text{限界消費性向}}{c_m}Y + \underset{\text{必要消費}}{C_0}$ を代入して，

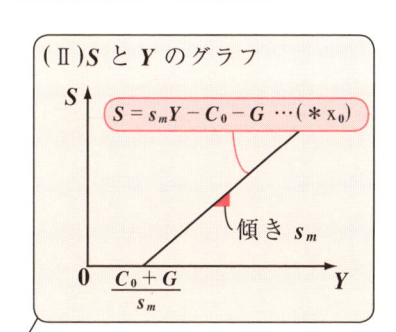

　　$Y = c_mY + C_0 + G + S$ とし，

　　これをまとめて，

　　$S = \underset{s_m(\text{限界貯蓄性向})}{(1-c_m)}Y - C_0 - G$

　　$S = s_mY - C_0 - G$ … ($*x_0$)

となる。

　　$S = 0$ のとき ($*x_0$) は，

　　$Y = \dfrac{C_0+G}{s_m}$ となるので，($*x_0$)

のグラフは，Y 切片が $\dfrac{C_0+G}{s_m}$ で，

傾きが s_m の半直線となる。

よって，($*x_0$) の定義域は，

$\dfrac{C_0+G}{s_m} \leqq Y$ となる。

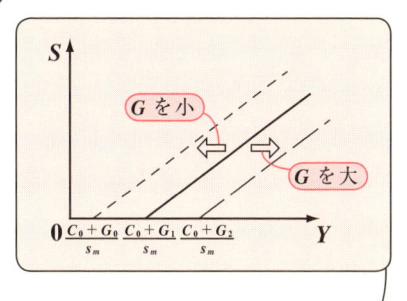

ここで，政府支出 G を G_1 から，

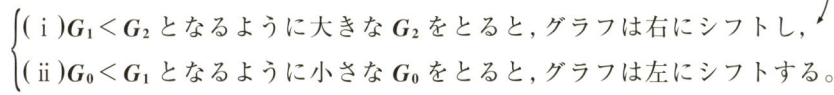

$\begin{cases} (\text{i}) G_1 < G_2 \text{ となるように大きな } G_2 \text{ をとると，グラフは右にシフトし，} \\ (\text{ii}) G_0 < G_1 \text{ となるように小さな } G_0 \text{ をとると，グラフは左にシフトする。} \end{cases}$

(Ⅲ) i と I の関係について，

これは右に示すような，i は I の下に凸な減少関数となるんだね。この投資曲線も数式で表した方が計算に便利なので，次の分数関数で近似できるものとしよう。

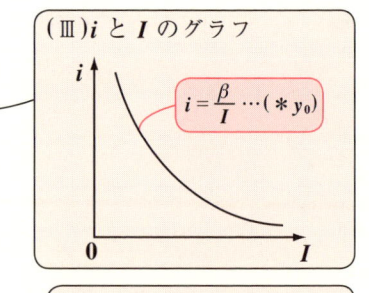

$i = \dfrac{\beta}{I}$ ……($*y_0$)

(i：市場利子率，I：投資，β：正の定数)

(Ⅲ) i と I のグラフ

$i = \dfrac{\beta}{I} \cdots (*y_0)$

($*y_0$) は，「i が I の下に凸の減少関数である」条件をみたす最も簡単な関数なんだね。

以上 (Ⅰ) $S = I$，(Ⅱ) $S = s_m Y - C_0 - G$ $\left(\dfrac{C_0 + G}{s_m} \leqq Y\right)$，(Ⅲ) $i = \dfrac{\beta}{I}$ の 3 つのグラフの縦軸と横軸の位置関係がそろうように，(Ⅰ) のグラフを右上に，(Ⅱ) のグラフを左上に，そして (Ⅲ) のグラフを右下に配置した，図 1 のグラフを見て頂きたい。これから，左下に縦軸 i，横軸 Y の iY 座標系に i と Y の関係のグラフ，すなわち IS 曲線を描くことができる。

その手順を具体的に示そう。

(ⅰ) まず，(Ⅰ)，(Ⅱ)，(Ⅲ) の 3 つのグラフ上に，対応する 3 つの①の点に着目する。これら 3 点から，左下の iY 座標上に，対応する①の点が決まるんだね。大丈夫？

(ⅱ) 同様に，(Ⅰ)，(Ⅱ)，(Ⅲ) の 3 つのグラフ上に対応する 3 つの②の点から，左下の iY 座標上に対応する②の点も決まる。

(ⅲ) 同様に，(Ⅰ)，(Ⅱ)，(Ⅲ) の 3 つのグラフ上に対応する 3 つの③の点から，左下の iY 座標上に対応する③の点も決定できる。

以上の操作をいくつか行って，iY 座標上にプロットされた①，②，③，…の点を滑らかな曲線で結んだものが IS 曲線になる。これは，生産物市場で課された均衡条件を満足する i と Y の関係を表すグラフということになるんだね。

図1 IS曲線の求め方

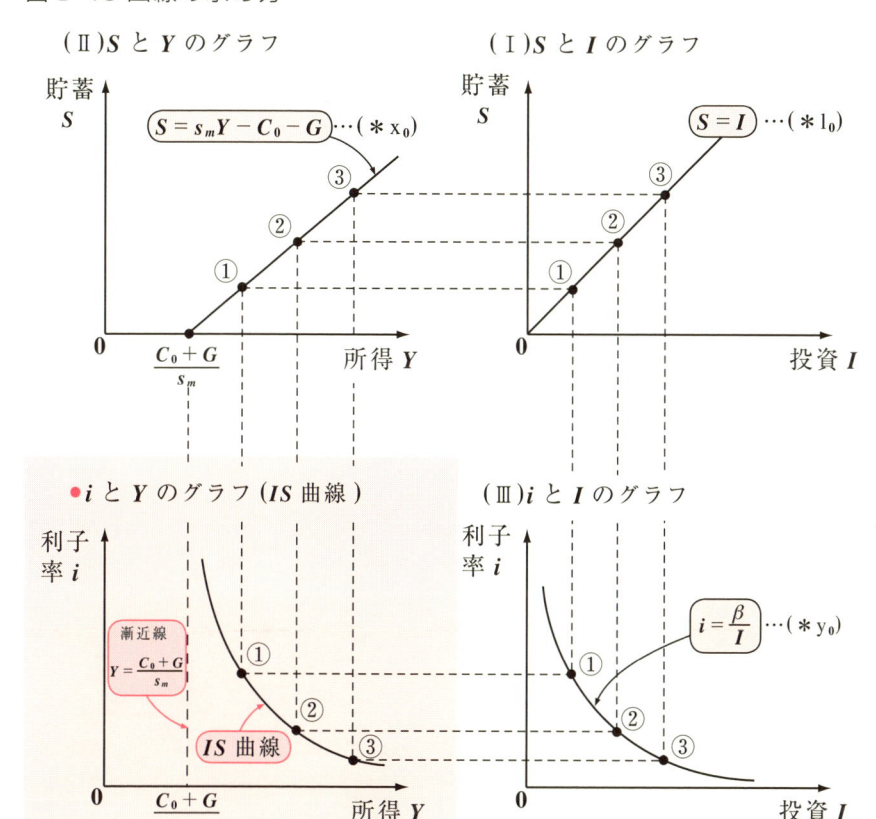

(Ⅱ) S と Y のグラフ

$S = s_m Y - C_0 - G$ …($*x_0$)

貯蓄 S、所得 Y、漸近点 $\frac{C_0+G}{s_m}$

(Ⅰ) S と I のグラフ

$S = I$ …($*1_0$)

貯蓄 S、投資 I

●i と Y のグラフ（IS曲線）

利子率 i、所得 Y

漸近線 $Y = \frac{C_0+G}{s_m}$

IS 曲線

(Ⅲ) i と I のグラフ

利子率 i、投資 I

$i = \dfrac{\beta}{I}$ …($*y_0$)

それでは，この IS 曲線の方程式（i と Y の関係式）も導いておこう。

(Ⅰ) $S = I$ … ($*1_0$)　　　　(Ⅱ) $S = s_m Y - C_0 - G$ … ($*x_0$)

(Ⅲ) $i = \dfrac{\beta}{I}$ … ($*y_0$) より，

まず，($*1_0$) を ($*x_0$) に代入して S を消去すると，

$I = s_m Y - C_0 - G$ … ① となる。

① を ($*y_0$) に代入すると，

$i = \dfrac{\beta}{s_m Y - C_0 - G}$ … ② となる。

②の右辺の分子・分母を s_m で割り，さらに $\dfrac{\beta}{s_m} = \beta'$ (定数) とおくと，

$i = \dfrac{\boxed{\dfrac{\beta}{s_m}}}{Y - \dfrac{C_0 + G}{s_m}}$ より， （新たな定数 β' とおく）

i と Y との関係式，すなわち IS 曲線の公式：

$$i = \dfrac{\beta'}{Y - \dfrac{C_0 + G}{s_m}} \cdots\cdots(\ast z_0) \qquad \left(\beta' = \dfrac{\beta}{s_m} ,\ Y > \dfrac{C_0 + G}{s_m}\right)$$

（$(\ast x_0)$ の定義域）

が導ける。この $(\ast z_0)$ は数学的には，分数関数 $i = \dfrac{\beta'}{Y}(Y>0)$ を Y 軸 (横軸) に $\dfrac{C_0 + G}{s_m}$ だけ平行移動 (シフト) させたグラフになるんだね。よって，IS 曲線には，漸近線 $Y = \dfrac{C_0 + G}{s_m}$ が存在し，かつ，その定義域が，$Y > \dfrac{C_0 + G}{s_m}$ であることが分かったんだね。

ここで，限界貯蓄性向 s_m と必要消費 C_0 を定数とおくと，政府支出 G のみによって，IS 曲線 $(\ast z_0)$ は左右にシフトすることになるんだね。

ここで，$0 < G_1 < G_2$ とおくと，$G = 0$, G_1, G_2 のときのそれぞれの IS 曲線を図2に示す。このように，

(i) 政府支出 G が，0, G_1, G_2, …と増加すると，IS 曲線は漸近線と共に右に平行移動 (シフト) する。

図2 G による IS 曲線の移動

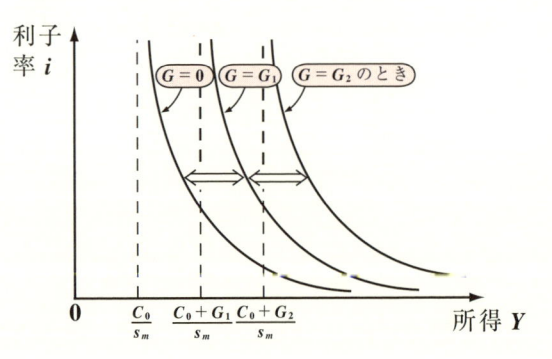

(ii) 逆に，政府支出 G が，…，G_2, G_1, 0 と減少すると，IS 曲線は左にシフトすることが明らかとなったんだね。

それでは，次の例題で実際に IS 曲線を求めてみよう。

> **例題 7** 限界貯蓄性向 $s_m = 0.8$，必要消費 $C_0 = 140$ 兆円，
> 政府支出 $G = 20$ 兆円とする。
> また，市場利子率 i（％表示）と投資 I とが
> $i = \dfrac{40}{I}$ ……① をみたすものとする。
> このとき，IS 曲線の方程式（i と Y との関係式）を求め，そのグラフを描いてみよう。

いきなり，公式（$*z_0$）から求めてもいいんだけれど，次の 3 つの方程式から始めよう。

(I) $S = I$ ……………………②

(II) $S = 0.8Y - 140 - 20$ ……③   ← $S = s_m Y - C_0 - G \cdots (*x_0)$ より

(III) $i = \dfrac{40}{I}$ …………………①   ← $i = \dfrac{\beta}{I} \cdots (*y_0)$ より

②を③に代入して S を消去すると，$I = \dfrac{4}{5} \cdot Y - 160 \cdots$ ④ となる。

④を①に代入して，

$i = \dfrac{40}{\dfrac{4}{5}Y - 160}$ ← 分子・分母に $\dfrac{5}{4}$ をかけて

$i = \dfrac{\dfrac{5}{4} \times 40}{Y - \dfrac{5}{4} \times 160}$

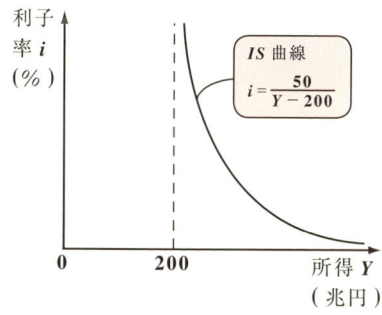

∴ 求める IS 曲線の方程式は

$i = \dfrac{50}{Y - 200}$ (％)　　($Y > 200$) である。

そして，このグラフ，すなわち IS 曲線は右上図のようになる。

● LM 曲線も求めよう！

では次に，LM 曲線を求めるために，貨幣市場の講義 (**P144**) で解説した (Ⅰ) L_1 と L_2 の関係，(Ⅱ) L_1 と Y の関係，および (Ⅲ) i と L_2 の関係について復習しておこう。

(Ⅰ) L_1 と L_2 の関係について，

貨幣の取引需要量 L_1 と投機的需要量 L_2 との和が，貨幣の実質的な貨幣供給量 $\dfrac{M}{P}$ になるので，

$L_1 + L_2 = \dfrac{M}{P}$ …($*r_0$)　となるんだったね。

ここで $\dfrac{M}{P} = M_r$ とおくと，($*r_0$) は

"実質" (*real*) の貨幣供給量なので，添字に r を付けた

$L_1 + L_2 = M_r$ …($*r_0$)′

すなわち

$L_1 = -L_2 + M_r$ …($*r_0$)″

と表される。よって，このグラフは右図に示すように，傾き -1，L_1 切片が M_r で，定義域 $0 \leqq L_2 \leqq M_r$ の線分となる。

ここで，実質の貨幣供給量 M_r を M_{r_1} から，

(ⅰ) $M_{r_1} < M_{r_2}$ となるように，大きな M_{r_2} をとると，グラフは斜め右上に拡張され，

(ⅱ) $M_{r_0} < M_{r_1}$ となるように，小さな M_{r_0} をとると，グラフは斜め左下に縮小されることになるんだね。

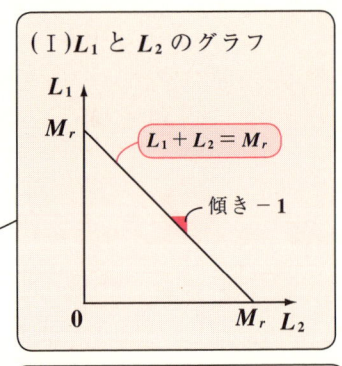

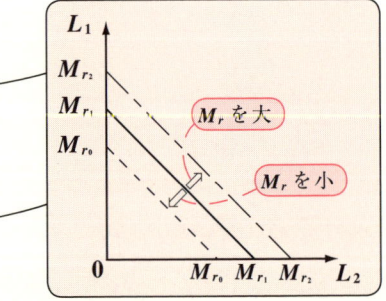

(Ⅰ) L_1 と L_2 のグラフ

$L_1 + L_2 = M_r$

傾き -1

M_r を大

M_r を小

(Ⅱ) L_1 と Y の関係について，L_1 は，所得 Y の増加関数なので，L_1 は Y に正比例するものとして，次式で近似したんだね。

$$L_1 = \alpha Y \quad \cdots\cdots(*n_0)$$

（α：正の定数，$Y \geqq 0$）

よって，このグラフは右図のようになる。

(Ⅱ) L_1 と Y のグラフ

$L_1 = \alpha Y$

傾き α

(Ⅲ) i と L_2 の関係について，これは，流動性の罠も含めて，

「利子率 i が下限値 i_m 未満になることはない」ということ

右図のグラフのようになるんだった。これについて，方程式は示していなかったんだけれど，これも，次の分数関数を用いて，近似的に方程式で表すことにしよう。

$$i = \frac{\gamma}{L_2} + i_m \quad \cdots\cdots(*a_1)$$

これは，分数関数 $i = \frac{\gamma}{L_2}$ を i 軸方向（上方）に i_m だけ平行移動したものだ。

（γ：正の定数，$i > i_m$）

($*a_1$) は単純な関数ではあるけれど，流動性の罠まで含めて比較的良い近似関数になっていると思う。このように，i と L_2 の関係も方程式で表すことにより，これから求める LM 曲線も，グラフだけでなく，数式によっても表現できるようになるんだね。

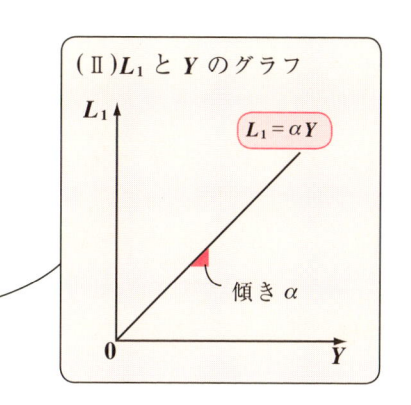

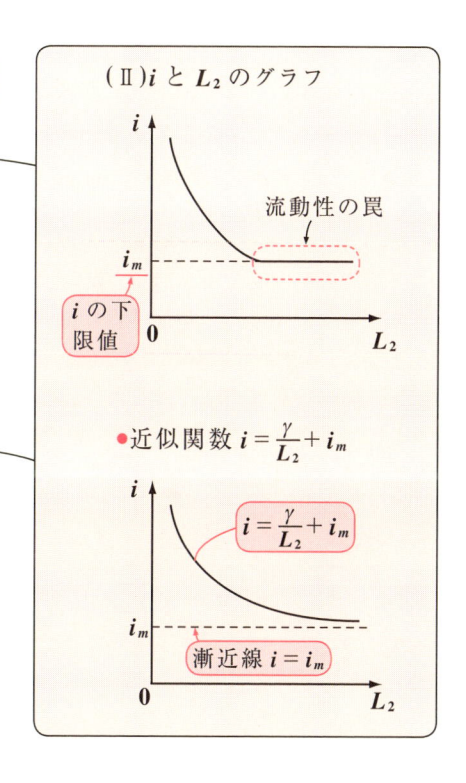

(Ⅲ) i と L_2 のグラフ

流動性の罠

i_m — i の下限値

●近似関数 $i = \dfrac{\gamma}{L_2} + i_m$

$i = \dfrac{\gamma}{L_2} + i_m$

漸近線 $i = i_m$

それでは，IS 曲線のときと同様に，LM 曲線もグラフを利用して求めてみよう。以上 (I) $L_1 + L_2 = M_r$ ($0 \leq L_2 \leq M_r$), (II) $L_1 = \alpha Y$, (III) $i = \dfrac{\gamma}{L_2} + i_m$ ($i > i_m$) の3つのグラフの縦軸と横軸の位置関係がそろうように，(I) のグラフを右上に，(II) のグラフを左上に，そして，(III) のグラフを右下に配置した，図3のグラフを見て頂きたい。これらのグラフを基にして，左下に縦軸 i，横軸 Y の iY 座標系に，i と Y の関係のグラフ，すなわち，LM 曲線を描くことができるんだね。

(i) まず，(I), (II), (III) の3つのグラフ上に対応する3つの①の点に着目する。これら3点から，左下の iY 座標上に対応する①の点を決定することができる。

(ii) 同様に，(I), (II), (III) の3つのグラフ上に対応する3つの②の点から，左下の iY 座標上に対応する②の点も決まる。

(iii) 同様に，(I), (II), (III) の3つのグラフ上に対応する3つの③の点から，左下の iY 座標上に対応する③の点も決定できる。

(iv) 同様に，(I), (II), (III) の3つのグラフ上に対応する3つの④の点から，左下の iY 座標上に対応する④の点も決まるんだね。

以上の操作をいくつか行って，iY 座標上にプロットされた①, ②, ③, ④, …の点を滑らかな曲線で結んだものが，LM 曲線になるんだね。これは，貨幣市場において課された均衡条件をすべて満たす i と Y の関係を表すグラフということになる。

図3の操作により得られた LM 曲線は，2つの漸近線：

$i = i_m$，および $Y = \dfrac{M_r}{\alpha}$ をもち，

定義域：$0 \leq Y < \dfrac{M_r}{\alpha}$，値域：$i > i_m$ をみたす曲線であることも明らかとなったんだね。

図3 LM曲線の求め方

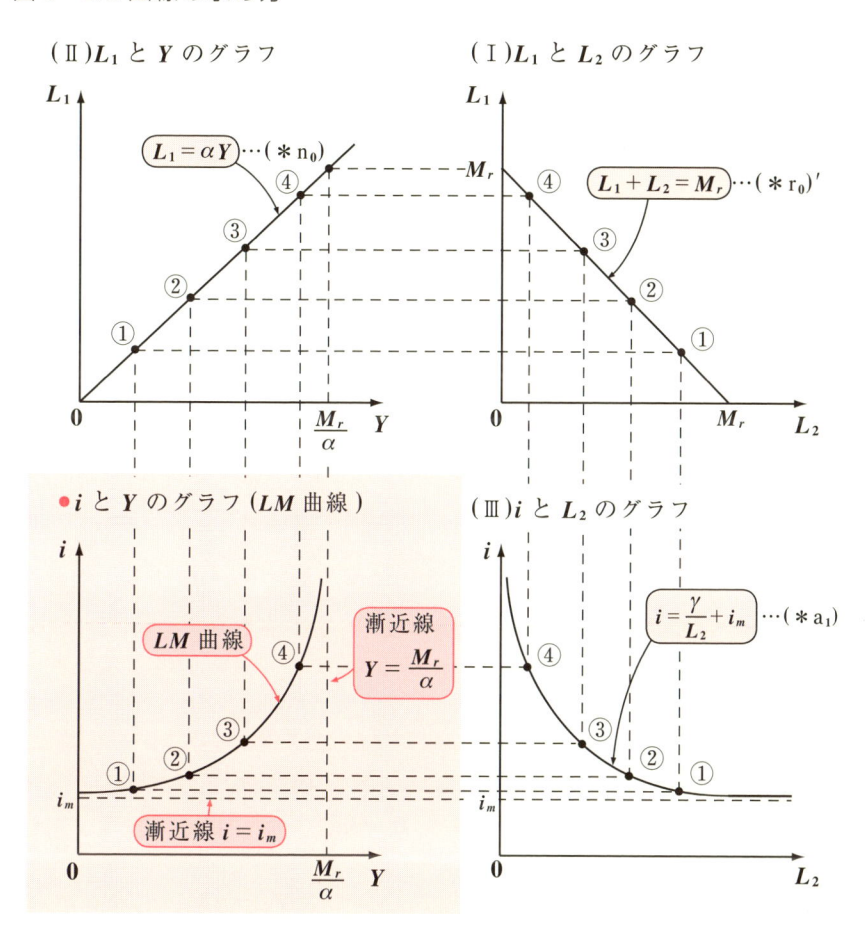

(Ⅱ) L_1 と Y のグラフ　　　　　(Ⅰ) L_1 と L_2 のグラフ

● i と Y のグラフ（LM曲線）　　(Ⅲ) i と L_2 のグラフ

それでは，この LM 曲線についても，その方程式（i と Y の関係式）を導いておこう
(Ⅰ) $L_1 + L_2 = M_r$ …($*r_0$)' $(0 \leq L_2 \leq M_r)$　(ⅰ) $L_1 = \alpha Y$ …($*n_0$) $(0 \leq Y)$
(Ⅲ) $i = \dfrac{\gamma}{L_2} + i_m$ …($*a_1$) $(i_m < i)$　（ただし，α と γ は正の定数）より，
まず，($*r_0$)' と ($*n_0$) から L_1 を消去して，
$\alpha Y + L_2 = M_r$ より，　$L_2 = -\alpha Y + M_r$ …① となる。

①を ($*a_1$) に代入して，$i = \dfrac{\gamma}{-\alpha Y + M_r} + i_m$

∴ $i = \dfrac{-\gamma}{\alpha Y - M_r} + i_m$　　さらに，右辺の分子・分母を α で割って，

$i = \dfrac{\boxed{-\dfrac{\gamma}{\alpha}}^{\gamma'}}{Y - \boxed{\dfrac{M_r}{\alpha}}} + i_m$　　ここで，$\gamma' = -\dfrac{\gamma}{\alpha}$，$M_r' = \dfrac{M_r}{\alpha}$ とおくと，
M_r'

i と Y の関係式，すなわち，LM 曲線の方程式：

∴ $i = \dfrac{\gamma'}{Y - M_r'} + i_m$ …(*b_1)　　$\left(\gamma' = -\dfrac{\gamma}{\alpha},\ M_r' = \dfrac{M_r}{\alpha} = \dfrac{M}{\alpha P}\right)$

　　　　　　　　　　　　　　　　　　　$\boxed{\ominus\ \text{の定数}}$　$\boxed{\text{第2, 4象限のみに存在するグラフ}}$

が導けるんだね。この(*b_1)は，数学的には分数関数 $i = \dfrac{\gamma'}{Y}$ を Y 軸（横軸）方向に $M_r'\left(=\dfrac{M}{\alpha P}\right)$，$i$ 軸（縦軸）方向に i_m だけ平行移動（シフト）させたグラフになる。よって，LM 曲線には，2つの漸近線：$Y = M_r'$ と $i = i_m$ が存在し，その定義域は，$0 \leqq Y < M_r'$，値域は $i > i_m$ の曲線となるんだね。

　ここで γ' と i_m と α と $\underline{P}$ は定数として，中央銀行が名目のマネー・サプ
　　　　　　　　　　　$\boxed{\text{物価指標（GDPデフレーターを100で割ったもの）}}$

ライ（貨幣供給量）を，それぞれ M_0，M_1，M_2，$(0 < M_0 < M_1 < M_2)$ となるように調節し，変化させたとき，LM 曲線(*b_1)は図4に示すように，右にシフトすることになる。すなわち，

(ⅰ) 中央銀行（日銀）の金融緩和により，マネー・サプライ M が …，M_0，M_1，M_2，… と増加すると，図4に示すように，LM 曲線は右にシフトする。

図4　M の変化によるLM曲線の移動

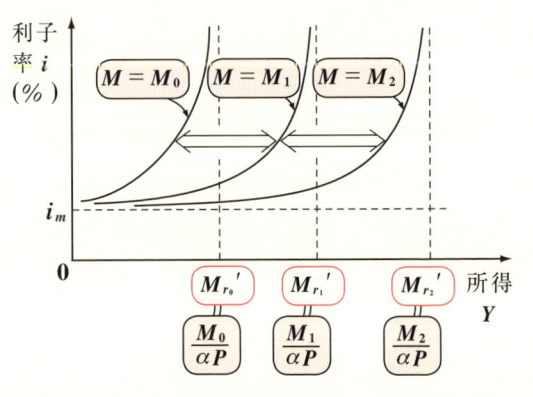

● IS-LM 図表による分析

(ⅱ) 逆に，中央銀行（日銀）の金融引締めにより，マネー・サプライ M が，…，M_2，M_1，M_0，…と減少すると，LM 曲線は左に平行移動（シフト）することになるんだね。納得いった？

それでは，次の例題で実際に LM 曲線を求めてみよう。

例題 8 名目のマネー・サプライ $M = 400$ 兆円，物価指標 $P = 1$ であり，また，$L_1 = Y$ ……① $\quad i = \dfrac{30}{L_2}$ ……② である。

$\begin{pmatrix} L_1：貨幣の取引需要（兆円），\ L_2：貨幣の投機的需要（兆円）\\ Y：国内総所得（兆円）\quad,\ i：市場利子率（\%） \end{pmatrix}$

このとき，LM 曲線の方程式（i と Y の関係式）を求め，そのグラフを描いてみよう。

（Ⅰ）$L_1 + L_2 = 400$ …⓪ ← 公式：$L_1 + L_2 = \dfrac{M}{P}$ で，$M = 400$ 兆円，$P = 1$ のとき

（Ⅱ）$L_1 = Y$ …………① ← 公式：$L_1 = \alpha Y$，$\alpha = 1$ のとき

（Ⅲ）$i = \dfrac{30}{L_2}$ …………② ← 公式：$i = \dfrac{\gamma}{L_2} + i_m$ で，$\gamma = 30$ 兆円 $i_m = 0\%$ のとき

①を⓪に代入して，

$\quad Y + L_2 = 400$

$\quad L_2 = 400 - Y$ ……③

③を②に代入して，

$i = \dfrac{30}{400 - Y}$

∴ 求める LM 曲線の方程式は，

$i = -\dfrac{30}{Y - 400}(\%) \quad (0 < Y < 400)$ である。

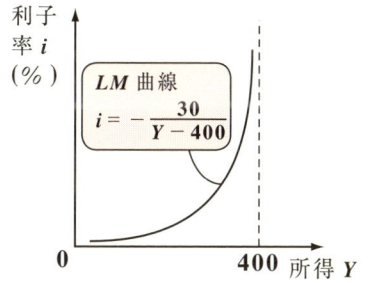

そして，このグラフ，すなわち LM 曲線は右上図のようになる。

実践問題 19　　　●IS 曲線●

限界貯蓄性向 $s_m = 0.6$，必要消費 $C_0 = 150$ 兆円，政府支出 $G = 30$ 兆円とする。また，市場利子率 i（％）と投資 I（兆円）が次の関係式：

$i = \dfrac{60}{I}$ ……①をみたすものとする。

このとき，IS 曲線の方程式（i と Y の関係式）を求め，そのグラフを描きなさい。

ヒント！ ①に加えて，$S = I$ と $S = s_m Y - C_0 - G$ の方程式から，i と Y の関係式を導けば，それが IS 曲線の方程式になるんだね。

解答＆解説

生産物市場の 3 つの方程式：

$S = I$ ……②，　$S = s_m Y - C_0 - G$ ……③，　$i = \dfrac{60}{I}$ ……④

について，$s_m = 0.6$，$C_0 = 150$（兆円），$G = 30$（兆円）を③に代入すると

$S = 0.6Y - 150 - 30$　　∴ $S = \dfrac{3}{5}Y - 180$ ……③' となる。

②を③'に代入して，$I = \dfrac{3}{5}Y - 180 = \dfrac{3}{5}(Y - 300)$ ……⑤

となる。⑤を①に代入してまとめると，

$i = \dfrac{60}{\dfrac{3}{5}(Y - 300)} = \dfrac{5}{3} \cdot \dfrac{60}{Y - 300}$

∴ IS 曲線の方程式は

解答　$i = \dfrac{100}{Y - 300}$　（％）

$(Y > 300)$ となる。
また，IS 曲線のグラフの概形を右に示す。

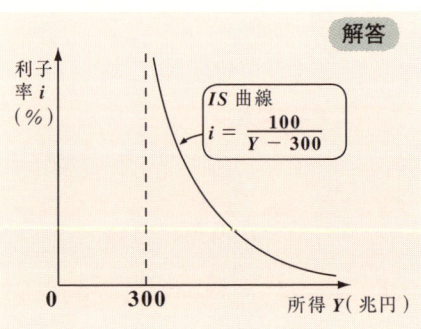

解答　IS 曲線　$i = \dfrac{100}{Y - 300}$

（グラフ：縦軸 利子率 i（％），横軸 所得 Y（兆円），$Y = 300$ を漸近線とする曲線）

実践問題 20 ●LM曲線●

名目のマネー・サプライ $M = 550$ 兆円，物価指標 $P = 1.1$ であり，また，$L_1 = Y$ ……①，$i = \dfrac{50}{L_2} + 1$　……②をみたすものとする。

(L_1：貨幣の取引需要量(兆円)　L_2：貨幣の投機的需要量(兆円)
Y：国内総所得(兆円)　　　　　i：市場利子率(%))

このとき，LM曲線の方程式(iとYの関係式)を求め，そのグラフを描きなさい。

ヒント! ①，②に加えて，$L_1 + L_2 = \dfrac{M}{P}$ の方程式から，iとYの関係式を導けば，それがLM曲線の方程式になるんだね。

解答&解説

貨幣市場の3つの方程式：

$$L_1 + L_2 = \dfrac{M}{P} \cdots ⓪, \quad L_1 = Y \cdots ①, \quad i = \dfrac{50}{L_2} + 1 \cdots ②$$

について，$M = 550$(兆円)，$P = 1.1$ を⓪に代入して，

$L_1 + L_2 = \dfrac{550}{1.1} = 500$ ……⓪′ となる。⓪′に①を代入して，

$L_2 = 500 - Y$ ……⓪″

⓪″を②に代入してまとめると，

$i = \dfrac{50}{500 - Y} + 1$　となる。

∴ LM曲線の方程式は，

解答 $i = \dfrac{-50}{Y - 500} + 1$ （%）

($Y < 500, i > 1$) となる。

また，LM曲線のグラフの概形を右に示す。

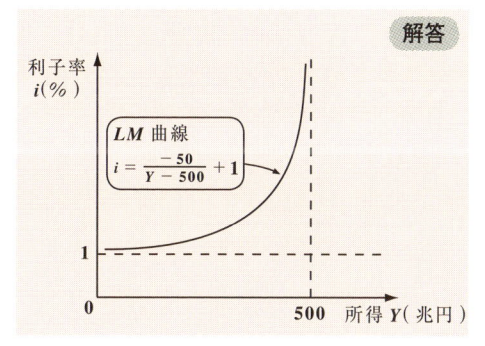

§2. LS - LM 図表による分析

前回の講義で，IS 曲線と LM 曲線のグラフの求め方，および近似的にではあるけれど，これら 2 曲線の方程式の求め方についても解説したんだね。今回は，これら 2 つの曲線を併せた "IS - LM 図表"（IS - LM $diagram$）を用いて，実際に利子率 i と所得 Y を求めてみよう。

IS 曲線は，生産物市場における均衡条件から，また，LM 曲線は貨幣市場における均衡条件から，それぞれ導かれたものなので，これらを同時に分析することにより，生産物市場と貨幣市場を同時均衡させる，より正確な利子率 i と所得 Y とを求めることができるんだね。

ここではさらに，政府支出 G を増加させた場合や，名目のマネー・サプライを増加させた場合の，IS - LM 図表による分析結果も，具体例を使って，詳しく解説しよう。

今回で，マクロ経済学の講義も最終章になるけれど，最後まで，分かりやすく解説するので，しっかりマスターして頂きたい。

● IS - LM 図表を使ってみよう！

生産物市場の均衡条件から導かれた IS 曲線も，貨幣市場の均衡条件から導かれた LM 曲線も，共に i と Y の関係を表すグラフなので，図 1 に示すように，同じ iY 座標平面上の 2 曲線として表示することができる。

その結果，この 2 曲線の交点によって決まる所得 Y_e と利子率 i_e は，生産物市場と貨幣市場の 2 つの市場を同時に均衡させる均衡所得と均衡利

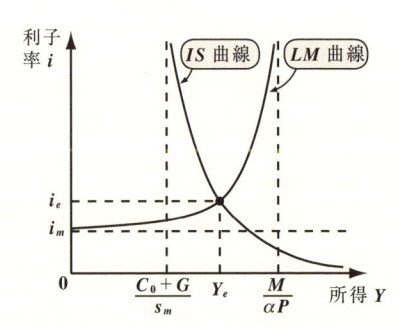

図 1 IS - LM 図表

● IS - LM 図表による分析

子率と言えるので，特にこの Y_e を **IS - LM 均衡所得**，またこの i_e を **IS - LM 均衡利子率**と呼ぶことにしよう。

それでは，例題 7 の IS 曲線と，例題 8 の LM 曲線を使って，早速この Y_e と i_e を求めてみることにしよう。

(I) 例題 7 (**P175**) では，IS 曲線の方程式：

$$i = \frac{50}{Y-200} \ \cdots\cdots ①\text{を導いた}。$$

> $s_m = 0.8, \ C_0 = 140, \ G = 20$ より，
> (i) $S = I$ ………… (a)
> (ii) $S = s_m Y - C_0 - G$
> $= 0.8Y - 160$ …(b)
> (iii) $i = \dfrac{\beta}{I} = \dfrac{40}{I}$ ……… (c)
>
> (a)(b) より，$I = 0.8Y - 160$
> $= \dfrac{4}{5}(Y - 200)$
> これを (c) に代入して，
> $i = \dfrac{40}{\frac{4}{5}(Y-200)} = \dfrac{50}{Y-200}$

(II) 例題 8 (**P181**) では，LM 曲線の方程式：

$$i = \frac{-30}{Y-400} \ \cdots\cdots ②\text{を導いた}。$$

> $M = 400, \ P = 1$ より
> (i) $L_1 + L_2 = \dfrac{M}{P} = 400$ …(a)
> (ii) $L_1 = \alpha Y = Y$ ………… (b)
> (iii) $i = \dfrac{\gamma}{L_2} + \overset{0}{(i_m)} = \dfrac{30}{L_2}$ ……(c)
>
> (a)(b) より $L_2 = 400 - Y$
> これを (c) に代入して，
> $i = \dfrac{30}{400-Y} = \dfrac{-30}{Y-400}$

$i_m = 0$ とは中央銀行が 0 金利政策をとっていることを表す。

そして，この連立方程式①，②より i を消去すると，

$\dfrac{50}{Y-200} = \dfrac{30}{400-Y}$　　　　　$5(400-Y) = 3(Y-200)$

$2000 - 5Y = 3Y - 600$　　　　$8Y = 2600$

∴ 求める IS - LM 均衡所得 Y_e は

$Y_e = \dfrac{2600}{8} = 325$ 兆円であることが分かった。

さらに，これを①に代入すると，IS - LM 均衡利子率 i_e も

185

$i_e = \dfrac{50}{325-200} = \dfrac{50}{125} = 0.4\%$

であることが分かったんだね。

さらに，図2に，今回の IS - LM 図表を示し，IS 曲線と LM 曲線の2曲線の交点から，均衡所得 Y_e と均衡利子率 i_e が求められる様子も示しておく。

図2 IS - LM 図表による分析

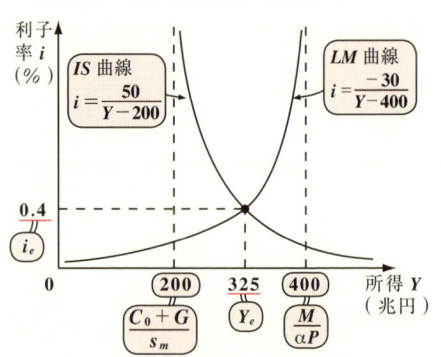

● "クラウディング・アウト"についても解説しよう！

では，これから IS - LM 図表の応用の解説に入ろう。まず，例題8の貨幣市場の状態は変えずに，例題7の生産物市場については，政府が政府支出

$M = 400,\ P = 1$
(ⅰ)$L_1 + L_2 = 400$, (ⅱ)$L_1 = Y$, (ⅲ)$i = \dfrac{30}{L_2}$
LM 曲線：$i = \dfrac{-30}{Y-400}$ ……②

$s_m = 0.8,\ C_0 = 140,\ G = 20$ より
(ⅰ)$S = I$, (ⅱ)$S = s_m Y - C_0 - G$, (ⅲ)$i = \dfrac{40}{I}$
IS 曲線：$i = \dfrac{50}{Y-200}$ ……①

を新たに $\Delta G = 20$(兆円)だけ追加支出するものとする。

このとき，国内総所得の増分 ΔY がどうなるか，調べてみよう。ン？この計算は，生産物市場の講義のところで何度もやったから，簡単だって！？そうだね。政府支出乗数は $\dfrac{1}{1-\underline{c_m}} = \dfrac{1}{s_m} = \dfrac{1}{0.8} = 1.25$ より，所得の増加分 ΔY

（限界消費性向）

は，$\Delta Y = \dfrac{1}{1-c_m} \Delta G = 1.25 \times 20 = 25$(兆円)と計算できる。よく復習してるね！しかし，今回は，これを正解とすることはできない。何故って！？それは，この生産物市場の分析においては，P89 に示しているように「利子率が一定」の前提条件が付いているからできる計算であって，今回の IS - LM 分析では，利子率も変動するので，$\Delta Y = 25$ 兆円とはならないんだね。気を付けよう！

● IS - LM 図表による分析

では，どうするのか？…，そうだね。まず IS 曲線の方程式①を書き変える必要がある。$G = 20$(兆円)の代わりに $G + \triangle G = 20 + 20 = 40$(兆円)とすればいいんだね。つまり，

$s_m = 0.8$, $C_0 = 140$(兆円), $G + \triangle G = 40$(兆円) より，

$\begin{cases} (\text{i}) S = I \quad \cdots\cdots\cdots\cdots\cdots (a) \\ (\text{ii}) S = \underset{\boxed{0.8}}{s_m Y} - \underset{\boxed{140}}{C_0} - \underset{\boxed{40}}{G} \\ \qquad = 0.8Y - 180 \quad \cdots\cdots (b) \\ (\text{iii}) i = \dfrac{40}{I} \quad \cdots\cdots\cdots\cdots\cdots (c) \end{cases}$ から，

(a), (b) より, $I = 0.8Y - 180 \cdots\cdots(d)$

(d) を (c) に代入して，新たな IS 曲線の方程式は

$i = \dfrac{40}{0.8Y - 180} = \dfrac{40}{\dfrac{4}{5}(Y - 225)} = \dfrac{50}{Y - 225} \cdots\cdots$①′ となる。

したがって，この①′ と，LM 曲線の方程式：

$i = \dfrac{-30}{Y - 400} \cdots\cdots$② とを連立させて解けばいいんだね。

①′，②より i を消去して，

$\dfrac{50}{Y - 225} = \dfrac{30}{400 - Y}$ $\quad 5(400 - Y) = 3(Y - 225)$

$2000 - 5Y = 3Y - 675 \qquad 8Y = 2675$

∴ 求める新たな IS - LM 均衡所得 $Y_e{}'$ は

$Y_e{}' = \dfrac{2675}{8} = 334.375$ 兆円 となる。

また，これを①′ に代入して，新たな IS - LM 均衡利子率 $i_e{}'$ は，

$i_e{}' = \dfrac{50}{334.375 - 225} ≒ 0.457\%$ となるんだね。

つまり，元の均衡所得 $Y_e = 325$ 兆円に対して，政府支出を $\triangle G = 20$ 兆円

増加させたにも関わらず，均衡所得の増分 $\Delta Y'$ は，$\Delta Y' = Y_e' - Y_e = 334.375 - 325 = 9.375$ 兆円に過ぎないんだね。しかも，均衡利子率は $i_e = 0.4\%$ から $i_e' \fallingdotseq 0.457\%$ へと上昇している。一体，何が起こったんだろう？実は，これは，"**クラウディング・アウト**"(*crowding out*) という，*IS*-*LM* 分析独特の現象が起こったということなんだ。このクラウディング・アウトの元々の意味は，「混み合って，はじき出される。」ということなんだね。

今回の場合，政府支出が ΔG だけ増えると，確かに所得も増加する。しかし，それに比例して，貨幣の取引需要量 L_1 も ΔL_1 だけ増加することになる。

すると，その ΔL_1 の分だけ，貨幣の需要曲線 L が L' へと右方向に平行移動（シフト）して，市場利子率が i_e から i_e' に上昇する。

その結果，投資量は I_1 から I_2 へと減少することになり，所得の増分 ΔY を減少させる方向に働くことになるんだね。

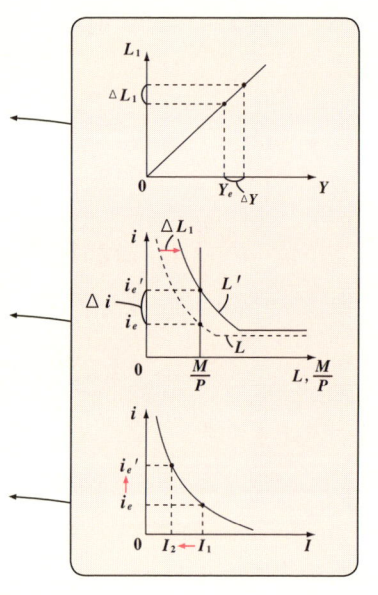

このように，「財政政策により，政府支出を増加させると，利子率を上昇させて，その結果はじき出されるように投資が減少する」現象を "**クラウディング・アウト**" というんだね。そして，この結果，均衡所得の増加分が押し戻され，市場利子率も上がることになる。

これを一般論でも見ておこう。*IS* 曲線の漸近線に着目しよう。すると，図3（ⅰ）に示すように政府支出の追加 ΔG が加えられる前の元の *IS* 曲線の

漸近線は $Y = \dfrac{C_0 + G}{s_m}$ であり、新たに $\triangle G$ が加えられた新たな IS 曲線の漸近線は、

$Y = \dfrac{C_0 + G + \triangle G}{s_m}$ となることが分かるはずだ。

これから、元の IS 曲線から新たな IS 曲線へ、$\dfrac{\triangle G}{s_m}$ だけ右にシフト (平行移動) したことが分かる。ここで、このシフトした量に着目すると、

$\dfrac{\triangle G}{s_m} = \dfrac{1}{1-c_m} \triangle G = \triangle Y$

となって、これは、金利一定の条件下で、生産物市場の分析から導かれる、所得の増分 $\triangle Y$ に他ならない。

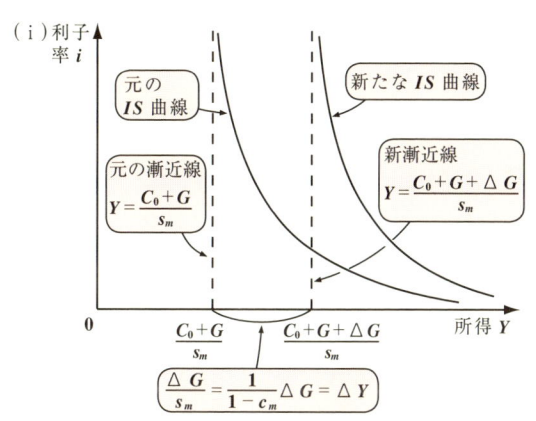

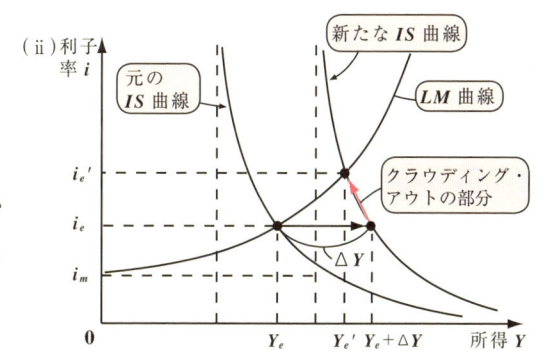

しかし、IS - LM 図表においては、図3(ⅱ)に示すようにこれら 2 つの IS 曲線と、LM 曲線との交点で考えないといけないんだね。図3(ⅱ)から明らかに、元の IS 曲線から新たな IS 曲線へ、確かに $\triangle Y$ だけ移動しているが、LM 曲線と新たな IS 曲線との交点に向けて、所得の増分は押し戻され、金利が上昇する動きが生じている。すなわち、クラウディング・アウト (左上に向かう赤で示したベクトル) が生じていることが、ご理解頂けると思う。

では、IS - LM 分析において、政府が政府支出 G を増加させる財政政策をとると、常にクラウディング・アウトが生じるのか？というと、そうでもない。これは、LM 曲線の形状に依存する問題になる。貨幣の需要曲線 L には、流動性の罠 (需要曲線 L が横軸と平行になる部分) があることを教えた。けれど、P179 に示したように LM 曲線を作る際に、この LM 曲

線にも流動性の罠の形状が反映されて，横軸と平行になる部分が存在する。

図4に示すように，このLM曲線の流動性の罠が反映された部分に，元のIS曲線と$\triangle G$を加えた新たなIS曲線のいずれもが交わるとき，利子率は下限値i_mのままで上昇することなく，所得Yは

図4 クラウディング・アウトが生じない場合

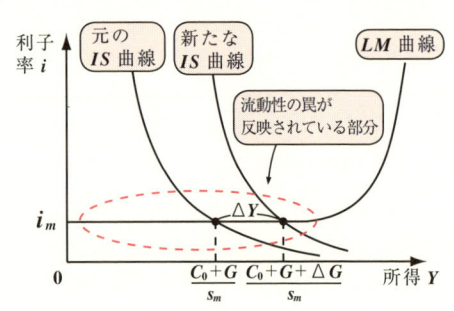

乗数効果分の $\triangle Y\left(=\dfrac{1}{1-c_m}\triangle G=\dfrac{\triangle G}{s_m}\right)$ だけ増加することになる。この場合は，クラウディング・アウトが起こらないので，政府支出を増やす財政政策が極めて有効に働くと考えていいんだね。

● **金融政策についても検討してみよう！**

では次，金融政策，すなわち，中央銀行がマネー・サプライの量Mを変化させた場合のIS-LM分析について，まず，例題7と8を基に調べてみよう。

ここでは，例題7の生産物市場の状態は変えずに，例題8の貨幣市場に

$s_m=0.8, C_0=140, G=20$ より
（ⅰ）$S=I$，（ⅱ）$S=s_mY-C_0-G$，（ⅲ）$i=\dfrac{40}{I}$
IS曲線：$i=\dfrac{50}{Y-200}$ ……①

$M=400, P=1$
（ⅰ）$L_1+L_2=400$，（ⅱ）$L_1=Y$，（ⅲ）$i=\dfrac{30}{L_2}$
LM曲線：$i=\dfrac{-30}{Y-400}$ ……②

ついては，中央銀行が，新たに名目のマネー・サプライを$\triangle M=20$兆円だけ増加させるように調節するものとする。

もとの例題7と8によるIS-LM均衡所得$Y_e=325$兆円と均衡利子率$i_e=0.4\%$が，どのように変化するのか，計算してみよう。そのためには，新たなLM曲線の方程式を求める必要があるんだね。

今回は，$M = 400$(兆円)の代わりに，$M + \triangle M = 400 + 20 = 420$(兆円)とすればいいんだね。つまり，

$M + \triangle M = 420$(兆円)，$P = 1$

(ⅰ) $L_1 + L_2 = \underset{\boxed{\frac{M + \triangle M}{P}}}{420}$ ……(a)   (ⅱ) $L_1 = \underset{\boxed{①}}{\alpha}Y = Y$ ……(b)

(ⅲ) $i = \dfrac{\overset{\boxed{30}}{\gamma}}{L_2} + \underset{\boxed{0}}{i_m} = \dfrac{30}{L_2}$ ……(c)   から， 〔0金利政策を表す。〕

(b)を(a)に代入してまとめると，$L_2 = 420 - Y$ ……(d)

(d)を(c)に代入して，新たなLM曲線の方程式は，

$i = \dfrac{-30}{Y - 420}$ ……②′   となる。

したがって，この②′と，IS曲線の方程式：$i = \dfrac{50}{Y - 200}$ …①   とを

連立させて，iを消去すると，

$\dfrac{50}{Y - 200} = \dfrac{-30}{Y - 420}$ $5(420 - Y) = 3(Y - 200)$

$2100 - 5Y = 3Y - 600$ $8Y = 2700$

∴求める新たなIS - LM均衡所得 Y_e'' は

$Y_e'' = \dfrac{2700}{8} = 337.5$ 兆円   となる。

また，これを①に代入して，新たなIS - LM均衡利子率 i_e'' は，

$i_e'' = \dfrac{50}{337.5 - 200} \fallingdotseq 0.364\%$ となるんだね。

つまり，マネー・サプライを $\triangle M = 20$ 兆円増やすことにより，新たなIS - LM均衡所得 Y_e'' は元の均衡所得 $Y_e(= 325$ 兆円$)$ より **12.5兆円増加**し，新たなIS - LM均衡利子率 i_e'' は元の均衡利子率 $i_e(= 0.4\%)$ よりも約 **0.036％低下**したんだね。したがって，この金融政策は，経済を活性化させる上では有効であると言えるんだね。

では，この ΔM だけマネー・サプライを増やす金融緩和政策についても，一般論で考えておこう。

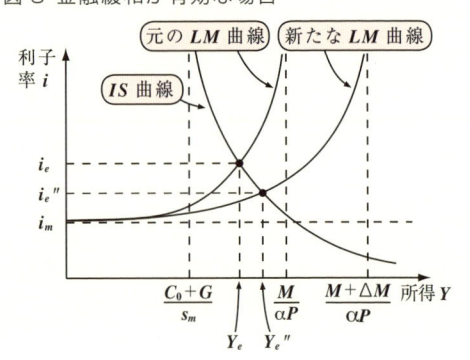

図5に示すように，金融緩和が行われる前の元の LM 曲線に対して，ΔM だけ金融緩和を行った後の新たな LM 曲線は $\dfrac{\Delta M}{\alpha P}$ だけ右にシフト（平行移動）した曲線になる。

図5 金融緩和が有効な場合

そして，元の LM 曲線と IS 曲線とから得られる均衡所得を Y_e，均衡利子率を i_e とおき，また新たな LM 曲線と IS 曲線から得られる均衡所得を Y_e''，均衡利子率を i_e'' とおくと，Y_e'' は Y_e より増加し，i_e'' は i_e より低下するので，この場合の金融緩和政策は，所得を増加させ，利子率を下げて経済を活性化させる上で，有効と言えるんだね。

では，M を増やす金融政策が常に有効であるか？と言うと，これもそうとは言えない。

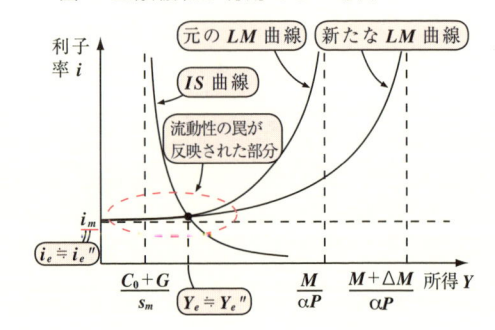

図6に示すように，元の LM 曲線の流動性の罠が反映された部分と IS 曲線が交わるとき，中央銀行が ΔM だけマネー・サプライを増やして，新たな LM 曲線が生まれたとしても，IS 曲線との交点の位置はほと

図6 金融緩和が有効でない場合

んど変化しないことが，グラフから明らかだね。つまり，この場合，$Y_e \fallingdotseq Y_e''$，$i_e \fallingdotseq i_e'' (\fallingdotseq i_m)$ となるので，金融緩和政策をとっても，ほとんど効果のない

（利子率の下限値）

ことが分かったんだね。納得いった？

このように，生産物市場と貨幣市場の **2** つの市場の均衡条件を **1** つにまとめて分析する **IS-LM** 図表は，シンプルで分かりやすく，かつ強力な手法であることが，ご理解頂けたと思う。

以上で，マクロ経済学の講義は全て終了です！ここまで読み進めてこられるのは大変だったと思うけれど，楽しい知的冒険の道のりでもあったと思う。そう…，ケインズが創始したマクロ経済学は非常に面白い。もちろん，現在の経済の状況をすべてこのケインズ経済学で分析するのに無理があるのは当然だね。しかし，この画期的なケインズ経済学を基礎としてシッカリ身に付けることが大切だと思う。基礎的な考え方がしっかり身に付いたならば，後はそれを応用したり，修正を加えたりする作業は比較的容易だからなんだね。

この**「マクロ経済学キャンパス・ゼミ」**の講義により，読者の皆様がマクロ経済学の面白さに開眼され，さらなる探求に入って行かれることを祈りつつ，ここでペンを置きます…。

マセマ代表　馬場敬之

実践問題 21　　　●IS-LM 図表による分析●

$$\begin{cases} \text{IS 曲線の方程式}: i = \dfrac{100}{Y-300} \ \cdots\cdots ① \quad (Y>300) \\ \text{LM 曲線の方程式}: i = \dfrac{-50}{Y-500} + 1 \ \cdots ② \quad (0 \leqq Y < 500,\ i > 1) \end{cases}$$

（i：市場利子率(％), Y：所得(兆円)）

このとき，IS-LM 均衡所得 Y_e と IS-LM 均衡利子率 i_e を求めなさい。

ヒント！ ①は，実践問題 19(P182) で求めた IS 曲線の，また②は実践問題 20(P183) で求めた LM 曲線の方程式なんだね。この①，②から，まず i を消去して，Y の 2 次方程式にもち込んで，IS-LM 均衡所得 Y_e を求めればいいんだね。少し計算は繁雑になるけれど，頑張ろう！

解答＆解説

（Ⅰ）IS 曲線の方程式：$i = \dfrac{100}{Y-300} \ \cdots\cdots ① \quad (Y > 300)$

$s_m = 0.6,\ C_0 = 150,\ G = 30$ より，
(ⅰ) $S = I \ \cdots\cdots (a)$
(ⅱ) $S = s_m Y - C_0 - G$
　　　$= 0.6Y - 180 \ \cdots (b)$
(ⅲ) $i = \dfrac{\beta}{I} = \dfrac{60}{I} \ \cdots\cdots (c)$

$(a)(b)$ より，$I = 0.6Y - 180$
　　　　　　　$= \dfrac{3}{5}(Y - 300)$

これを (c) に代入して，

$i = \dfrac{60}{\dfrac{3}{5}(Y-300)} = \dfrac{100}{Y-300}$

（Ⅱ）LM 曲線の方程式：$i = \dfrac{-50}{Y-500} + 1 \ \cdots\cdots ② \quad (0 \leqq Y < 500,\ i > 1)$

$M = 550,\ P = 1.1$ より，
(ⅰ) $L_1 + L_2 = \dfrac{M}{P} = 500 \ \cdots\cdots (a)$
(ⅱ) $L_1 = \alpha Y = Y \ \cdots\cdots (b)$
(ⅲ) $i = \dfrac{\gamma}{L_2} + i_m = \dfrac{50}{L_2} + 1 \ \cdots (c)$

$(a)(b)$ より，$L_2 = 500 - Y$

これを (c) に代入して，

$i = \dfrac{50}{500-Y} + 1$
　$= \dfrac{-50}{Y-500} + 1$

①，②より i を消去して，

$$\frac{100}{Y-300} = \frac{50}{500-Y}+1 \qquad \frac{100}{Y-300} = \frac{550-Y}{500-Y}$$

$$100(500-Y) = (Y-300)(550-Y)$$

$$50000 - 100Y = -Y^2 + 850Y - 165000$$

$$Y^2 - 950Y + 215000 = 0 \quad (ただし，300 < Y < 500)$$

2次方程式の解の公式より，

$$Y = \frac{950 \pm \sqrt{950^2 - 4 \times 215000}}{2} = \frac{950 \pm \overbrace{50\sqrt{17}}^{206.155\cdots}}{2}$$

> 2次方程式：$ax^2 + bx + c = 0$ （$a \neq 0$）の解は，$x = \dfrac{-b \pm \sqrt{b^2 - 4ac}}{2a}$

ここで，$300 < Y < 500$ より，求める IS-LM 均衡所得 Y_e は

$$Y_e = \frac{950 - 50\sqrt{17}}{2} \fallingdotseq 371.922 (兆円)となる。$$

これを①に代入すると，求める IS-LM 均衡利子率 i_e は

$$i_e \fallingdotseq \frac{100}{371.922 - 300} \fallingdotseq 1.390 (\%)となる。$$

また，①と②の IS-LM
グラフを右に示す。

解答 $Y_e \fallingdotseq 371.922$ 兆円
$i_e \fallingdotseq 1.390 \%$

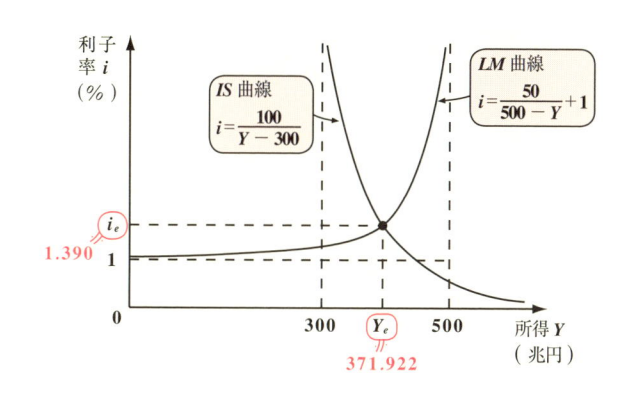

講義5 ● IS - LM 図表による分析　公式エッセンス

1. IS 曲線の方程式（i と Y の関係式）の導出

生産物市場の 3 つの方程式：

$S = I$ ……①，　$S = s_m Y - C_0 - G$ ……②，　$i = \dfrac{\beta}{I}$ ……③

①を②に代入して，$I = s_m Y - C_0 - G$ ……④　④を③に代入して，

IS 曲線の方程式：$i = \dfrac{\beta}{s_m Y - C_0 - G}$ を得る。

2. LM 曲線の方程式（i と Y の関係式）の導出

貨幣市場の 3 つの方程式：

$L_1 + L_2 = M_r$ ……①，　$L_1 = \alpha Y$ ……②，　$i \fallingdotseq \dfrac{\gamma}{L_2} + i_m$ ……③　より，

（i を L_2 の分数関数で近似した場合）

②を①に代入して，$L_2 = -\alpha Y + M_r$ ……④　④を③に代入して，

LM 曲線の方程式：$i \fallingdotseq \dfrac{\gamma}{-\alpha Y + M_r} + i_m$ が導かれる。

（ただし，$M_r = \dfrac{M}{P}$ とする）

3. IS - LM 図表による分析

IS 曲線と LM 曲線を同一の iY 座標平面上に図示することにより，その交点で，生産物市場と貨幣市場の 2 つの市場を同時に均衡させる均衡所得 Y_e と均衡利子率 i_e が決定される。

IS - LM 図表

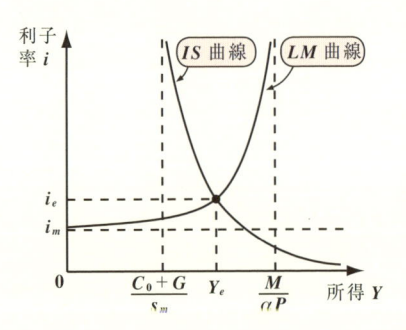

4. クラウディング・アウト

貨幣市場の状態は変えずに，生産物市場について，政府支出を増加させると，利子率が上昇し，その結果はじき出されるように投資が減少する。この現象をクラウディング・アウトという。この結果，均衡所得の増加分が押し戻され，市場利子率も上がることになる。

Term・Index

あ行

- *IS-LM* 均衡所得 …………………**185**
- *IS-LM* 均衡利子率 ………………**185**
- *IS-LM* 図表 ………………………**184**
- *IS* 曲線 ……………………………**123**
- ──の方程式 ……………………**174**
- アナウンス効果 …………………**152**
- インフレ ……………………………**77**
- ─── ・ギャップ………**101,103**
- ─── 率 ……………………………**76**
- インフレーション …………………**77**
- 売りオペ …………………………**149**
- 売りオペレーション ……………**149**
- 営業余剰 ……………………………**52**
- *LM* 曲線 …………………………**145**
- ───の方程式 …………………**180**
- 重み ……………………………**66,72**
- 卸売物価指数 ………………………**75**

か行

- 買いオペ …………………………**149**
- 買いオペレーション ……………**149**
- 海外 …………………………………**9**
- 外国 …………………………………**9**
- 確定利子率 ………………………**131**
- 家計 …………………………………**9**
- 可処分所得 …………………………**91**
- 貨幣 ……………………**128,129,130**
- ── 乗数 …………………**148,153**
- ──の投機的需要 ………………**136**
- ──の取引需要 …………………**134**
- ── 関数 …………………………**169**
- 完全雇用所得水準 ………………**100**
- 完全雇用点 …………………………**25**
- 企業 …………………………………**9**
- ── 物価指数 ……………………**75**
- 基準年 ………………………………**57**
- 帰属計算 ……………………………**49**
- 供給 …………………………………**10**
- ──（超過） ………………………**12**
- 均衡価格 ……………………………**12**
- 均衡所得水準 ………………………**89**
- 均衡利子率 ………………**115,140**
- 金融緩和 …………………**161,192**
- ─── 政策 ………………**148,160**
- 金融引締め ………………………**162**
- クラウディング・アウト……**188,189**
- 経済主体 …………………………**8,9**
- 限界消費性向 …………………**34,35**
- 限界貯蓄性向 …………………**34,35**
- 減価償却 ……………………………**48**
- 現金 ………………………………**129**

現金・預金比率	153	支払準備	150
公開市場操作	149	——率	150
公定歩合	152	資本の限界効率	108
国内純生産	48,50	収束条件	32
国内総支出	52,53	自由放任主義	13
国内総所得	52	需要	10
国民純生産	51	——（超過）	12
国民総生産	51	準備	151
国民貯蓄	117	純輸出	53
固定資本減耗	48	乗数	34,36
古典派	13	——効果	34,36,93
雇用者報酬	52	——（均衡予算）	94,96,97
		——（政府支出）	94,95,96
		——（租税）	94,96,97
		——（投資）	94,96

さ行

債券	128,130	消費	34
在庫投資	53	——関数	38
財政赤字	117	——者物価指数	70
財政黒字	117	所得収支	51
財政政策	160	新古典派	13
三面等価の原則	54	ストック	14
市場	10	正統派経済学	13
——（貨幣）	10	政府	9
——（財）	10	セーの法則	13
——（生産物）	10	粗付加価値	45
——（労働）	10		
実質GDP	58		
実質賃金	77		
実質利子率	78		
GDPデフレーター	64		
自発的失業	22		

た行

代数学の基本定理	112
箪笥預金	78
中央銀行	8,9,128,138

貯蓄 …………………………… **34**
　──のパラドクス ……… **116,119**
賃金の下方硬直性 ……………… **24**
賃金率 …………………………… **21**
デフレ …………………………… **77**
　──・ギャップ ………… **101,102**
デフレーション ………………… **77**
投機的動機 …………………… **135**
投資 ……………………………… **35**
　──曲線 ……………………… **114**
　──の限界効率 …………… **108**
等比数列 ………………………… **30**
取引動機 ……………………… **134**

は行
ハイパワード・マネー …**148,149,153**
パーシェ指数 ……………… **69,74,75**
比較年 …………………………… **57**
非自発的失業 …………………… **24**
必要消費 ………………………… **87**
フィッシャーの方程式 ………… **79**
付加価値 ………………………… **45**
フロー …………………………… **14**
分数関数 ……………………… **169**
平均消費性向 …………………… **39**
平均貯蓄性向 …………………… **39**
平行移動 ……………………… **169**
ベース・マネー ……………… **149**
貿易収支 ………………………… **53**
法定準備率 ……………… **148,150**

ま行
マクロ経済学 …………………… **8**
摩擦的失業 ……………………… **22**
マネー・サプライ ……**148,149,153**
マネタリー・ベース ………… **149**
ミクロ経済学 …………………… **8**
民間貯蓄 ……………………… **117**
無限級数 ………………………… **31**
無限等比級数 …………………… **32**
名目 GDP ……………………… **57**
名目賃金 ………………………… **77**
名目利子率 ……………………… **78**

や行
有効需要の原理 ………… **27,102**
預金 …………………………… **129**
予備的動機 …………………… **134**
45°線分析 ……………………… **86**

ら行
ラスパレイス指数 ……………… **75**
利子率 …………………………… **16**
利付債 ………………………… **130**
流動性 …………………… **128,129**
　──選好曲線 ……………… **137**
　──選好説 ………………… **140**
レッセフェール ………………… **13**

わ行
割引債 ………………………… **130**

スバラシク実力がつくと評判の
マクロ経済学 キャンパス・ゼミ

MATHEMA
マセマ

著　者　　馬場 敬之
発行者　　馬場 敬之
発行所　　マセマ出版社
〒332-0023 埼玉県川口市飯塚 3-7-21-502
TEL 048-253-1734　　FAX 048-253-1729
Email：info@mathema.jp
http://www.mathema.jp

編　集　　七里 啓之
校　閲　　高杉 豊
制作協力　栄 瑠璃子　　真下 久志
　　　　　河野 達也　　下野 俊英
カバーデザイン　馬場 冬之
ロゴデザイン　　馬場 利貞
印刷所　　株式会社 シナノ

ISBN978-4-944178-84-1 C 3033
落丁・乱丁本はお取りかえいたします。
KEISHI BABA 2011 Printed in Japan